国家自然科学基金面上项目"中国东部地带欠发达地区污染密集型产业空间演变机理、环境效应与优化调控研究"（41871121）成果

2021年山东省高等学校"青创人才引育计划"区域可持续发展理论与实践研究创新团队资助

Wuran Mijixing Chanye Kongjian Fenbu Bianhua Yu Huanjing Xiaoying Yanjiu

# 污染密集型产业空间分布变化与环境效应研究

任梅 著

中国社会科学出版社

图书在版编目（CIP）数据

污染密集型产业空间分布变化与环境效应研究/任梅著.
—北京：中国社会科学出版社，2023.6
ISBN 978-7-5227-2163-7

Ⅰ.①污… Ⅱ.①任… Ⅲ.①产业转移—关系—环境效应—研究—中国 Ⅳ.①F269.24

中国国家版本馆 CIP 数据核字（2023）第 119017 号

| | |
|---|---|
| 出 版 人 | 赵剑英 |
| 责任编辑 | 李庆红 |
| 责任校对 | 刘　娟 |
| 责任印制 | 王　超 |

| | |
|---|---|
| 出　　版 | 中国社会科学出版社 |
| 社　　址 | 北京鼓楼西大街甲 158 号 |
| 邮　　编 | 100720 |
| 网　　址 | http://www.csspw.cn |
| 发 行 部 | 010-84083685 |
| 门 市 部 | 010-84029450 |
| 经　　销 | 新华书店及其他书店 |
| 印　　刷 | 北京君升印刷有限公司 |
| 装　　订 | 廊坊市广阳区广增装订厂 |
| 版　　次 | 2023 年 6 月第 1 版 |
| 印　　次 | 2023 年 6 月第 1 次印刷 |
| 开　　本 | 710×1000　1/16 |
| 印　　张 | 18.5 |
| 字　　数 | 285 千字 |
| 定　　价 | 106.00 元 |

凡购买中国社会科学出版社图书，如有质量问题请与本社营销中心联系调换
电话：010-84083683
版权所有　侵权必究

# 前　言

20世纪90年代以来，我国工业污染物排放量持续增加，政府为应对突出的生态环境问题不断完善包含多元主体的环境治理体系，但环境质量并未得到明显改善，如何处理好产业发展与环境保护之间的关系成为新时期中国可持续发展面临的重大课题。随着人们对环境问题的深入研究，污染密集型产业空间分布变化与环境状况之间的关系也逐渐受到人们的关注。污染密集型产业转移虽有利于转入地的经济发展、就业扩张和技术溢出，但因其环境污染属性导致污染密集型产业转移过程中往往伴随污染的扩散和转移，对承接地的生态环境造成巨大压力，从而降低污染密集型产业转移的经济贡献。京津冀地区是拉动我国经济社会发展的重要引擎，也是一系列生态环境问题高度集中的地区，《京津冀协同发展规划纲要》指出京津冀协同发展是一个重大国家战略，推动产业转型升级和加强生态环境保护是率先突破领域。污染密集型产业作为非首都功能疏解的重要组成部分，京津冀地区这些产业的整体格局发生了哪些改变，给承接地带来哪些环境效应，环境效应的影响因素和形成机制如何，应该采取哪些对策来降低环境影响，这些问题是解决京津冀生态环境问题需要重点关注的，也是实现京津冀协同发展的关键。因此，本书以京津冀作为研究案例地，对京津冀污染密集型产业空间分布变化及其环境效应进行深入分析，探索污染密集型产业发展与环境保护的互动关系。

本书基于"格局—过程—效应—机制"的分析框架，以京津冀地区为例，利用京津冀地区各地市统计年鉴数据、产业和企业数据、环境污染数据、专利申请数据、环境政策法规、信访等资料，采用偏离—份额分析、核密度分析、区域重心分析、双重差分模型等方法，分析京津冀污染密集型产业时空演变特征、影响因素，测算其环境效应，揭示了环境效应的驱动机制，并提出政策建议。主要结论如下：

（1）京津冀污染密集型产业整体呈倒"U"形增长曲线，空间上经历了"由内陆向沿海"、"由中部向南部"布局的过程，要素禀赋、区位条件、市场导向和政府政策共同影响污染密集型产业空间分布。从行业增长潜力来看，黑色金属冶炼和压延加工业在全国具有结构—竞争双优势，并且属于京津冀地区增长速度最快的行业。京津冀污染密集型产业最终向沿海地区、冀中南地区集中分布，城市内部的企业集聚程度有所减弱，各细分行业空间集聚状况可以分为本地区集聚增强型、跨地区转移型、地区内部调整型和跨地区转移+内部调整型四种类型。基于各细分行业所属污染类型和集聚趋势，可以总结出各地区需要重点关注的区域、行业及污染物。从京津冀污染密集型产业空间分布变化的量化结果来看，1998—2017年北京、衡水和张家口是污染密集型产业转出最多的城市，邯郸、唐山和廊坊是污染密集型产业转入最多的城市。要素禀赋是影响污染密集型产业地理分布的基础条件；区位条件的差异通过各地区基础设施、运输成本和邻近性影响污染密集型产业的分布；市场通过利润最大化下的择优选址与集聚的规模效应、知识溢出效应影响污染企业的选址决策；政府通过政策引导、制度创新和环境规制等方面影响污染密集型产业的分布。

（2）污染密集型产业转移伴随污染转移，北京是工业污染转出量最大的城市，唐山是工业污染转入量最大的城市，技术效应能明显改善地区环境质量。双重差分模型验证结果显示，扩大承接产业转移政策实施对承接地工业污染指数和各类工业污染物排放量产生正向影响，表明产业转移会带来污染转移，并且产业转移对工业污染物的影响呈现工业烟（粉）尘排放>工业废水排放>工业$SO_2$排放。污染密集型产业转移对北京、唐山的工业废水减排的贡献率分别为72.97%和-27.12%（负号代表作用相反），对工业$SO_2$减排的贡献率分别为76.81%和-42.37%。规模效应、结构效应和技术效应测度结果显示，北京、张家口、秦皇岛、保定、衡水和邢台的规模效应为负值，即污染密集型产业转移减小了产业规模，促进了以上地区环境质量的改善；污染密集型产业转移对京津冀地区各地市的结构效应存在明显差异,多以增加各地市工业污染物排放为主,这与各地市转出行业类型和结构效应的时滞性有关。在控制污染密集型产业转移的规模效应和结构效应后,清洁生产技术的使用能有效降低各地市污染物的排放量,并且生产技术水平越高的地市,技术效应越明显。

(3) 污染密集型产业转移环境效应是在地区本底条件基础上,政府力、市场力和社会力互动驱动作用下不断发展和变化的。承接地经济发展水平、技术水平、产业结构和能耗强度等方面的差异造成承接地环境容量和技术支撑能力不同,间接影响迁入企业排污行为;政府作为解决环境问题的主要力量,通过对迁入企业的制衡、激励和为公众参与环境保护提供法律保障等直接或间接影响迁入企业环境行为;市场机制是对政府失灵的有效补充,市场通过利润最大化导向和排污权交易直接影响迁入企业环境行为;利益主体通过监督承接地政府环境政策实施和迁入企业环境违法行为、参与环境影响评价、参与环境政策制定等影响污染密集型产业转移的环境效应。

本书在以下几个方面具有一定的创新性。首先,理论层面,在整合污染密集型产业地理分布变化、产业转移环境效应相关研究的基础上,提出"格局—过程—效应—机制"的研究框架;其次,研究方法上,运用双重差分法(DID)、倾向得分匹配—双重差分法(PSM-DID)验证产业转移与污染转移之间的因果关系;最后,研究内容上,具体测算污染密集型产业转移的规模效应、结构效应和技术效应,并对污染密集型产业空间分布变化环境效应的驱动机制进行深入分析。

# 目　录

第一章　导言 ········································································· 1

　　第一节　研究背景及意义 ················································· 1
　　第二节　研究目标及内容 ················································· 6
　　第三节　研究方法与技术路线 ·········································· 8
　　第四节　拟解决的关键问题 ············································ 10

第二章　理论基础与研究综述 ················································ 11

　　第一节　理论基础 ························································ 11
　　第二节　国内外研究进展 ··············································· 21
　　第三节　分析框架 ························································ 42

第三章　污染密集型产业界定及研究区概况 ··························· 45

　　第一节　污染密集型产业界定 ········································ 45
　　第二节　研究区概况 ····················································· 53
　　第三节　本章小结 ························································ 57

第四章　京津冀污染密集型产业格局时空演变 ······················· 58

　　第一节　研究方法与数据来源 ········································ 59
　　第二节　京津冀污染密集型产业时序演变特征 ················ 63
　　第三节　京津冀污染密集型产业空间演变特征 ················ 73
　　第四节　京津冀污染密集型产业空间分布变化的驱动机理 ······ 96
　　第五节　本章小结 ······················································· 129

## 第五章 京津冀污染密集型产业空间布局变化的环境效应分析 …… 133

第一节 研究方法与数据来源 ………………………………… 133

第二节 污染密集型产业重心与污染重心演变对比分析 …… 139

第三节 污染密集型产业转移与污染转移之间的

因果关系验证 ………………………………………… 155

第四节 污染密集型产业空间分布变化的环境效应测度 …… 174

第五节 本章小结 ……………………………………………… 214

## 第六章 京津冀污染密集型产业空间分布变化

环境效应的驱动机制 ……………………………………… 216

第一节 产业空间分布变化环境效应驱动机制分析框架 …… 216

第二节 本底条件与产业转移环境效应 ……………………… 220

第三节 政府与产业转移环境效应 …………………………… 228

第四节 市场与产业转移环境效应 …………………………… 235

第五节 社会与产业转移环境效应 …………………………… 243

第六节 本章小结 ……………………………………………… 252

## 第七章 结论与展望 ……………………………………………… 254

第一节 主要结论 ……………………………………………… 254

第二节 政策建议 ……………………………………………… 256

第三节 主要创新点 …………………………………………… 262

第四节 不足与展望 …………………………………………… 264

## 参考文献 …………………………………………………………… 265

# 第一章 导言

## 第一节 研究背景及意义

**一 研究背景**

（一）协调经济与环境的关系是区域可持续发展的永恒主题

可持续发展强调具有可持续意义的经济增长，实现区域可持续发展的关键是处理好经济发展与环境保护之间的关系。① 改革开放以来，我国不断强调经济社会的高速发展，东、西部地区发展差距不断加大，不协调的经济发展格局直接制约区域的可持续发展。因此，解决区域发展面临的矛盾和问题，实现区域可持续发展和区域协调既是中国区域发展与区域政策研究的核心课题，也是经济地理学研究的重要领域。②

工业革命以来的工业化过程已经成为城市地区环境污染问题的重要根源。③ 以市场为导向的经济改革使中国逐渐成为世界上最具有外商直接投资吸引力的目的地之一，同时也成为污染密集型产业的重要接收国，这些产业造成了雾霾天气、黑臭水体、垃圾围城、生态破坏等严重的环境污染问题。④ 20 世纪 90 年代以来，我国工业污染排放量仍在持

---

① 张坤民：《可持续发展与中国》，《中国环境管理》1997 年第 2 期。
② 李国平等：《产业转移与中国区域空间结构优化》，科学出版社 2016 年版，第 3—5 页。
③ 刘利：《产业空间演化的环境效应研究》，化学工业出版社 2014 年版，第 1—3 页。
④ Liu, W. Tong, J. and Yue X. H., "How Does Environmental Regulation Affect Industrial Transformation? A Study Based on the Methodology of Policy Simulation", *Mathematical Problems in Engineering*, Vol. 2016, March 2016.

续增加，政府为应对突出的生态环境问题不断完善包含多元主体的环境治理体系，在国际上先后提出了"人类命运共同体"和"生态文明"的概念①，这在一定程度上缓解了突出的生态环境问题，但环境质量并未得到明显改善②，处理好产业发展与环境保护之间的关系成为新时期中国可持续发展面临的重大课题。

（二）污染密集型产业分布与环境之间的关系引起广泛关注

随着人们对环境问题的深入研究，污染密集型产业空间布局变化与环境状况之间的关系也逐渐受到人们的关注。我国正处于经济发展转型阶段，其"分权治理结构"导致环境规制存在明显的区域差异，影响了污染密集型行业在我国的空间分布。③ 一系列国家战略的实施，如"中国西部开发"和"中部崛起"，一方面缩小了其他地区和东部地区之间的发展差距，但另一方面也促进了污染密集型产业由环境规制严格的东部地区转向能源和排放政策更加宽松的中部地区和西部地区。④ 2008 年以来，中国发达地区向发展中地区的污染密集型产业转移引起了学者们的广泛关注。⑤

---

① 叶文虎：《可持续发展实践的再思考》，《中国环境管理》2019 年第 4 期。
② 成艾华：《技术进步、结构调整与中国工业减排——基于环境效应分解模型的分析》，《中国人口·资源与环境》2011 年第 3 期。
③ Zhao, X. and Sun, B. W., "The Influence of Chinese Environmental Regulation on Corporation Innovation and Competitiveness", *Journal of Cleaner Production*, Vol. 112, No. 2, January 2016; Wu, H. Y., Guo, H. X. and Zhang, B., et al., "Westward movement of new polluting firms in China: Pollution reduction mandates and location choice", *Journal of Comparative Economics*, Vol. 45, No. 1, February 2017.
④ Li, H. M., Wu, T. and Zhao, X. F., et al., "Regional Disparities and Carbon 'Outsourcing': the Political Economy of China's Energy Policy", *Energy*, vol. 66, March 2014; Zhu, J. M. and Ruth, M., "Relocation or Reallocation: Impacts of Differentiated Energy Saving Regulation on Manufacturing Industries in China", *Ecological Economics*, Vol. 110, February 2015.
⑤ Shen, J., Wei, Y. D. and Yang, Z., "The impact of Environmental Regulations on the Location of Pollution-intensive Industries in China", *Journal of Cleaner Production*, Vol. 148, April 2017; Zheng, D. and Shi, M. J., "Multiple Environmental Policies and Pollution Haven Hypothesis: Evidence from China's Polluting Industries", *Journal of Cleaner Production*, Vol. 141, January 2017; Yang, J. Guo, H. N. and Liu, B. B., et al., "Environmental Regulation and the Pollution Haven Hypothesis: Do Environmental Regulation measures matter?", *Journal of Cleaner Production*, Vol. 202, November 2018.

在经济发展质量和环境质量的双重压力下,产业转移作为实现生产要素有效配置的重要方式,成为区域经济发展和结构调整的重要途径,同时也成为地区推进生态文明建设的关键之举。① 为缓解东部沿海地区严重的雾霾污染,以政府引导为主的外生力量对中国产业布局进行了新的调整,污染密集型产业便成为各地区落实产业布局调整政策的"先锋力量"。污染密集型产业转移虽有利于承接地的经济发展、就业扩张和技术溢出等,但因各地区资源禀赋、经济发展基础、环境政策等方面存在明显差异,污染密集型产业转移往往伴随污染的扩散和转移,对承接地的生态环境造成巨大压力,从而降低了污染密集型产业转移的经济贡献。② 因此,研究污染密集型产业转移的环境效应、探索污染密集型产业发展与环境保护的互动关系尤为重要。

(三) 协同发展背景下提高京津冀地区环境质量迫在眉睫

改革开放以来,城镇化和工业化推动了中国经济的高速发展,城市群作为参与全球竞争和国际分工的重要地域单元,在国家新型城镇化建设和经济社会发展中发挥着举足轻重的作用。③ 京津冀城市群作为中国重要的沿海城市群,是我国经济最具活力、开放程度最高、创新能力最强、人口与产业最密集的地区之一,是拉动我国经济发展的重要引擎④,也是一系列生态环境问题高度集中且激化的敏感地区⑤,雾霾天气、水资源短缺等成为困扰京津冀地区居民幸福生活的关键问题。《京津冀协同发展规划纲要》指出推动京津冀协同发展是重大国家战略,有序疏解北京非首都功能是京津冀协同发展的核心,交通、生态保护和产

---

① 李志翠:《我国西部地区承接区际产业转移的效应研究》,博士学位论文,中央财经大学,2015 年;李志翠、谢冰文:《我国区际产业转移效应的理论研究 基于比较优势与集聚优势的综合视角》,《实事求是》2018 年第 6 期。

② 贺灿飞、周沂、张腾:《中国产业转移及其环境效应研究》,《城市与环境研究》2014 年第 1 期。

③ 任宇飞、方创琳、蔺雪芹等:《中国东部沿海地区四大城市群生态效率评价》,《地理学报》2019 年第 72 期。

④ 孙久文、闫昊生、李恒森:《京畿协作——京津冀协同发展》,重庆大学出版社 2019 年版,第 1—3 页。

⑤ 方创琳:《中国城市群研究取得的重要进展与未来发展方向》,《地理学报》2014 年第 8 期。

业成为率先突破领域。①

京津冀地区作为推动中国经济发展的增长极之一②，占全国国土面积比重为2.30%，却承载了全国5.75%的化学需氧量、5.83%的氨氮排放量、8.10%的二氧化硫排放量和5.61%的氮氧化物排放量，环境污染、水资源短缺和生态承载力下降成为制约京津冀地区一体化高质量发展的重大阻碍。③ 虽然京津冀政府出台相关环境治理政策破解生态环境困局，但受区域差距、产业布局、能源结构和历史因素等的制约，京津冀生态环境问题依旧严重。④ 为此，生态环境保护成为京津冀协同发展的优先突破领域，2015年12月国家发展和改革委员会发布的《京津冀协同发展生态环境保护规划》提出要遏制区域环境质量恶化趋势，大幅削减主要污染物排放总量。⑤

2013年国务院颁布的《大气污染防治行动计划》便将京津冀地区作为雾霾重点治理地区，2018年国务院印发的《打赢蓝天保卫战三年行动计划》也再次将京津冀及周边地区作为重点污染防治区域，说明京津冀地区环境状况虽有所改善，但大量的环境治理投资取得的效果并不理想，京津冀地区的生态环境困境亟待解决。⑥

因生态环境问题具有明显的负外部性、空间溢出性和区域延展性等特点，生态环境治理问题已成为区域间共同面临的现实问题，各地区各自为政的治理方式已难以应对日趋严重的生态环境问题，跨地区生态环

---

① 刘骁啸、吴康：《功能疏解背景下京津冀中部核心区产业投资网络演化研究》，《地理科学进展》2020年第12期；王红梅、鲁志辉：《京津冀协同发展战略下河北经济协调发展的政策效应研究——基于京津产业转移的RD分析》，《当代经济管理》2020年第12期。
② 陆大道：《关乎中国百年国运的重要决策》，《经济地理》2016年第4期。
③ 周侃、李会、申玉铭：《京津冀地区县域环境胁迫时空格局及驱动因素》，《地理学报》2020年第9期。
④ 王喆、周凌一：《京津冀生态环境协同治理研究——基于体制机制视角探讨》，《经济与管理研究》2015年第7期。
⑤ 周侃、李会、申玉铭：《京津冀地区县域环境胁迫时空格局及驱动因素》，《地理学报》2020年第9期。
⑥ 任梅、王小敏、刘雷等：《中国沿海城市群环境规制效率时空变化及影响因素分析》，《地理科学》2019年第7期。

境合作治理方式成为走出生态环境困境的必然选择。① 污染密集型产业作为非首都功能疏解的重要部分,这些产业的整体格局发生了哪些改变? 是否会给承接地带来新的环境污染? 这些问题是解决京津冀生态环境问题要重点关注的,也是实现京津冀协同发展的关键。②

## 二 研究意义

### (一) 理论意义

本书立足于中国经济转型发展及生态环境问题亟待解决的关键时期,融合多学科污染密集型产业分布与环境效应的相关理论,探讨京津冀这一典型案例地污染密集型产业的空间分布变化及环境效应,一方面推进传统理论的应用,另一方面有助于探索构建符合转型期中国污染密集型产业时空演变及环境效应的分析框架;了解污染密集型产业时空演变驱动机理对地区间合理的产业转移提供理论支撑;此外,环境问题作为一个跨学科研究领域,受到自然科学家和社会科学家的关注,环境问题的开放性和公共性使环境问题更为复杂,从污染密集型产业空间分布变化的视角对环境问题的解读有利于丰富环境问题的研究视角,环境效应驱动机制的研究将有助于地区环境治理,促进产业与生态环境的协调发展,丰富区域可持续发展的理论研究。

### (二) 现实意义

污染密集型产业转移已成为发达地区"腾笼换鸟"发展模式的先决条件,同时也是欠发达地区产业结构优化升级的必要抓手。但与此同时,污染密集型产业因其重污染属性逐渐成为地方政府和公众关注的焦点。目前,对污染密集型产业转移的研究,国外学者多集中在环境规制对污染密集型产业分布的影响上,国内学者则关注污染密集型产业的地理分布规律及驱动因素分析,缺乏对污染密集型产业空间分布变化及其环境效应的系统、深入研究。所以,面对地区产业承接、环境影响等方面问题,学术层面的指导相对有限。本书选取生态环境敏感且脆弱的京

---

① 党秀云、郭钰:《跨区域生态环境合作治理:现实困境与创新路径》,《人文杂志》2020 年第 3 期。
② 刘晓啸、吴康:《功能疏解背景下京津冀中部核心区产业投资网络演化研究》,《地理科学进展》2020 年第 12 期。

津冀地区作为案例，剖析污染密集型产业空间分布变化过程、影响因素、环境效应、驱动机制及存在的问题，并提出相应的对策建议，可以为城市群地区污染密集型产业的转移、产业与生态环境的协调发展提供更为科学、系统的指导。同时服务于《京津冀协同发展规划纲要》所提出的生态环境保护、产业转移升级重点突破领域的需求，为承接地制定合理的产业承接政策和环境治理政策提供一定的参考。

## 第二节　研究目标及内容

### 一　研究目标

构建污染密集型产业空间分布变化及其环境效应研究的分析框架，对京津冀污染密集型产业时空演变及其环境效应进行分析，主要探讨三个问题：一是了解污染密集型产业时空演变过程，找到地区环境治理需重点关注的区/县、行业及污染物，探究污染密集型产业时空演变的影响因素。二是测度污染密集型产业空间分布变化的环境效应，明确污染密集型产业转移对地区工业污染物排放的影响程度，计算规模效应、结构效应和技术效应。三是分析污染密集型产业转移环境效应的驱动机制。结合污染密集型产业时空演变特征、环境效应测度结果，探讨该环境效应的驱动机制，为污染密集型产业转移和承接地环境治理提供依据。

### 二　研究内容

（1）构建产业转移环境效应的分析框架

从经济地理学、环境经济学、管理学、环境经济地理学等多学科相关理论出发，对污染密集型产业空间分布变化及其环境效应涉及的方面进行论述，结合污染密集型产业特性，构建污染密集型产业空间分布变化及其环境效应研究的理论分析框架。

（2）污染密集型产业界定

基于2001—2015年"工业三废"（包含工业废水、废气和固体废物）数据和工业产值数据，通过构建包含污染排放规模和强度的污染密集指数，依据不同阶段各行业的污染密集指数均值和变化趋势，最终确定污染密集型产业所包含的具体行业。根据各行业污染物排放类型的不同将污染密集型产业进一步细分，并指出"工业三废"减排重点关注的行业。

（3）京津冀污染密集型产业格局时空演变及影响因素

首先，基于京津冀地区各地市污染密集型产业的产值数据和企业数据，运用偏离—份额分析法、基尼系数、核密度分析等方法对京津冀污染密集型产业时序演变特征和空间演变特征进行分析，总结行业集聚类型和集聚区域，并且对各细分行业展开仔细分析，以寻找到重点关注地区、行业及污染物。其次，在此基础上，基于各地市工业数据和企业数据构建产业迁移指数，对京津冀污染密集型产业空间分布变化进行量化。最后，从要素禀赋特性、区位条件属性、市场导向作用和政府政策调整4个方面探讨污染密集型产业时空演变的驱动机理，并通过模型验证各影响因素的驱动作用。

（4）京津冀污染密集型产业空间分布变化的环境效应测度

按照"相关性分析—因果关系验证—环境效应测度"的分析思路，首先运用区域重心分析方法初步观察两者的空间分布变化是否具有相关性。其次，引入双重差分模型，对产业转移与污染转移之间的因果关系进行验证。最后，利用污染转移测算方法对各地市污染物的转移量进行测算，按照污染密集型产业空间分布变化对环境的影响路径，测算其规模效应、结构效应和技术效应，并运用计量模型检验。

（5）京津冀污染密集型产业空间分布变化环境效应的驱动机制

在京津冀污染密集型产业时空演变、环境效应测度的基础上，构建包含本底条件、政府力、市场力和社会力4个方面的污染密集型产业空间分布变化环境效应解释框架，从本底条件、政府力、市场力和社会力4个方面详细论述污染密集型产业地理分布变化环境效应的驱动机理，总结污染密集型产业地理分布变化环境效应的形成机制。

## 第三节　研究方法与技术路线

### 一　研究方法

（1）资料收集与文献综合分析法。通过相关学术期刊、论文、报刊等文献资料，梳理污染密集型产业的地理分布特征、影响因素、效应、驱动机理，了解污染密集型产业研究现状和未来研究趋势，并针对国内外理论、研究方法进行评述，最终确定本书内容。通过收集京津冀地区各地市经济、社会、生态环境、企业等相关数据及地区发展规划、产业发展政策、环保政策等方面的资料，为京津冀污染密集型产业空间分布变化及其环境效应的研究奠定基础。

（2）定性分析与定量分析相结合的方法。在定性方面，基于经济地理学、环境经济学、管理学等多学科相关理论对搜集到的地区规划、环境政策、专利申请、信访、环保组织等相关资料进行整理和分析，论述污染密集型产业时空演变驱动机理，分析污染密集型产业转移环境效应的驱动机制。在定量分析方面，结合各地市经济、社会、生态环境等多方面数据，通过构建产业污染综合指数选取污染密集型产业，运用偏离—份额分析法、基尼系数分析京津冀污染密集型产业分布特征，构建产业迁移指数量化京津冀污染密集型产业地理分布变化，运用计量模型验证其影响因素。通过区域重心分析方法对污染密集型产业分布与环境污染状况的相关性进行分析，在此基础上引入双重差分模型验证污染转移和产业转移之间的因果关系，并运用污染转移测算方法对京津冀污染密集型产业转移环境效应及分解效应进行测度。

（3）GIS空间分析技术。构建京津冀地区各地市的经济、企业、环境等数据库，运用核密度分析、GIS空间分析方法、区域重心分析方法对京津冀污染密集型产业空间演变特征、企业集聚特征、污染重心和污染密集型产业重心进行直观展示和空间分析。

### 二　技术路线

本书在已有研究的基础上，通过构建产业污染综合指数确定污染密集型产业所包含的具体行业。在此基础上，分析京津冀污染密集型产业时空演变特征，从要素禀赋特性、区位条件属性、市场导向作用和政府政策调整4个方面论述污染密集型产业空间分布变化的驱动机理。针对当前学者们关注的污染密集型产业转移环境效应的分析，按照"相关性分析—因果关系验证—环境效应测度"的思路来分析污染密集型产业分布与环境污染之间的相关性，验证产业转移与污染转移之间的因果关系及测度相应的污染转移量。基于污染密集型产业时空演变、其环境效应测度结果，从本底条件、政府力、市场力和社会力4个方面分析污染密集型产业空间分布变化环境效应的驱动机理。具体技术路线和章节设计见图1-1：

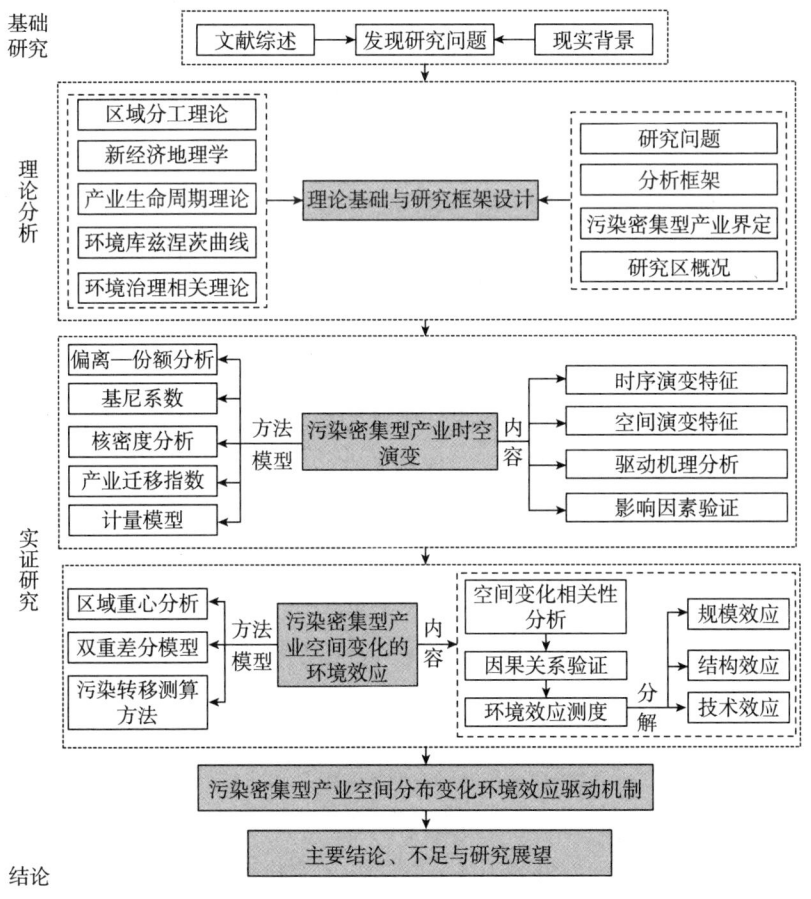

图1-1　本书的技术路线

第一部分为提出研究问题，包括第一章和第二章。主要介绍本书的研究背景、研究意义、研究目标及内容、研究方法技术路线、拟解决关键问题以及对相关基础理论、国内外相关文献进行回顾和评述，提出本书的研究框架。

第二部分为实证研究，包括第三章、第四章、第五章和第六章。第三章对污染密集型产业进行界定，选取研究所涉及的行业，并梳理研究区的基本状况。第四章对京津冀污染密集型产业时空演变特征进行详细分析，并对其影响因素进行探究。第五章在验证污染密集型产业转移与污染转移具有空间相关性和因果关系的基础上，对京津冀污染密集型产业空间分布变化的环境效应进行测度。

第三部分为结论和讨论，包括第七章。总结本书的研究结论，给出对策建议，提出本书的主要创新点和研究不足，展望今后研究需要关注的重点内容。

## 第四节　拟解决的关键问题

（1）京津冀污染密集型产业的时空演变及影响因素

京津冀污染密集型产业空间分布特征是探讨污染密集型产业空间分布变化环境效应的前提和基础，伴随着北京非首都功能不断向外疏解，京津冀污染密集型产业的空间分布呈现怎样的特征，有怎样的演变规律，又有哪些因素驱动，是本书研究的内容。因此，详细分析污染密集型产业时空演变规律及影响因素是本书的关键问题之一。

（2）京津冀污染密集型产业空间分布变化的环境效应测度及驱动机制

污染密集型产业因其环境污染属性，在给承接地带来经济效益和社会效益的同时，会导致承接地生态环境受损，如何深入研究污染密集型产业空间分布变化的环境效应是本书的难点之一。此外，其环境效应受地区本底条件和多种力量的影响，探讨污染密集型产业空间分布变化环境效应的影响机制也是本书的关键问题。

# 第二章 理论基础与研究综述

污染密集型产业分布及其环境效应的研究涉及多个方面，多学科从不同角度对此进行了理论探讨。本部分以区域分工理论、新经济地理学理论、产业生命周期理论、环境库兹涅茨曲线和环境治理相关理论等关键理论为基础，探讨了污染密集型产业空间分布格局、过程、驱动机制和产生环境影响的基本原理。此外，在国内外学者关于产业空间分布变化及所产生的环境效应的大量研究基础上，从污染密集型产业地理分布、产业转移的环境效应以及京津冀地区产业与环境互动关系等方面对国内外相关研究进行梳理，为本书接下来的研究提供依据。

## 第一节 理论基础

### 一 区域分工理论

区域分工也称为劳动地域分工，是社会分工的空间形式，是指相互关联的社会生产体系受到一定利益机制支配而在地理空间上发生的分异[1]，表现为地区生产的专业化。各地区在自然资源基础和经济发展水平方面存在明显差异，在各地资源和要素不能完全自由流动的情况下，为提高地区经济效益，满足地区市场需求，各地将按照比较利益原则，选择和发展本地优势产业，地区之间由此形成了分工。区域分工不仅能充分发挥地区资源、要素、区位等方面的优势，同时有利于推动地区技术创新，提高全要素生产率，促进地区经济发展。

---

[1] 李国平、卢明华：《北京高科技产业价值链区域分工研究》，《地理研究》2002年第2期。

亚当·斯密的绝对成本学说指出各国利用自身优势条件从事专业化生产，能有效提高劳动生产率，降低生产成本，从而促进国家间的分工与贸易。大卫·李嘉图在亚当·斯密的基础上提出比较成本学说，指出各国应将资本和劳动力用于具有相对优势的产业部门，依据比较成本开展国际分工与贸易。赫克歇尔和俄林提出要素禀赋学说，认为国家或区域之间生产要素禀赋的差异是国家或区域之间出现分工和发生贸易的主要原因。以迪克西特、斯蒂格利茨、保罗·克鲁格曼等为代表的新贸易理论从规模经济和不完全竞争的视角对发达国家之间的产业内贸易进行解释，规模经济（内部规模经济、外部规模经济）是发达国家产业内贸易发生的重要原因。由此可知，比较优势、要素禀赋差异导致国家之间的产业间贸易，形成产业间分工，规模经济和不完全竞争市场导致国家之间的产业内贸易，形成产业内分工。①迈克尔·波特提出竞争优势理论，认为一个国家某产业的竞争优势是由生产要素、国内需求、支撑产业与相关产业、企业的战略、结构与竞争、机遇和政府等方面共同决定的。

## 二 新经济地理学

新经济地理学是新古典经济学在垄断竞争模型基础上的重要发展，具有深厚的区位理论思想渊源和经济学的方法基础。②以保罗·克鲁格曼为代表的西方经济学家从经济地理学的视角出发，基于 Dixit-Stiglitz（D-S）垄断竞争模型，以不完全竞争和规模报酬递增作为基本假设，完整阐述了产业空间集聚现象的内生机制，并提出了新经济地理学。③保罗·克鲁格曼将报酬递增条件下的制造业份额与流动工人份额加以内生，发现区域生产结构与运输成本呈非线性关系，其建立的"中心—外

---

① 李小建、李国平、曾刚等：《经济地理学（第三版）》，高等教育出版社2019年版，第188—192页。

② 孙久文、原倩：《"空间"的崛起及其对新经济地理学发展方向的影响》，《中国人民大学学报》2015年第1期。

③ 保罗·克鲁格曼：《发展、地理学与经济理论》（蔡荣译），北京大学出版社2000年版，第70—90页。

围"（C-P）模型可以解释影响经济活动空间分布的集聚力和分散力。①新经济地理学认为：产业在空间上的分布形态是产业集聚力和分散力共同作用的结果，产业空间布局变化的动力来自地区间产业集聚力与分散力之差的比较优势。②

随着文化与制度转向的推进（20世纪90年代），环境问题逐渐成为新经济地理学研究的领域之一，环境与政策因素被逐步纳入新经济地理学的理论体系中，环境经济地理学概念于2004年在环境经济地理年会上被首次提出，旨在探究地理位置和空间对经济与环境之间关系的影响。③新经济地理学对环境问题的关注主要集中在经济活动地理分布与环境的互动关系研究。有学者通过研究发现工业集聚将直接导致地区环境污染，随着该地环境污染的不断加重，集聚引发的环境污染等拥挤成本的增加会形成产业向新区位扩散的离心力，产业集聚被减弱。④将污染企业布局在行政区边界或迁移到相邻地区一方面降低企业生产成本，另一方面降低污染密集型产业集聚对本地环境的影响。⑤也有学者关注

---

① Krugman, P., "Increasing Returns and Economic Geography", *The Journal of Political Economy*, Vol. 99, No. 3, June 1991；刘安国、杨开忠：《新经济地理学理论与模型评介》，《经济学动态》2001年第12期；袁阡佑：《东北产业集群研究——基于长三角产业集群的经验》，博士学位论文，复旦大学，2006年；焦连成：《经济地理学研究的传统对比——对我国经济地理学发展的启示》，博士学位论文，东北师范大学，2007年。

② 邹迪：《新经济地理学下青海省承接产业转移的动力机制研究》，《青海社会科学》2018年第6期。

③ Allenby, B. R., "Industrial Ecology: Policy Framework and Implementation", *New Jersey: Prentice Hall*, Vol. 5, No. 1-2, July 1998; Gibbs, D., "Ecological Modernization, Regional Economic Development and Regional Development Agencies", *Geoforum*, Vol. 31, No. 1, February 2000; Hayter, R., "Environmental Economic Geography", *Geography Compass*, Vol. 2, No. 3, April 2008；丁凡琳、陆军、赵文杰：《新经济地理学框架下环境问题研究综述》，《干旱区资源与环境》2019年第6期。

④ Virkanen, J., "Effect of Urbanization on Metal Deposition in the Bay of Töölönlahti, Southern Finland", *Marine Pollution Bulletin*, Vol. 36, No. 9, September 1998; Klimenko, M. M., "Competition, Matching, and Geographical Clustering at Early Stages of the Industry Life Cycle", *Journal of Economics & Business*, Vol. 56, No. 3, May-June 2004；丁凡琳、陆军、赵文杰：《新经济地理学框架下环境问题研究综述》，《干旱区资源与环境》2019年第6期。

⑤ Sigman, H., "Transboundary spillovers and decentralization of environmental policies", *Journal of Environmental Economics & Management*, Vol. 50, No. 1, July 2005.

环境规制对产业地理分布的影响,"污染避难所"假说强调污染密集型产业迁往环境规制强度较低的欠发达地区将有效降低污染企业生产成本,同时也促进欠发达地区的经济增长,但也有学者指出欠发达地区为通过引进高污染企业促进当地经济增长容易出现"逐底竞争"。① "波特假说"则强调严格的环境规制将通过企业技术创新提高企业竞争力和盈利能力的研究也证实了这一点。②

### 三 产业生命周期理论

产业生命周期理论是指每个产业所经历的从成长到衰退的过程,一般分为初创、成长、成熟和衰退四个阶段。③ 产业是具有某种形同生产技术或产品特性的企业的集合,而企业,尤其是产品往往具有生命周期,产业生命周期的阶段划分就是建立在产品生命周期阶段划分基础上。④

产品生命周期的概念最早由美国经济学家弗农于20世纪60年代在《产品周期中的国际投资与国际贸易》中提出,他将产品周期从该产品进入市场时起划分为三个阶段:成长阶段(即创新阶段)、成熟阶段和标准化阶段。⑤ 产品生命周期理论认为,产品在生产初期,对技术研发有较高要求,发达地区既是知识和技术的密集分布区,同时又具有高收

---

① Walter, I. and Ugelow, J. L. , "Environmental policies in developing countries", *Ambio*, Vol. 8, No. 2, 1979;贺灿飞、周沂:《环境经济地理研究》,科学出版社2016年版,第37—46页。

② Porter, M. E. , "The role of location in competition", *International Journal of the Economics of Business*, Vol. 1, No. 1, 1994; Bridge, G. , "Global production networks and the extractive sector: Governing resource-based development", *Journal of Economic Geography*, Vol. 8, No. 3, May 2008.

③ 杨莹:《新兴产业产能过剩问题研究——以我国多晶硅产业为例》,硕士学位论文,天津商业大学,2011年;吴殿廷、吴昊等:《区域发展产业规划》,东南大学出版社2018年版,第15-30页。

④ 李良成、高畅:《战略性新兴产业知识产权政策分析框架研究》,《科技进步与对策》2014年第12期。

⑤ Vernon, R. , "International Investment and International Trade in the Product Cycle", *International Executive*, Vol. 80, No. 2, May 1966;唐任伍、王宏新:《国际产品生命周期与企业跨国经营——兼评弗农国际产品生命周期理论》,《经济管理》2002年第23期;周诚:《跨国公司主导国际贸易中的技术生命周期》,《经济研究导刊》2008年第14期;李志翠:《我国西部地区承接区际产业转移的效应研究》,博士学位论文,中央财经大学,2015年。

入的消费群体,具有明显的比较优势。随着产品生产走向成熟阶段,先进的管理技术、丰富的资本条件、较低成本的劳动力成为影响产品生产的主要因素,次发达国家成为产业转移和对外直接投资的主要对象。当产品进入标准化阶段后,产品的生产技术已经比较成熟,对资本的要求开始下降,生产过程进一步向劳动力成本低的发展中国家转移。产品生命周期理论较好地刻画了两个过程,一是企业性质由技术密集型向劳动密集型转变的过程;二是企业选址从中心地区向外围地区再向偏远地区迁移的过程。①

产业生命周期与产品生命周期具有一定的差异,因一个产业的产出往往有多种相似产品,产业的生命周期无法用一个产品的生命周期来代替,两者在衰退期会有一定的差异。② 随着新兴产业的不断出现,原有产业比重会有所下降,但该产业产品的市场需求不会完全消失,大部分产业会因技术进步或市场需求变化进入下一个发展周期(见图 2-1)。③

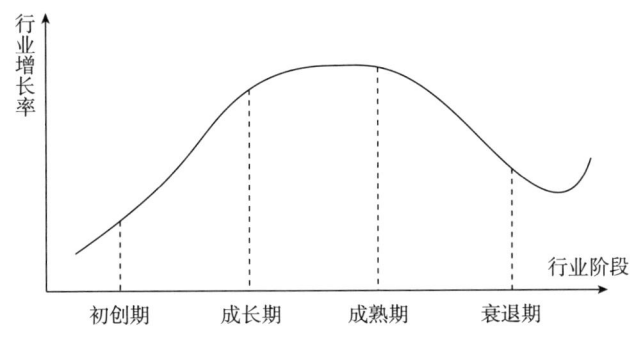

图 2-1　产业生命周期示意图

资料来源:吴殿廷、吴昊等:《区域发展产业规划》,东南大学出版社 2018 年版,第 15—30 页。

---

① 贺灿飞、周沂、张腾:《中国产业转移及其环境效应研究》,《城市与环境研究》2014 年第 1 期。
② 张琦:《武汉信息产业发展战略及对策研究》,硕士学位论文,武汉理工大学,2003 年。
③ 肖鹏:《外商直接投资对中国汽车产业的影响研究》,博士学位论文,武汉理工大学,2007 年。

## 四 环境库兹涅茨曲线

西蒙·史密斯·库兹涅茨（或者）西蒙·库兹涅茨发现了人均国民收入和收入不平等之间的关系，并提出了收入不平等在经济发展的早期加剧，在经济发展的后期减轻的假设，即库兹涅茨曲线假说。① 环境库兹涅茨曲线（Environmental Kuznets Curve，EKC）就是该假说在环境经济学领域的类比，它揭示了环境质量在经济发展初期随着人均收入的增加环境破坏不断加剧，当人均收入水平上升到一定程度（即转折点）后，环境破坏程度随着人均收入的增加而降低，即环境质量与人均收入之间呈倒 U 形关系（见图 2-2）。②

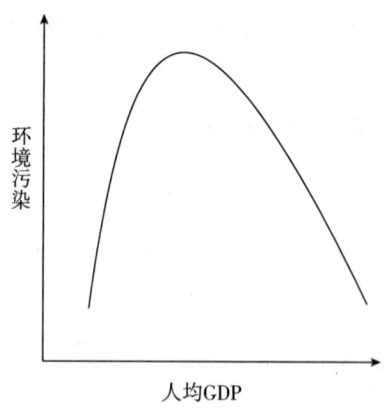

**图 2-2　环境库兹涅茨曲线**

资料来源：根据 Uchiyama K. (2016) 研究绘制 Uchiyama, K., "Environmental Kuznets Curve Hypothesis and Carbon Dioxide Emissions", *Springer Briefs in Economics*, Vol. 5, May 2016.

20 世纪 90 年代初，经济增长对环境的影响受到经济学家的关注，Grossman 和 Krueger 最早将经济增长和环境质量之间的关系进行论证，他们通过对 42 个国家的城市区域的空气污染物与人均收入比较发现，

---

① Kuznets, S., "Economic Growth and Income Inequality", *American Economic Review*, Vol. 45, No. 1, March 1955.

② Uchiyama, K., "Environmental Kuznets Curve Hypothesis and Carbon Dioxide Emissions", *Springer Briefs in Economics*, Vol. 5, May 2016.

在收入水平较低的情况下，$SO_2$ 和烟雾的浓度随着人均 GDP 的增加而增加，当达到一定的收入水平后，污染物浓度随着人均 GDP 的增长而减少，并在 1992 年的世界银行发展报告中普及了这一概念。① 此后，大量关于污染与收入增长关系的文献出现，研究的共同点是环境质量在经济发展/增长的早期阶段恶化，在经济发展的后期得到改善，验证了环境库兹涅茨曲线的存在。通过环境库兹涅茨曲线可以帮助人们预测长期的环境变化，制定针对性政策。

环境库兹涅茨曲线（EKC）提出后，人均收入与环境质量关系的理论探讨不断深入，Grossman 和 Krueger 提出经济增长通过规模效应、结构效应和技术效应三种途径影响环境质量（$\dot{Z}$），Copeland 和 scott·Taylor②基于模型将规模效应、结构效应和技术效应进行分解：$\dot{z}=\dot{s}+\dot{\phi}+\dot{e}$。$\dot{s}$ 为规模效应，表示在经济发展中如果保持生产的商品和技术不变，简单地扩大规模时，污染的增加量。$\dot{\phi}$ 为结构效应，表示如果保持经济规模和排放强度不变，国民收入中污染产业所占份额增大时，污染的增加量。$\dot{e}$ 为技术效应，表示如果保持经济规模和生产的商品量不变，降低排放强度时，污染的减少量。

### 五 环境治理相关理论

（一）外部性理论

外部性理论是环境经济学的基础与核心。外部性（Externality）最早由新古典经济学代表人物阿尔弗雷德·马歇尔（Alfred Marshall）于 1890 年在《经济学原理》中提出，庇古（A. C. Pigou）在其著作《福利经济学》中对其进行了完善，并提倡政府实施"庇古税"以实现外部效应的内部化。外部性（Externality）指经济活动的溢出效应，萨缪尔森将之定义为"外部性就是一个经济主体的行为影响他人的福利，这种影响并没有通过货币形式或市场机制反映出来"，即一方的效用除由自身决定外，还受外界（他人）的影响，这种影响可以是正的外部性

---

① Grossman, G., Krueger, A., "Environmental Impacts of a North American Free Trade Agreement", *National Bureau of Economic Research Working Paper Series*, No. 3914, November 1991.

② Copeland, B. R. and Taylor, M. S., "North-Souh Trade and the Environment", *The Quarterly Journal of Economics*, Vol. 109, No. 3, August 1994.

(经济主体的行为给他人福利带来增加),也可以是负的外部性(经济主体行为造成他人福利减少)。① 以马歇尔、庇古等人为代表的新古典经济学家认为外部性是市场机制的障碍,外部性的存在会影响资源的有效配置,因此需要引入政府进行干预。②

外部性理论提出以后,西方经济学家对外部性理论进行了丰富,如美国经济学家奈特(Knight)提出将土地费用纳入外部性的计算中,认为稀缺资源的产权问题,即将稀缺资源当作免费物品,是"外部不经济"产生的原因;杜森贝(J. S. Duesenberry)提出一个经济主体的行为影响他人的福利,同时也会受到他人的影响,即外部性是相互作用的;鲍莫尔(W. J. Baumol)尝试在竞争和垄断的条件下分析外部性问题,增强了理论的实用性;科斯(Coase)则将外部性与产权和制度变迁联系起来,认为产权的确立可以消除外部性,这对于解决环境问题具有一定的借鉴意义。

20世纪50年代以来,随着工业化对生态环境的压力不断加大,环境外部性问题逐渐凸显,西方经济学家将外部性拓展到环境领域,从新的视角理解环境外部性。奥尔森(Mancur Olson)认为外部性具有不可分割性、非排他性,即环境的公共物品属性导致在使用公共物品中产生搭便车的行为,消费者没有付费,而生产者没有获得收益,导致了环境的外部性。有学者认为环境的外部性是由市场失灵和政府失灵共同作用导致的,市场失灵主要是指市场机制不健全、市场机制扭曲等,政府失灵是指政府未采取干预措施、政府政策低效或无效等,由此引起生态环境破坏的外部性。也有学者从非竞争性、代际转移、地区贫困等角度解释和完善环境外部性。生态环境属于公共物品,具有非排他性、非竞争性和不可分割性等特征,因而在实际生产和生活中容易引起环境的外部性,外部性理论对于指导地区生态文明建设、生态环境协同发展具有重

---

① 包振宇、王思锋:《旅游城市住宅市场负外部性及其矫正策略研究》,《人文地理》2016年第2期;林建华:《基于外部性理论的西部生态环境建设的基本思路》,《西北大学学报》(哲学社会科学版)2006年第4期。

② 任保平、刘丽:《西方经济学的外部性理论及其现实意义》,《陕西师范大学继续教育学报》2004年第3期。

要意义。①

(二) 科斯定理

1960年罗纳德·H. 科斯出版了《社会成本问题》(*The Problem of Social Cost*),指出外部性损害问题的相互性,主张"以避免更严重的损害为原则"来选择产权制度,其思想被 Stigler 归结为"科斯定理"(Coase Theorem)。该理论论证了产权界定和产权安排在经济交易中的重要性。② 科斯定理主要包含两方面的含义:第一科斯中性定理(Neutrality Theorem):若交易费用为零且产权界定明确时,市场交易的自动调节功能没有障碍,市场交易将导致资源配置处于帕累托最优状态;第二科斯有效性定理(Efficiency Theorem):无论将产权分配给产生外部性的一方或是受害方,通过自愿交易与自愿谈判将会带来资源的有效配置,形成有效率的市场。③

科斯定理将市场中基本的供需关系应用于非市场产品,只要明确了污染物减排的供需关系,就可以实现市场均衡。科斯定理的重要性在于,提供了通过明确所有权和可交易性解决环境外部性、解决市场失灵的方法,同时也提供了私人市场在没有政府干预的情况下有效运行并解决环境问题的可能性。但也有学者指出科斯定理存在一定的缺陷,在现实中科斯定理的应用会受到产权界定和分配、交易成本高低、信息的不完全等因素的影响,而不能解决环境的外部性问题,环境物品的外部性、高交易成本和搭便车行为限制了科斯定理在实践中的应用。④

(三) 多中心治理理论

"多中心"一词最早由迈克尔·博兰尼 (Michael Polanyi) 在《自

---

① 潘琼琼:《新时期我国农村公共产品供给问题探析》,《河北工程大学学报》(社会科学版) 2010 年第 4 期;林建华:《基于外部性理论的西部生态环境建设的基本思路》,《西北大学学报》(哲学社会科学版) 2006 年第 4 期。

② 朱富强:《自由交易能否实现资源最优配置:科斯中性定理的逻辑缺陷审视》,《西部论坛》2019 年第 2 期。

③ Stigler, G. J., "The Theory of Price", New York: Macmillan Publishing Company, 1966, pp. 111-165; 曹越、彭可人:《会计学对科斯定理的完善与推进》,《会计研究》2019 年第 11 期。

④ Peter, B., Gloria, H., "The Economics of The Environment", New York: Pearson, 2010; 朱富强:《自由交易能否实现资源最优配置:科斯中性定理的逻辑缺陷审视》,《西部论坛》2019 年第 2 期。

由的逻辑》一书中提出，他提出社会的两种秩序，一种是权威指挥的秩序，另一种是多中心的秩序，旨在说明自发秩序的合理性和社会管理可能的限度。埃莉诺·奥斯特罗姆（Elinor Ostrom）和文森特·奥斯特罗姆（Vincent Ostrom）夫妇将"多中心"概念引入公共事务分析中，共同创立了有别于市场理论和国家理论的多中心治理理论。① 对于公共事务的治理，"单中心"（政府或市场）治理方式容易导致失灵现象。在"强市场、弱政府"的治理模式下，企业作为"理性经济人"在追求利润最大化的过程中，往往会面临"公地悲剧"和"囚徒困境"引发公共资源的过度利用或退化，而"集体行动逻辑"强调面对非排他性和公共性的集体行动，理性个体会出现"搭便车"的行为，这些将导致市场的失灵。② 同样，在"强势政府"的治理模式下，公共物品的分配会出现浪费，导致公共支出过多或效率降低，引起政府失灵。③ 面对公共事务治理中政府或市场"单中心"模式的失灵，奥斯特罗姆夫妇基于长期的社会实证调研提出建立包含政府、市场和社会的"多中心"治理模式，以弥补政府或市场单一力量的不足。④

多中心治理理论强调治理的主体是多元的，即借助多个而非单个权力中心或组织体制治理公共事务，各主体相对独立又彼此联系，自发秩序或自主治理是多中心治理的基础。多中心治理的实质是构建"多元共治"模式，参与公共事务的治理主体（政府、市场、社会）具有有限

---

① 郁俊莉、姚清晨：《多中心治理研究进展与理论启示：基于 2002—2018 年国内文献》，《重庆社会科学》2018 年第 11 期。

② 李平原：《浅析奥斯特罗姆多中心治理理论的适用性及其局限性——基于政府、市场与社会多元共治的视角》，《学习论坛》2014 年第 5 期。

③ 夏茂森：《辽宁高技术产业基地成长中的政府干预研究》，博士学位论文，辽宁大学，2013 年；李平原、刘海潮：《探析奥斯特罗姆的多中心治理理论——从政府、市场、社会多元共治的视角》，《甘肃理论学刊》2014 年第 3 期。

④ 杨健：《多中心理论视角下的城市水环境治理问题研究——以台州市路桥区为例》，硕士学位论文，浙江工业大学，2019 年。

但独立的地位，多元主体间的竞争与协作促进公共利益的提升。① 多中心治理理论强调政府不再是简单的发号施令和强制规制者，而是与市场和社会密切配合，实现公共利益的可持续发展。

**六 理论小结**

本节基于区域分工理论、新经济地理学、产业生命周期理论、环境库兹涅茨曲线和环境治理相关理论等，对本书展开研究。其中区域分工理论、新经济地理学、产业生命周期理论是京津冀污染密集型产业空间格局形成的基础理论，揭示了产业和企业在面对不同区域比较优势时的选址决策过程；新经济地理学和环境库兹涅茨曲线论证了经济发展与环境污染之间的相关性，同时也论证了污染密集型产业转移带来环境污染的可能性，对污染密集型产业空间分布变化的环境效应、分解效应测算和环境效应驱动机制分析具有指导作用；环境治理相关理论为污染密集型产业空间分布变化环境效应驱动机制分析提供了理论基础。

## 第二节 国内外研究进展

产业在生产过程中会产生不同程度的环境污染，污染密集型产业指那些在生产过程中排放相对更多污染物的产业。② 环境效应指的是相关环境影响因素在特定条件下对环境状况产生的影响效果。本节主要从污染密集型产业地理分布、产业转移的环境效应、京津冀地区产业与环境互动关系等方面进行梳理。

**一 污染密集型产业地理分布的相关研究**

（一）国外研究

国外对污染密集型产业布局的研究更加关注"污染避难所假说"

---

① 李覆野：《我国智慧社区建设中的信息安全管理研究》，硕士学位论文，东北大学，2015 年；李平原、刘海潮：《探析奥斯特罗姆的多中心治理理论——从政府、市场、社会多元共治的视角》，《甘肃理论学刊》2014 年第 3 期。
② 仇方道、蒋涛、张纯敏等：《江苏省污染密集型产业空间转移及影响因素》，《地理科学》2013 年第 7 期。

和"波特假说"的验证。"污染避难所假说"认为，发展中国家注重经济发展而忽略环境保护，较低的环境标准促使其污染密集型产业具有比较优势，该地便成为全球"污染产业"的"避难所"。[1] "波特假说"则认为合理的环境规制可以激励企业技术创新，生产要素投入的减少、生产效率的提高或生产更适销的产品将会部分甚至完全抵消环境规制成本，提升企业（产业）竞争力。[2]

20世纪90年代以来，环境规制对产业地理分布和企业绩效的影响引起了学者们的关注。[3]然而，关于"污染避难所假说"和"波特假说"是否成立存在着激烈的争论。一些学者通过测度环境规制与对外贸易、外商直接投资及污染密集型产业分布的关系，验证了"污染避难所假说"的成立，并指出环境监管和企业类型是影响"污染避难所假说"的关键因素。[4] 然而，一些学者通过对欧洲，日本和美国的研究发现，

---

[1] Walter, I., Ugelow, J. L., "Environmental Policies in Developing Countries", *Ambio*, Vol. 8, No. 2-3, 1979.

[2] Porter, M. E., Linde, C., "Toward a New Conception of the Environment-Competitiveness Relationship", *Journal of economic perspectives*, Vol. 9, No. 4, Autumn 1995.

[3] Birdsall, N., Wheeler, D., "Trade Policy and Industrial Pollution in Latin America: Where Are the Pollution Havens?" *The Journal of Environment & Development*, Vol. 2, No. 1, January 1993; Brunnermeier, S. B., Levinson, A., "Examining the Evidence on Environmental Regulations and Industry Location", *The Journal of Environment & Development*, Vol. 13, No. 1, 2004; Wu, J. W., Wei, Y. D., Chen, W., et al. "Environmental regulations and Redistribution of polluting industries in transitional China: Understanding regional and industrial differences", *Journal of cleaner production*, Vol. 206, January 2019.

[4] He, J., "Pollution Haven Hypothesis and Environmental Impacts of Foreign Direct Investment: The Case of Industrial Emission of Sulfur Dioxide ($SO_2$) in Chinese Provinces", *Ecological economics*, Vol. 60, No. 1, November 2006; Zheng, D. and Shi, M. J., "Multiple environmental policies and pollution haven hypothesis: Evidence from China's polluting industries", *Journal of Cleaner Production*, Vol. 141, January 2017; Wu, H. Y., Guo, H. X., Zhang, B., et al. "Westward Movement of New Polluting Firms in China: Pollution Reduction Mandates and Location Choice", *Journal of Comparative Economics*, Vol. 45, No. 1, February 2017; Bagayev, I. and Lochard, J., "EU air pollution regulation: A breath of Fresh air for Eastern European Polluting Industries?", *Journal of Environmental Economics and Management*, Vol. 83, May 2017; Spatareanu, M., "Searching for Pollution Havens: The Impact of Environmental Regulations on Foreign Direct Investment", *The Journal of Environment & Development*, Vol. 16, No. 2, June 2007; Dean, J. M., Lovely, M. E. and Wang, H., "Are Foreign Investors Attracted to Weak Environmental Regulations? Evaluating the Evidence from China", *Journal of Development Economics*, Vol. 90, No. 1, February 2005.

环境规制不会对制造业工厂选址和对外直接投资产生系统性的影响，新技术的应用、企业合作和信息不对称等因素将会导致环境规制的失效。①

"波特假说"强调，严格的环境规制可以刺激企业增加研发投入，从而提高企业的创新能力。② 技术进步将进一步促进企业生产率的提高和企业向绿色行为的转变，最终提高企业在市场的竞争地位。③ 因此，一些污染严重的企业仍然聚集在环境标准相对严格的地区。④ 但也有人

---

① Spatareanu, M., "Searching for Pollution Havens: The Impact of Environmental Regulations on Foreign Direct Investment", *The Journal of Environment & Development*, Vol. 16, No. 2, June 2007; Leiter, A. M., Parolini, A. and Winner, H., "Environmental regulation and investment: Evidence from European industry data", *Ecological Economics*, Vol. 70, No. 4, February 2011; Javorcik, B. S. and Wei, S. J., "Pollution Havens and Foreign Direct Investment: Dirty Secret or Popular Myth?", *Contributions in Economic Analysis & Policy*, Vol. 3, No. 2, September 2001; Kirkpatrick, C. and Shimamoto, K., "The Effect of Environmental Regulation on the Locational Choice of Japanese Foreign Direct Investment", *Applied Economics*, Vol. 40, No. 11, April 2008. Clark, D. P., Marchese, S. and Zarrilli, S., "Do Dirty Industries Conduct Offshore Assembly in Developing Countries?", *International Economic Journal*, Vol. 14, No. 3, August 2000; Levinson, A., "Environmental regulations and manufacturers' location choices: Evidence from the census of manufactures", *Journal of public Economics*, Vol. 62, No. 1-2, October 1996; Regibeau, P. M. and Gallegos, A., "Managed trade, trade liberalisation and local pollution", *Advances in Economic Analysis & Policy*, Vol. 3, No. 2, February 2004; Wu, X. D., "Pollution Havens and the Regulation of Multinationals with Asymmetric Information", *Contributions in Economic Analysis & Policy*, Vol. 3, No. 2, December 2003.

② Yang, C. H., Tseng, Y. H. and Chen, C. P., "Environmental regulations, induced R&D, and productivity: Evidence from Taiwan's manufacturing industries", *Resource and Energy Economics*, Vol. 34, No. 4, November 2012; Zhao, X. and Sun, B. W., "The influence of Chinese environmental regulation on corporation innovation and competitiveness", *Journal of Cleaner Production*, Vol. 112, No. 2, January 2016; Porter, M. E. and Linde, C., "Toward a New Conception of the Environment-Competitiveness Relationship", *Journal of economic perspectives*, Vol. 9, No. 4, Autumn 1995.

③ Yang, C. H., Tseng, Y. H. and Chen, C. P., "Environmental regulations, induced R&D, and productivity: Evidence from Taiwan's manufacturing industries", *Resource and Energy Economics*, Vol. 34, No. 4, November 2012; Zhao, X. L., Zhao, Y. and Zeng, S. X., et al., "Corporate behavior and competitiveness: Impact of environmental regulation on Chinese firms", *Journal of Cleaner Production*, Vol. 86, January 2015.

④ Wu, J. W., Wei, Y. D. and Chen, W., et al., "Environmental regulations and redistribution of polluting industries in transitional China: Understanding regional and industrial differences", *Journal of cleaner production*, Vol. 206, January 2019.

指出，环境规制对企业竞争力的影响可能很小，而政治环境、经济水平、基础设施和投资风险是影响企业选址的重要因素。① 此外，企业异质性和政府干预的作用也不容忽视。②

鉴于两种假设的检验结果不一致，有学者指出可能是因为在研究方法、地理尺度等方面存在差异。③ 早期研究者的分析多基于横截面数据，很少使用面板数据。④ 同时，对环境规制、产业再分配、对外直接投资等指标的描述也存在较大差异。也有学者指出，研究者在验证过程中往往采取"非黑即白"的态度，这意味着对其他假设的忽视或否定。⑤ 面对严格的环境标准，企业将采取不同的应对策略，有些企业会选择关闭工厂，而不是选择到另一个地点生产。⑥

---

① Jaffe, A. B., Peterson, S. R. and Portney, P. R., et al., "Environmental regulation and the competitiveness of US manufacturing: what does the evidence tell us?", *Journal of Economic literature*, Vol. 33, No. 1, February 1995; Alpay, E., Buccola, S. and Kerkvliet, J., "Productivity growth and environmental regulation in Mexican and U. S. food manufacturing", *American journal of agricultural economics*, Vol. 84, No. 4, November 2002; Tole, L. and Koop, G., "Do environmental regulations affect the location decisions of multinational gold mining firms?", *Journal of Economic Geography*, Vol. 11, No. 1, January 2011.

② Zhou, Y., Zhu, S. J. and He, C. F., "How do environmental regulations affect industrial dynamics? Evidence from China's pollution-intensive industries", *Habitat International*, Vol. 60, February 2017.

③ Shen, J., Wei, Y. D. and Yang, Z., "The impact of environmental regulations on the location of pollution-intensive industries in China", *Journal of Cleaner Production*, Vol. 148, April 2017; Jeppesen, T. and Folmer, H., "The confusing relationship between environmental policy and location behaviour of firms: A methodological review of selected case studies", *The Annals of Regional Science*, Vol. 35, No. 4, December 2001.

④ Levinson, A., "Environmental regulations and manufacturers' location choices: Evidence from the census of manufactures", *Journal of public Economics*, Vol. 62, No. 1-2, October 1996.

⑤ Zhu, S. J., He, C. F. and Liu. Y., "Going green or going away: Environmental regulation, economic geography and firms' strategies in China's pollution-intensive industries", *Geoforum*, Vol. 35, No. 4, August 2014.

⑥ Liu, W., Tong, J. and Yue, X. H., "How Does Environmental Regulation Affect Industrial Transformation? A Study Based on the Methodology of Policy Simulation", *Mathematical Problems in Engineering*, Vol. 2016, February 2016; Zhu, S. J., He, C. F. and Liu, Y., "Going green or going away: Environmental regulation, economic Geography and Firms' Strategies in China's pollution-intensive Industries", *Geoforum*, Vol. 55, August 2014; Jeppesen, T. and Folmer, H., "The Confusing Relationship between Environmental Policy and Location Behaviour of Firms: A Methodological Review of Selected Case Studies", *The Annals of Regional Science*, Vol. 35, No. 4, December 2001.

此外，学者们从集聚经济、全球化、运输成本、技术进步、路径依赖等方面深入探讨了污染密集型产业空间分布的影响因素。研究表明，企业的区域集聚不仅可以降低企业合作的成本，还可以增加知识的溢出，从而提高企业的专业化和竞争力。同样，也有学者强调全球化的增强、运输成本的降低和生产技术的进步都会对工业生产的空间组织产生重要影响。① Arthur 则强调在产业布局过程中，新选址与原选址之间存在密切的相关性，规模报酬递增加强了企业选址的路径依赖性。②

（二）国内研究

进入 21 世纪以来，环境规制对我国污染密集型产业分布的影响引起了学者们的广泛关注。③ 国内对污染密集型产业分布的研究主要集中在以下 3 个方面：

（1）外商直接投资与"污染避难所"假说的验证

与国外学者的验证结果相似，国内学者就该问题未形成统一的结论，有学者通过研究发现制造业中的劳动密集型产业和重污染资本密集型产业的外商直接投资呈现"污染天堂"效应，但也有学者认为发达国家与中国的环境监管差异对外商直接投资的影响程度很小，中国并未成为世界的"污染避难所"。④ 从国内 30 个省（市、区）的研究来看，污染密集型产业从沿海省份转移到西部省份受到环境法规的影响，验证

---

① Bellandi, M., Santini, E. and Vecciolini, C., "Learning, Unlearning and Forgetting Processes in Industrial Districts", *Cambridge Journal of Economics*, Vol. 42, No. 6, November 2018.

② Martin, R. and Sunley, P., "Path Dependence and Regional Economic Evolution", *Journal of economic geography*, Vol. 6, No. 4, August 2006; Arthur, W. B., "Increasing Returns and Path Dependence in the Economy", State of Michigan: University of michigan Press, 1994, pp. 33-48.

③ Wu, J. W., Wei, Y. D. and Chen, W. et al. "Environmental Regulations and Redistribution of Polluting Industries in Transitional China: Understanding Regional and Industrial Differences", *Journal of cleaner production*, Vol. 206, January 2019; Lian, T. H., Ma, T. Y. and Cao, J., et al., "The Effects of Environmental Regulation on the Industrial Location of China's manufacturing", *Natural Hazards*, Vol. 80, No. 2, October 2016.

④ 孙淑琴、何青青：《不同制造业的外资进入与环境质量："天堂"还是"光环"？》，《山东大学学报》（哲学社会科学版）2018 年第 2 期；赵哲、罗永明：《"污染避难所"假说在中国的实证检验》，《生态经济》2008 年第 7 期。

了"污染避难所"假说的成立。① 但也有一些学者在充分考虑企业异质性和政府干预的情况下,验证了污染避难所假说和波特假说在国内是共存的。② 国内的实证研究未能形成统一的验证结果可能是受区域发展不平衡和地方保护主义的影响,区域间环境法规的评估和执行存在明显差异。③ 一些学者还讨论了不同的环境规制方式对污染密集型产业分布的影响,发现污染物排放收费和公民投诉促进了污染密集型产业的转移,而法律、法规、规章和其他环境政策的实施阻碍了污染密集型产业空间分布的变化。④

(2) 污染密集型产业空间分布规律的探究

当前学者们对国内污染密集型产业空间分布的研究集中在全国尺度和区域尺度上。整体上来看,中国污染密集型产业仍集中分布在东部地区,但在空间上也呈现从东部地区向中、西部地区转移的态势,产业转移受产业类型的影响明显,即造纸等轻型产业向中部地区集聚,化学原料及化学制品等技术密集型产业向东部沿海地带集聚。⑤ 在此基础之上,学者们对典型区域污染密集型产业空间布局变化进行深入分析,探

---

① Wu, H. Y., Guo, H. X. and Zhang, B., et al. "Westward Movement of New Polluting Firms in China: Pollution Reduction Mandates and Location Choice", *Journal of Comparative Economics*, Vol. 45, No. 1, February 2017.

② Zhou, Y., Zhu, S. J. and He, C. F., "How do Environmental Regulations Affect Industrial Dynamics? Evidence from China's pollution – intensive Industries", *Habitat International*, Vol. 60, February 2017.

③ Tole, L. and Koop, G., "Do environmental regulations affect the location decisions of multinational gold mining firms?", *Journal of Economic Geography*, Vol. 11, No. 1, January 2011; Wu, J. W., Wei, Y. D. and Chen, W., et al. "Environmental Regulations and Redistribution of Polluting Industries in Transitional China: Understanding Regional and Industrial Differences", *Journal of cleaner production*, Vol. 206, January 2019;

④ Zheng, D. and Shi, M. J., "Multiple Environmental Policies and Pollution Haven Hypothesis: Evidence from China's Polluting Industries", *Journal of Cleaner Production*, Vol. 141, January 2017.

⑤ 李祥云、白永平、周鹏等:《中国省域污染密集型产业转移与驱动机理——基于2004—2014年的面板数据》,《资源开发与市场》2016年第11期;王奇、刘巧玲、李鹏:《我国污染密集型产业的显性转移与隐性转移研究》,《北京大学学报》(自然科学版)2017年第1期;周沂、贺灿飞、刘颖:《中国污染密集型产业地理分布研究》,《自然资源学报》2015年第7期。

究各地区污染密集型产业转移规律。如：崔建鑫等发现长三角地区污染密集型产业正由中心城市沿交通线向外转移①；仇方道等研究发现江苏省内部污染密集型产业呈现由苏南、苏中向苏北转移的空间格局②；王亚平等发现山东省内污染密集型产业存在由省会和东部发达地区向西部和南部的欠发达地区转移的现象。③ 由此可见，各地区污染密集型产业空间布局变动趋势明显，但其区位仍未发生根本性转变，这与全国尺度的研究结果相吻合。

（3）污染密集型产业时空演变驱动机制分析

针对产业转移的驱动机制，一部分学者通过构建包含要素禀赋、区位条件、政府政策等在内的产业转移推拉力分析框架对产业转移的驱动机理进行论述。④ 转出地因"市场拥挤效应"和"要素瓶颈效应"推动产业向外转移，转入地因要素成本优势、区位优势和政策优势等吸引企业投资建厂，地区间比较优势是区域产业转移的动力。⑤ 一个企业是否迁移是由现有区位推力、目标区位拉力以及企业迁移阻力（如生产成本增加、地方政府压力、劳动关系维系）等因素共同决定的。⑥ 也有学者基于新经济地理学，在收益递增和不完全竞争的理论框架下，从集聚力（自然条件、要素禀赋、集聚、政府政策等）和扩散力（拥挤效应）角度探究产业转移的内生机制，研究发现经济规模扩大与地区有限发展空

---

① 崔建鑫、赵海霞：《长江三角洲地区污染密集型产业转移及驱动机理》，《地理研究》2015年第3期。
② 仇方道、蒋涛、张纯敏等：《江苏省污染密集型产业空间转移及影响因素》，《地理科学》2013年第7期。
③ 王亚平、曹欣欣、程钰等：《山东省污染密集型产业时空演变特征及影响机理》，《经济地理》2019年第1期。
④ 孟艳蕊：《京津冀城市群产业转移及其环境效应研究》，硕士学位论文，浙江财经大学，2016年。
⑤ 李占国、孙久文：《我国产业区域转移滞缓的空间经济学解释及其加速途径研究》，《经济问题》2011年第1期；王忠平、王怀宇：《区际产业转移形成的动力研究》，《大连理工大学学报》（社会科学版）2007年第1期。
⑥ 魏后凯：《产业转移的发展趋势及其对竞争力的影响》，《福建论坛》（经济社会学版）2003年第4期。

间之间的相互作用是中心—边缘地区间产业转移的内生驱动力。① 与此同时，学者们还强调技术创新、集成经济、竞争优势和社会文化的重要性。②

污染密集型产业转移具有产业转移的一般特点，但也呈现出自己的转移特征和模式。③ 考虑到之前学者研究多是以市场机制为基础分析产业转移的自发过程，少数学者将政府调控的外部力量作为产业转移的重要因素纳入分析框架中，结合污染密集型产业的污染属性，学者们将政府力量作为污染密集型产业布局的重要影响因素进行分析。④ 学者们在对污染密集型产业空间布局变动规律的判别基础上，运用空间面板数据分析模型对其驱动机理进行探索，涉及的影响因素主要包括要素禀赋、环境规制、经济发展水平、产业结构、市场化程度、路径依赖和企业异质性等方面⑤（见表 2-1），各影响因素对污染密集型产业转移的作用机理因研究区域的不同而不同。

---

① 毛琦梁、王菲：《区域非均衡发展与产业转移的内生机制研究》，《生态经济》2017 年第 11 期。

② 陈刚、张解放：《区际产业转移的效应分析及相应政策建议》，《华东经济管理》2001 年第 2 期；石奇：《集成经济原理与产业转移》，《中国工业经济》，2004 年第 10 期；李小建、覃成林、高建华：《我国产业转移与中原经济崛起》，《中州学刊》2004 年第 5 期。

③ 戴其文、杨靖云、张晓奇等：《污染企业/产业转移的特征、模式与动力机制》，《地理研究》2020 年第 7 期。

④ 张贵、王树强、刘沙等：《基于产业对接与转移的京津冀协同发展研究》，《经济与管理》2014 年第 4 期。

⑤ 周沂、贺灿飞、刘颖：《中国污染密集型产业地理分布研究》，《自然资源学报》2015 年第 7 期；李祥云、白永平、周鹏等：《中国省域污染密集型产业转移与驱动机理——基于 2004—2014 年的面板数据》，《资源开发与市场》2016 年第 11 期；彭文斌、陈蓓、吴伟平等：《污染产业区位选择的影响因素研究——基于我国八大区域的面板数据》，《经济经纬》2014 年第 5 期；李杰、艾莎莎：《污染密集型产业的空间转移及其影响因素——基于中东部 9 省面板数据的实证测度》，《技术经济》2018 年第 11 期；崔建鑫、赵海霞：《长江三角洲地区污染密集型产业转移及驱动机理》，《地理研究》2015 年第 3 期；仇方道、蒋涛、张纯敏等：《江苏省污染密集型产业空间转移及影响因素》，《地理科学》2013 年第 7 期；王亚平、曹欣欣、程钰等：《山东省污染密集型产业时空演变特征及影响机理》，《经济地理》2019 年第 1 期。

表 2-1　　污染密集型产业空间分布变化及影响因素汇总

| 地区 | 产业空间变动方向 | 影响因素 | 资料来源 |
| --- | --- | --- | --- |
| 全国 | 三大城市群污染密集产业不断转出，山东及中部地区成为集聚地 | 技术、劳动力成本、全球化、环境规制、企业的异质性 | 周沂等（2015） |
| 全国 | 东部地区是集中分布区，空间上呈东部—中部—西部转移趋势 | 经济发展水平、外向度、创新能力、产业结构和要素成本 | 李祥云等（2016） |
| 全国 | — | 资本投入、环境政策、市场需求、劳动力、政府税收、对外开放水平 | 彭文斌等（2014） |
| 中东部9省 | 东部地区向中部地区转移，东部内部发达省份向山东、福建转移 | 财政分权、地区经济水平、工业企业经营绩效、市场化程度和环境治理强度 | 李杰、艾莎莎（2018） |
| 长三角 | 由中心城市沿交通线向外转移 | 外向度、劳动力成本、经济发展水平、环境规制、产业结构和创新能力 | 崔建鑫、赵海霞（2015） |
| 江苏省 | 由苏南、苏中向苏北转移 | 技术创新、产业结构、政府调控 | 仇方道等（2013） |
| 山东省 | 由省会和东部发达地区向西部和南部的欠发达地区转移 | 环境规制、劳动成本、国际贸易、路径依赖和基础设施 | 王亚平等（2019） |

资料来源：作者根据相关资料整理。

## 二　产业转移的环境效应研究

### （一）国外研究

国外学者们运用重力中心模型、投入产出模型和 STIRPAT 回归模型对地区产业与污染排放的空间变化及影响因素进行研究，研究发现经济发展水平、技术创新能力、产业升级潜力、能源使用强度和环境规制政策等是污染物排放模式的影响因素。① 同时，Chen 等强调不同行业的污染物排放强度不同，产业结构是影响地区污染物排放的重要因素。② 针对产业转移与环境状况的相关性，有学者提出中国产业转移与工业碳转移之间呈倒 U 形关系，即随着工业转移量的增加，工业碳转移量呈先增加后减少的变动趋势。当前中国产业转移中的碳转移正处于拐点前的增长阶段。③

产业转移对环境质量的影响可以分解为规模效应、结构效应和技术效应。④ 规模效应是指随着地区承接来自其他地区的产业增多使得承接地的经济规模扩大，总产值的增加将会带来更多的污染排放；结构效应是指产业转移可以带来地区产业结构的改变，产业结构的变化又会对能源消费和碳排放产生显著影响，从而影响污染物的排放总量，在总产出相同的情况下，污染产业比重大的地区所排放的污染物总量也会较大⑤；技术效应是指产业的转移会带来清洁生产技术和治污技术，这将有利于当地环境质量的改善。⑥ Copeland 和 Taylor 建立了一个包含规模

---

① Zhao, H. X., Liu, Y. and Lindley, S., et al., "Change, Mechanism, and Response of Pollutant Discharge Pattern Resulting from Manufacturing Industrial transfer: A Case Study of the Pan-Yangtze River Delta, China", *Journal of Cleaner Production*, Vol. 244, January 2020; Xu, J., Zhang, M. and Zhou, M., et al. "An empirical study on the dynamic effect of regional industrial carbon transfer in China", *Ecological Indicators*, Vol. 73, February 2017; Cole, M. A., Elliott, R. J. R. and Shanshan, W. U., "Industrial Activity and the Environment in China: An Industry-level analysis", *China Economic Review*, Vol. 19, No. 3, September 2008.

② Chen, L., Xu, L. Y. and Yang, Z. F., "Accounting Carbon Emission Changes under Regional Industrial Transfer in an Urban Agglomeration in China's Pearl River Delta", *Journal of cleaner production*, Vol. 167, November 2017.

③ Xu, J., Zhang, M. and Zhou, M., et al., "An Empirical Study on the Dynamic Effect of Regional Industrial Carbon Transfer in China", *Ecological Indicators*, Vol. 73, February 2017.

④ Grossman, G. M. and Krueger, A. B., "Economic Growth and the Environment", *The Quarterly Journal of Economics*, Vol. 110, No. 2, May 1995.

⑤ 胡振华、刘欣欣、陈艳：《国际产业转移对我国产业结构升级的非线性影响机制》，《产经评论》2019 年第 2 期；Busch, J., Foxon, T. J. and Taylor, P. G., "Designing Industrial Strategy for a Low Carbon Transformation", *Environmental Innovation and Societal Transitions*, Vol. 29, December 2018; 唐德才：《工业化进程、产业结构与环境污染——基于制造业行业和区域的面板数据模型》，《软科学》2009 年第 10 期。

⑥ 贺灿飞、周沂、张腾：《中国产业转移及其环境效应研究》，《城市与环境研究》2014 年第 1 期。

效应、结构效应和技术效应的数学模型,将出口产生的环境总效应进行了分解。① Levinson 根据 Grossman 和 Krueger 提出的规模、结构和技术思路将美国 1970—2002 年工业污染物排放量进行分解,发现技术效应是该阶段美国工业污染物排放量下降的主要原因。② 但有学者指出产业空间布局的变化也会对政府环境政策的制定产生影响,这些研究为相关管理政策的制定提供了参考。③

(二) 国内研究

"十三五"期间,我国加快塑造要素自由流动的区域发展新格局,产业转移便是要素流动的体现,合理有序的产业转移将有利于地区产业结构调整,促进各地产业分工与合作,并改变生产的空间分布格局和区域间的经济依赖关系,进而促进区域空间结构的形成和演化。④ 产业转移虽能促进转入地经济和社会的发展,但不可否认的是,污染密集型产业的转移会给转入地带来大量的环境污染,减弱其对经济和社会的贡献。合理引导产业转移尤其是污染密集型产业的转移是调整优化区域空间结构,促进区域可持续发展的重要途径。因此,各地在追求高质量发展目标下,认识产业转移中的环境效应对实现区域协调发展具有重要意义。

我国的产业转移大致分为两个阶段,一是 2000 年的承接国外产业转移为主阶段,二是 21 世纪以来的国际和国内产业转移共存的阶段。国内学者对该问题的关注焦点也由国外产业转移为主到国外、国内产业转移并重。研究内容由产业地理格局变化到其影响因素、效应的探究,研究视角也逐渐由转出地向转入地转变。对于产业转移效应的研究主要

---

① Copeland, B. R. and Taylor, M. S., "International Trade and the Environment: a Framework for Analysis", *National bureau of economic research*, Vol. 54, No. 2, October 2001; Copeland, B. R. and Taylor, M. S., "Trade, growth and the environment", *Wisconsin Madison - Social Systems*, July 2003.

② Levinson, A., "Technology, International Trade, and Pollution from US Manufacturing", *American Economic Review*, Vol. 99, No. 5, December 2009.

③ 刘满凤、李昕耀:《产业转移对地方环境规制影响的理论模型和经验验证——基于我国产业转移的实证检验》,《管理评论》2018 年第 8 期。

④ 樊杰:《〈产业转移与中国区域空间结构优化〉评介》,《地理学报》2016 年第 8 期。

涉及经济增长、就业效应、产业结构优化、技术溢出和环境效应等方面，而环境效应成为近年来该领域最受关注的方向。①

国内学者们对产业转移的环境效应方面的研究主要分为以下三个方面：

（1）污染物排放格局的演变和影响因素探索

学者们运用重心模型、地理集中指数、偏离—份额模型测算地区产业发展和工业污染重心坐标及其偏移距离，分析工业污染重心转移路径、演变规律及驱动机制。② 针对长江三角洲的实证研究发现工业污染重心与经济重心路径偏移呈现出一定的脱钩现象，而产业发展与环境污染重心轨迹演变趋势存在着一定的耦合关系，工业发展水平、产业结构、经济结构、环境政策、清洁生产能力和环境治理力度等是影响工业污染重心偏移的主要因素。③ 李平星和曹有挥强调产业转移与区域碳排放格局变化密切相关，区际产业转移带来的污染溢出效应将会加大对转入地的环境压力。④

（2）产业转移与污染物排放的相关性研究

一部分学者在定性描述区域产业发展和环境污染重心轨迹演变规律的基础上，针对不同地理尺度从移动距离、方向、路径对比和空间相关性等多种角度阐述产业重心变动与污染重心的空间联系。针对中国省级尺度的实证研究发现，中国区域污染重心和经济重心演变轨迹均向偏南

---

① 雒海潮、苗长虹：《承接产业转移影响因素和效应研究进展》，《地理科学》2019年第3期。

② 赵海霞、蒋晓威：《长江三角洲经济与工业污染重心演变及脱钩机理》，《中国环境科学》2013年第10期；冉启英、徐丽娜：《环境规制、省际产业转移与污染溢出效应——基于空间杜宾模型和动态门限面板模型》，《华东经济管理》2019年第7期。

③ 赵海霞、蒋晓威：《长江三角洲经济与工业污染重心演变及脱钩机理》，《中国环境科学》2013年第10期；王怀成、张连马、蒋晓威：《泛长三角产业发展与环境污染的空间关联性研究》，《中国人口·资源与环境》2014年第3期；赵海霞、蒋晓威、崔建鑫：《泛长三角地区工业污染重心演变路径及其驱动机制研究》，《环境科学》2014年第11期。

④ 李平星、曹有挥：《产业转移背景下区域工业碳排放时空格局演变——以泛长三角为例》，《地球科学进展》2013年第8期；刘满凤、黄倩、黄珍珍：《区际产业转移中的技术和环境双溢出效应分析——来自中部六省的经验验证》，《华东经济管理》2017年第3期。

方向移动，空间关系密切①；针对区域尺度长三角地区的实证研究发现，污染排放格局与污染密集型产业的空间分布基本吻合，环境规制和地区生产技术的差异是两者空间分布的影响因素②；针对陕西省的实证研究表明，社会经济增长与环境污染之间存在着较强的空间联系。③ 以上研究表明，污染密集型产业空间分布与污染物排放在不同地理尺度上具有较强的空间关联性。也有一部分学者探讨产业转移与环境污染之间的脱钩关系④，如张建伟等运用脱钩模型验证了 2010—2015 年豫湘赣皖四省产业转移与水污染大多处于脱钩状态。⑤

（3）产业转移对环境污染状况影响的研究

学者们从规模效应、结构效应、环境技术效应和管制效应等多重角度，运用空间杜宾模型、动态门限面板模型、投入产出模型、对数均值指数和 STIRPAT 模型等实证考察了区域产业转移对承接地环境污染状况的影响。⑥ 学者们研究发现，FDI 对环境的规模效应为负，结构效应和环境技术效应为正，但总效应为负⑦；省级尺度实证研究发现，产业转移对承接地及邻近地区生态环境产生负面影响，环境规制对环境效应

---

① 丁焕峰、李佩仪：《中国区域污染重心与经济重心的演变对比分析》，《经济地理》2009 年第 10 期。

② 邹辉、段学军、赵海霞等：《长三角地区污染密集型产业空间演变及其对污染排放格局的影响》，《中国科学院大学学报》2016 年第 5 期。

③ 黄建山、冯宗宪：《陕西省社会经济重心与环境污染重心的演变路径及其对比分析》，《人文地理》2006 年第 4 期。

④ 李健、王尧、王颖：《京津冀区域经济发展与资源环境的脱钩状态及驱动因素》，《经济地理》2019 年第 4 期；张建伟、刘淼森、刘艺冰等：《豫湘赣皖承接产业转移与水污染的空间不一致性与脱钩分析》，《数学的实践与认识》2020 年第 23 期。

⑤ 张建伟、胡正玉、郝赫赫等：《河南省承接产业转移与环境污染耦合及脱钩研究》，《西北师范大学学报》（自然科学版）2021 年第 3 期。

⑥ 张学刚：《FDI 影响环境的机理与效应——基于中国制造行业的数据研究》，《国际贸易问题》2011 年 6 月；冉启英、徐丽娜：《环境规制、省际产业转移与污染溢出效应——基于空间杜宾模型和动态门限面板模型》，《华东经济管理》2019 年第 7 期；张友国：《长江经济带产业转移的环境效应测算》，《环境经济研究》2019 年第 2 期；王立猛、何康林：《基于 STIRPAT 模型的环境压力空间差异分析——以能源消费为例》，《环境科学学报》2008 年第 5 期。

⑦ 张学刚：《FDI 影响环境的机理与效应——基于中国制造行业的数据研究》，《国际贸易问题》2011 年第 6 期。

产生重要影响，并且阈值效应明显①；长江经济带产业转移对工业废水排放的影响具有明显的地区差异，但整体上产业转移有利于该地区工业废水排放总量的减少。②许正松等学者指出区域间产业转移的环境效应研究是未来产业转移研究需要解决的关键问题之一。③

### 三 京津冀地区产业与环境互动关系研究

产业发展与生态环境并非直接的单向作用，辩证地看待二者的互动关系成为研究的新趋势。④ 京津冀地区产业与环境互动关系的研究主要集中在"压力—状态—响应"三个方面，即京津冀地区产业发展对环境的影响如何，京津冀地区环境现状如何，京津冀地区面对环境问题的区域响应及所产生的效应如何。

**（一）京津冀地区产业发展对环境的影响**

（1）京津冀地区产业集聚与环境污染

产业集聚是经济空间分布的重要特征，也是推动地区经济增长的重要引擎，随着京津冀地区环境问题的不断加剧，许多学者开始关注京津冀地区产业集聚和环境污染之间的关系，但相关研究并未形成一致的结果。有学者指出，京津冀地区产业集聚能减少大气污染物的排放，改善当地环境质量，即产业集聚通过专业化分工和规模经济给当地带来正向外部效应，治污设施运转效率的提升也可以有效减少污染物的排放。⑤但也有学者通过研究发现，京津冀制造业集聚与环境污染之间并非线性关系，而是呈倒"U"形关系，即在产业集聚的起步阶段，人口和产业的增多加大了对当地水资源、土地资源和能源的消耗强度，污染物的排

---

① 冉启英、徐丽娜：《环境规制、省际产业转移与污染溢出效应——基于空间杜宾模型和动态门限面板模型》，《华东经济管理》2019年第7期。
② 张友国：《长江经济带产业转移的环境效应测算》，《环境经济研究》2019年第2期。
③ 许正松、孔凡斌：《经济增长、承接产业转移、结构变化与环境污染——基于中部6省的实证研究》，中国环境出版社2016年版，第29—30页。
④ 王莎、童磊、贺玉德：《京津冀产业结构与生态环境交互耦合关系的定量测度》，《软科学》2019年第3期。
⑤ 杜雯翠、宋炳妮：《京津冀城市群产业集聚与大气污染》，《黑龙江社会科学》2016年第1期；钱晓英、王莹：《京津冀地区产业集聚与生态环境间的耦合关系》，《统计与决策》2016年第3期。

放量逐渐增多，产业集聚发展到一定阶段后，产业集聚的正外部性开始显现，污染物排放量随着产业集聚趋势的加强而减少。①

（2）京津冀产业结构与环境质量

产业结构决定资源配置方式、消耗和污染物排放量，进而影响环境质量，即产业结构对环境质量有直接作用。② 不合理的产业结构对生态环境质量产生负向影响，产业结构优化特别是技术水平的提升将会明显减少污染物的排放，因此协调好产业结构与生态环境之间的关系是实现京津冀优势互补、带动北方腹地发展的重要路径。③ 学者们多通过构建产业结构与生态环境的耦合系统综合评价指标体系，运用耦合协调度模型对京津冀产业结构与生态环境的协调关系进行分析。研究结果表明，整体来看京津冀产业结构和生态环境耦合协调度稳步上升，北京、天津和石家庄产业发展水平明显优于其他地区，地区间生态环境状况差距不大，河北大部分城市处于低度协调状态，天津和河北技术创新对产业转型升级及生态环境的支持作用不明显。④

（二）京津冀地区环境问题现状

京津冀地区作为重化工业占比大的地区，人口密度大，资源消耗多，水资源短缺和大气环境污染成为制约首都核心功能发挥的突出问题。在推进京津冀协同发展过程中，能否化解经济发展与资源环境承载压力之间的矛盾，是当前亟待解决的难题。⑤

---

① 周明生、王帅：《产业集聚是导致区域环境污染的"凶手"吗？——来自京津冀地区的证据》，《经济体制改革》2018 年第 5 期。

② 卜洪运、黄杰：《京津冀产业结构与环境质量协调关系研究》，《商业时代》2018 年第 5 期；宋涛、董冠鹏、唐志鹏等：《能源—环境—就业三重约束下的京津冀产业结构优化》，《地理研究》2017 年第 11 期。

③ 王莎、童磊、贺玉德：《京津冀产业结构与生态环境交互耦合关系的定量测度》，《软科学》2019 年第 3 期。

④ 周京奎、王文波、张彦彦：《"产业—交通—环境"耦合协调发展的时空演变——以京津冀城市群为例》，《华东师范大学学报》（哲学社会科学版）2019 年第 5 期；胡悦、刘群芳、陈国鹰：《京津冀技术创新、产业结构与生态环境耦合研究》，《资源开发与市场》2018 年第 9 期；李从欣、李国柱、崔文静：《京津冀环境污染时空演进研究——基于影响因素时空异质性》，《当代经济管理》2020 年第 8 期。

⑤ 马丽梅、史丹：《京津冀绿色协同发展进程研究：基于空间环境库兹涅茨曲线的再检验》，《中国软科学》2017 年第 10 期。

近年来，京津冀地区生态环境状况的相关研究也多聚焦在空气质量和水资源开发两个方面。针对京津冀空气质量的研究，学者们采用探索性空间数据分析、AR 模型、马尔科夫区制转换模型分析京津冀空气质量的时空特征，并运用计量模型、地理探测器、PCA—多元线性回归模型等识别空气质量影响因素，分析空气质量演变的驱动机理。① 研究发现，京津冀大气污染阶段性特征明显，2000—2014 年 PM2.5 浓度整体呈上升趋势，秋冬高、春夏低的季节性特征突出，空间上呈东南高、西北低的分布特征，2014-2017 年 AQI 明显降低，空气质量趋于改善，空间分布呈中间高两侧低的"中心—外围"结构，空间溢出效应明显，自然因素（风速、气温、地形、植被等）与人文因素（人口密度、产业结构、能源效率、交通压力等）共同影响京津冀空气质量。② 也有学者基于隐含排放视角即通过贸易或供应链描述区域或部门间的污染转移，进而分析京津冀城市群大气污染物排放的转移规律，研究结果显示，北京是大气污染物的净输入地，河北是大气污染物的净输出地，天津既是河北大气污染物的输入地，也是北京大气污染物的输出地，京津地区建筑业和服务业对河北省基础产业（非金属产品、金属基础产业）的需求是河北省空气污染物排放的主要驱动因素。③ 针对京津冀水资源的开发，已有研究表明，京津冀城市群水资源极度短缺，中部和南部城市水资源缺水更为严重，水资源过度开发引发一系列生态环境问题，如

---

① 潘慧峰、王鑫、张书宇：《雾霾污染的持续性及空间溢出效应分析——来自京津冀地区的证据》，《中国软科学》2015 年第 12 期；刘海猛、方创琳、黄解军等：《京津冀城市群大气污染的时空特征与影响因素解析》，《地理学报》2018 年第 1 期。

② 马晓倩、刘征、赵旭阳等：《京津冀雾霾时空分布特征及其相关性研究》，《地域研究与开发》2016 年第 2 期；周曙东、欧阳纬清、葛继红：《京津冀 PM2.5 的主要影响因素及内在关系研究》，《中国人口·资源与环境》2017 年第 4 期；刘海猛、方创琳、黄解军等：《京津冀城市群大气污染的时空特征与影响因素解析》，《地理学报》2018 年第 1 期；程钰、刘婷婷、赵云璐等：《京津冀及周边地区"2+26"城市空气质量时空演变与经济社会驱动机理》，《经济地理》2019 年第 10 期。

③ Wang, Y., Liu, H. and Mao, G., et al., "Inter-regional and Sectoral Linkage Analysis of Air Pollution in Beijing-Tianjin-Hebei (Jing-Jin-Ji) urban Agglomeration of China", *Journal of Cleaner Production*, Vol. 165, November 2017.

水体污染、地下水位下降、河道断流、湿地萎缩等，制约经济社会发展。①

（三）京津冀地区面对环境问题的区域响应

面对严峻的生态环境问题，京津冀地区采取的应对方式主要有产业转移和环境规制。

（1）京津冀地区产业转移及其效应分析

京津冀协同发展已经上升为国家战略，三地合理的产业分工及产业转移既是实现区域协作的重要途径，也是破解区域发展差异的重要手段。② 目前学者们对京津冀地区产业转移的研究主要集中在以下几个方面：

第一，京津冀地区产业转移发生机制的探讨。京津冀三地在生产要素禀赋和产业结构上存在明显差异，北京、天津在资本、人才和技术等生产要素上存在明显优势，但水资源和土地资源紧张，而河北的劳动力、自然资源丰富，区位条件、地理邻近性、市场邻近性、环境规制、生产要素的跨地区流动等促进了京津冀地区产业转移。③

第二，以区域为研究对象探究承接地的承接能力。韩文琰通过对天津产业梯度、产业关联度和产业承接基础的分析发现，天津在批发、医疗、教育、金融、石油化工以及贸易总部等方面存在承接优势，另有学者从县域视角对河北省产业承接力进行测度，结果显示河北县域的产业承接力上升，传统要素禀赋对地区承接力的贡献降低，而经济、市场和政府的贡献逐步上升，承接力较高的县域多分布在中心城市及交通条件

---

① 鲍超、贺东梅：《京津冀城市群水资源开发利用的时空特征与政策启示》，《地理科学进展》2017 年第 1 期。

② 张贵、王树强、刘沙等：《基于产业对接与转移的京津冀协同发展研究》，《经济与管理》2014 年第 4 期；吴建民、丁疆辉、王新宇：《县域产业承接力的综合测评与空间格局分析——基于京津冀产业转移的视角》，《地理与地理信息科学》2017 年第 2 期。

③ 戴宏伟：《加快"大北京"经济圈生产要素流动促进产业梯度转移》，《经济与管理》2003 年第 6 期；丁小燕、王福军：《基于市场潜力模型的京津冀区域空间格局优化及产业转移研究》，《地理与地理信息科学》2015 年第 4 期；段娟、文余源：《特大城市群污染密集型产业转移与决定因素——以京津冀为例》，《西南民族大学学报》（人文社科版）2018 年第 2 期。

优越的地区。①

第三，基于特定产业的京津冀地区产业转移状况分析。关于制造业转移趋势，有学者研究发现京津冀制造业具有从北京向津冀、由北部向中南部转移的趋势，也有学者指出京津冀制造业具有从京津走廊向河北东部沿海的唐山、秦皇岛以及河北腹地的冀中南地区转移的趋势。②段娟等发现京津冀地区污染密集型产业正缓慢向域外地区转移，区域内部污染密集型产业向沿海、冀中南地区集聚。③另有学者对京津冀生产性服务业转移趋势展开研究，发现北京和天津以生产性服务业的转入为主，河北则以生产性服务业的转出为主。④

第四，京津冀地区产业转移的效应分析。产业转移的效应分为经济效应、社会效应和环境效应三个方面。经济效应主要体现在产业转移对承接地的经济增长、产业结构升级和物流量增加的促进作用。⑤社会效应主要体现在产业转移对承接地的就业率、收入水平和社会福利水平的

---

① 韩文琰：《天津承接产业转移的重点选择、问题与对策》，《经济问题探索》2017年第8期；吴建民、丁疆辉、王新宇：《县域产业承接力的综合测评与空间格局分析——基于京津冀产业转移的视角》，《地理与地理信息科学》2017年第2期。

② 王金杰、王庆芳、刘建国等：《协同视角下京津冀制造业转移及区域间合作》，《经济地理》2018年第7期；李林子、傅泽强、王艳华等：《区际产业转移测算方法与应用——以京津冀污染密集型制造业转移为例》，《生态经济》2018年第4期；张杰斐、席强敏、孙铁山等：《京津冀区域制造业分工与转移》，《人文地理》2016年第4期；郭淑芬、李晓琪、阎晓：《环渤海地区合作背景下京津冀产业转移趋势与山西承接行业拣选》，《经济地理》2017年第9期；吴建民、丁疆辉、王新宇：《县域产业承接力的综合测评与空间格局分析——基于京津冀产业转移的视角》，《地理与地理信息科学》2017年第2期。

③ 段娟、文余源：《特大城市群污染密集型产业转移与决定因素——以京津冀为例》，《西南民族大学学报》（人文社科版）2018年第2期。

④ 刘岳平、文余源：《京津冀生产性服务业转移与空间结构变迁》，《经济问题探索》2017年第9期。

⑤ 姚永玲、李若愚：《京津冀产业转移的地区经济效应》，《经济与管理》2017年第6期；张伟、王韶华：《整体迁移模式下承接产业与本土产业融合互动的情景分析——以河北承接北京八大产业转移为例》，《中国软科学》2016年12月；阳明明：《产业转移路径对枢纽城市物流需求增长的长期影响——基于空间经济学的模拟与检验》，《中国管理科学》2016年第24期。

提高作用。① 对于产业转移的环境效应，学者们运用拟合环境库兹涅茨曲线、地理集中指数、将产业转移系数作为解释变量纳入计量经济模型等方法分析京津冀地区产业转移对生态环境的影响。② 研究结果显示，区域内产业转移将会对转入地生态环境带来一定的损害，具体影响会因污染物类型不同而不同。针对京津冀地区产业转移对不同类型污染物的影响，学者们未能达成共识。有学者认为工业转移对工业废水排放没有明显影响，对工业烟（粉）尘排放量的影响明显大于工业 $SO_2$ 的影响，但也有学者指出资本密集型制造业转移对工业 $SO_2$ 的影响明显大于对工业烟（粉）尘排放量的影响。③

（2）环境规制下的京津冀地区经济发展与环境质量提升

环境规制是政府应对快速工业化给生态环境造成危害的重要举措，当前中国经济正向"高质量"发展迈进，环境规制的实施对地区经济、社会和生态环境的协调发展具有重要意义。④ 京津冀地区作为引领中国经济增长的重要引擎，资源环境承载能力已逼近上限，三地政府运用多种环境规制工具应对生态环境问题。现阶段学者们主要从以下几个方面对京津冀地区环境规制进行研究：

第一，环境规制对经济增长的影响。环境规制的实施必然会引起企业治污成本的增加，但高强度的环境规制可以推动企业绿色技术创新，促使企业研发环保生产设备和先进生产技术，这不仅可以提高资源利用

---

① 肖周燕：《北京产业疏解带动人口疏解的政策效应》，《地域研究与开发》2018 年第 6 期；于可慧：《京津冀产业转移效应研究》，博士学位论文，北京科技大学，2018 年；皮建才、薛海玉、殷军：《京津冀协同发展中的功能疏解和产业转移研究》，《中国经济问题》2016 年第 6 期。

② 赵惠、吴金希：《基于环境库兹涅茨曲线的京冀区际环境污染转移的测度研究》，《中国人口·资源与环境》2020 年第 5 期；冯祥玉、刘婷、潘硕等：《京津冀协同发展背景下的工业布局环境影响分析》，《环境影响评价》2018 年第 2 期；李林子、傅泽强、王艳华等：《京津冀制造业转移与环境影响实证研究》，《环境科学研究》2017 年第 12 期。

③ 孟艳蕊：《京津冀城市群产业转移及其环境效应研究》，硕士学位论文，浙江财经大学，2016 年。

④ 袁丽静、郑晓凡：《环境规制、政府补贴对企业技术创新的耦合影响》，《资源科学》2017 年第 5 期。

效率，降低企业生产对当地环境的破坏，也可以间接促进地区的经济发展。① 袁嘉琪和卜伟通过实证研究发现，北京环境规制强度的增加可以通过激发企业创新潜力来降低生产成本，进而实现产业的升级，即环境规制对产业升级有显著的倒逼作用。② 同时，也需要注意环境规制对产业结构变动的影响往往具有时滞效应，即环境政策颁发当年对污染企业产生短期强烈规制作用，企业会在短期内做出暂时性的应对行为，而稳定的规制作用将在环境规制政策颁布后的第三年开始显现。③ 在当前多方利益主体对生态环境协同治理作用越来越受到关注的情况下，也有学者通过构建企业绿色发展评价体系，探究不同环境规制工具与京津冀地区重污染企业绿色发展的关系，研究结果显示，命令—控制型规制工具和市场激励型规制工具能有效促进企业绿色发展，但自愿型规制工具（环境认证、信息公开计划、环境听证等）对企业绿色发展的影响不显著。④

第二，环境规制对生态环境的影响。多数学者认为，环境规制能有效促进京津冀生态环境的改善。环境规制强度的提高会迫使高污染行业缴纳高额的排污税，许多重污染企业会选择转型发展或者迁往环境规制强度较低的地区，这将有利于当地淘汰落后产能，减少污染物排放总量，此外，生产成本的上升会迫使企业使用清洁能源，研发清洁生产技术，从而提升整体的环境效率。⑤ 但也有学者指出，政府环保投入并未对京津冀城市群大气环境效率产生明显的影响，即环境规制实施效果并

---

① 高明、郭峰：《城市化对空气质量的影响研究——以京津冀城市群为例》，《环境经济研究》2018年第3期。
② 袁嘉琪、卜伟：《环境规制对北京市产业升级的影响》，《城市问题》2017年第7期。
③ 张国兴、刘薇、保海旭：《多重环境规制对区域产业结构变动的时滞效应》，《管理科学学报》2020年第9期。
④ 韩楠、黄娅萍：《环境规制，公司治理结构与重污染企业绿色发展——基于京津冀重污染企业面板数据的实证分析》，《生态经济》2020年第11期。
⑤ 朴胜任、李健、苑清敏等：《不同处置性视角下京津冀城市群环境效率评价》，《城市问题》2017年第262期；冯斐、冯学钢、侯经川等：《经济增长、区域环境污染与环境规制有效性：基于京津冀地区的实证分析》，《资源科学》2020年第12期。

不明显。①

（四）研究评述

针对产业转移的研究，学者们多基于产业转移理论对各地承接能力、各地区产业间的比较优势进行分析，论证产业转移的可能性。对污染密集型产业的空间分布变化，学者们多关注污染密集型产业时空演变及影响因素，尤其是环境规制对污染密集型产业分布的影响。随着国内生态环境问题的不断加重和污染密集型产业跨地区转移的出现，产业转移特别是污染密集型产业转移的环境效应成为人们关注的焦点。污染密集型产业空间分布变化及环境效应的已有研究中，在理论、方法和实证方面都取得了一定的成果，但仍存在以下不足：

在研究方法上，大多研究基于产业产值数据或企业数量对污染密集型产业转移空间分布状况进行刻画，鲜有研究从产业产值与企业数量两个方面综合反映污染密集型产业空间分布变化。在污染密集型产业转移环境效应的分析上，多采用相关性分析、计量经济学模型、投入产出模型、STIRPAT 模型和环境库兹涅茨曲线验证等，仅有少数学者测算具体的污染转移量，并且对于产业转移与污染转移之间的因果关系关注较少，污染密集型产业转移环境效应测算方法体系有待进一步完善。

在环境效应研究上，产业转移效应主要涉及经济效应、社会效益和生态环境效应，对于产业转移的经济效应和社会效应学者们已经达成共识，但对产业转移环境效应的研究并未形成统一。从已有研究可知，产业转移是影响地区环境状况的重要因素，不同地区产业转移所带来的环境影响具有明显的区域差异，需要对不同地区各细分行业空间变动的环境效应进行深入分析。已有研究侧重于环境效应的测度，针对产业转移对环境的影响路径、产业转移环境效应驱动机制的研究相对较少。由于缺乏影响路径和驱动机制的系统研究，如何化解承接地产业发展与生态环境之间的矛盾成为难以解决的问题，并难以为承接地提供有针对性的产业承接政策和环境治理政策。

---

① 汪克亮、刘悦、杨宝臣：《京津冀城市群大气环境效率的地区差异、动态演进与影响机制》，《地域研究与开发》2019 年第 3 期。

在京津冀污染密集型产业研究上，以往学者们对于污染密集型产业分布的研究多以国家和省际尺度为主，关注的案例地主要是全国、长江三角洲地区和部分省级单元，缺乏对生态环境问题突出的京津冀地区的针对性研究。京津冀协同发展战略背景下污染密集型产业空间分布的时空过程、环境效应及其影响机制还有待于梳理、归纳和总结。希望能对京津冀地区及其他城市群地区的产业转移、区域协调发展和生态环境保护提供一定的借鉴。

基于此，本书试图从地理学、管理学、生态学、环境经济学等多学科交叉的角度对污染密集型产业时空演变过程、环境效应及驱动机制展开系统深入的理论和实证研究，选取国家重大战略背景下的京津冀这一产业发展与生态环境保护矛盾突出的代表性地区为研究案例地，尝试构建污染密集型产业空间分布变化及其环境效应研究的分析框架，并在此框架指导下，对京津冀污染密集型产业时空演变、环境效应及驱动机制进行分析。

## 第三节　分析框架

在污染密集型产业地理分布的相关研究中，学者们多是基于经济地理学视角探究污染密集型产业时空演变和驱动机理，也有一部分学者基于梯度转移理论关注产业转移趋势和地区间要素流动，这两种解释框架都注重解释污染密集型产业格局、形成过程和驱动机制，缺少对产业转移环境效应的深入分析。对产业转移环境效应的研究多侧重于环境效应的测度，鲜有学者关注产业转移环境效应的驱动机制。本书涉及以上两大模块，需要综合已有研究，构建适用于污染密集型产业空间分布变化及其环境效应的分析框架。基于此，本书尝试构建"格局—过程—效应—机制"的分析框架（见图2-3）。在对京津冀污染密集型产业时空演变分析的基础上，测算京津冀污染密集型产业空间变化的环境效应，解释其环境效应的影响机制，以期为京津冀地区及其他地区的污染密集型产业转移和环境治理提供参考。

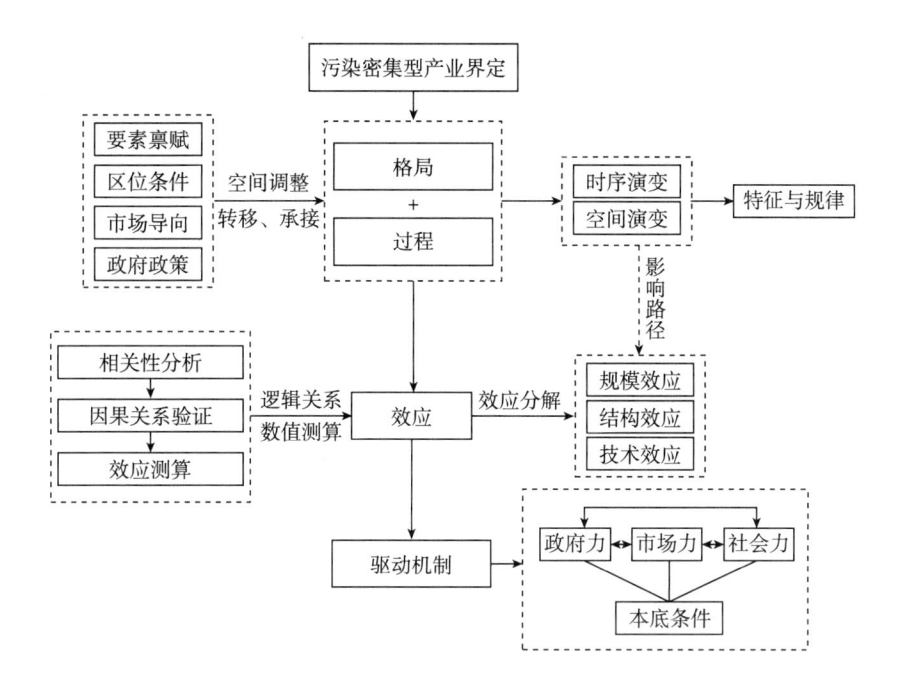

**图 2-3　京津冀污染密集型产业空间分布变化及其环境效应分析框架**

首先,污染密集型产业时空演变分析框架。基于污染密集型产业界定和研究区发展概况的基础上,结合污染密集型产业产值数据和企业数据,对京津冀污染密集型产业时序演变、空间演变(格局+过程)进行分析,总结归纳京津冀污染密集型产业时空演变规律,并从要素禀赋、区位条件、市场导向和政府政策4个方面对京津冀污染密集型产业时空演变驱动机理和影响因素进行分析。

其次,产业空间分布变化的环境效应分析框架。基于"相关性分析—因果关系验证—环境效应测度"的逻辑框架,对京津冀污染密集型产业空间分布变化环境效应进行详细测度,包括对污染密集型产业分布重心和环境污染重心相关性分析、产业转移与污染转移因果关系验证、环境效应测算及在阐述污染密集型产业空间分布变化对环境的影响路径基础上测算规模效应、结构效应和技术效应。

最后,环境效应的影响机制解释框架。从本底条件、政府力、市场力和社会力 4 个方面构建污染密集型产业空间分布变化环境效应的驱动机制解释框架,对污染密集型产业空间分布变化环境效应的形成机制进行解释和论述。

# 第三章　污染密集型产业界定及研究区概况

本章主要包括两个部分，分别是污染密集型产业的界定和京津冀概况。在研究京津冀污染密集型产业时空格局之前首先要对污染密集型产业进行界定，本书在总结污染密集型产业已有划分方法的基础上，通过构建包含污染排放规模和强度的污染密集指数，依据不同阶段各行业的污染密集指数均值和变化趋势，最终确定污染密集型产业所包含的具体行业。因各行业的污染物排放类型差异明显，本书根据各行业的污染属性将污染密集型产业进一步细分，并指出"工业三废"减排重点关注的行业。在此之后，详细介绍了京津冀的基本情况。

## 第一节　污染密集型产业界定

目前对污染密集型产业的界定尚未形成统一的标准，学者们多从治污成本、排污强度和排污规模等角度进行测度。国内学者多采用三种方式：①借鉴赵细康等所提出的污染产业界定方案即根据产业污染排放强度确定产业污染等级，或直接引用其分类结果。[1] ②借鉴2006年国务院颁发的《第一次全国污染源普查方案》中提出的11个重污染行业来确

---

[1] Tobey, J., "The Effects of Domestic Environmental Policies on Patterns of World Trade: An Empirical Test", *Kyklos*, Vol. 43, No. 2, May 1990；赵细康：《环境保护与产业国际竞争力》，中国社会科学出版社2003年版；何龙斌：《国内污染密集型产业区际转移路径及引申——基于2000—2011年相关工业产品产量面板数据》，《经济学家》2013年第6期；李林子、傅泽强、王艳华等：《区际产业转移测算方法与应用——以京津冀污染密集型制造业转移为例》，《生态经济》2018年第4期。

定污染密集型产业。③构建污染密集指数作为产业分类标准，界定污染密集型产业。① 总的来看，学者们对污染密集型产业界定方法不断完善，界定结果不断精确且具有一定的相通性，基本包含了污染较大的电力、热力生产和供应业，造纸及纸制品业，黑色金属冶炼及压延加工业，非金属矿物制品业等，这些界定方法和结果也为国内学者研究污染密集型产业时空演变奠定了基础。②

但当前学者们对污染密集型产业界定较少关注转型期中国产业污染治理变化及其对污染密集型产业界定结果的影响。因此，本书结合其他学者的研究成果，综合考虑产业的排污和治污变化，构建包含污染排放规模和强度的污染密集指数，以此确定污染密集型产业。

## 一　研究方法与数据来源

本书基于2001—2015年"工业三废"（包含工业废水、废气和固体废物）数据和工业产值数据计算产业污染综合指数。"工业三废"数据来源于《中国环境统计年鉴》和《中国环境年鉴》，其中工业废水和工业废气为排放量数据，工业固体废物为产生量数据。工业产值数据来源于《中国工业统计年鉴》，2012年后以工业销售产值代替。所选行业包括采矿业（1个）、制造业（29个分类代码为两位数的行业）和电力、热力、燃气及水生产和供应业（3个两位数行业）。产业污染密集指数计算过程如下：

（1）计算产业污染排放规模指数。产业污染排放规模指数是该产业污染物排放量占所有产业污染物排放量的比重，计算公式为③：

$$E_{ij} = D_{ij}/D_j \tag{3-1}$$

式中：$E_{ij}$ 是 $i$（$i=1, 2, \cdots, m$）行业第 $j$（$j=1, 2, 3$）类污染物的排放规模指数，$D_{ij}$ 是 $i$ 行业第 $j$（$j=1, 2, 3$）类污染物的排放量，

---

① 孙玉阳、宋有涛：《环境规制对产业区域转移正负交替影响研究——基于污染密集型产业》，《经济问题探索》2018年第9期。

② 王丽萍、夏文静：《中国污染产业强度划分与区际转移路径》，《经济地理》2019年第3期。

③ 王亚平、曹欣欣、程钰等：《山东省污染密集型产业时空演变特征及影响机理》，《经济地理》2019年第1期。

$D_j$ 是所有行业第 $j$（$j=1, 2, 3$）类污染物的排放量。

（2）计算产业污染排放强度指数。产业污染排放强度指数是指该行业每单位工业产值（或销售产值）的污染物排放量，计算公式为：

$$I_{ij} = D_{ij}/W_i \tag{3-2}$$

式中：$I_{ij}$ 是 $i$（$i=1, 2, \cdots, m$）行业第 $j$（$j=1, 2, 3$）类污染物的污染强度指数，$D_{ij}$ 是 $i$（$i=1, 2, \cdots, m$）行业第 $j$（$j=1, 2, 3$）类污染物的污染排放量，$W_i$ 是 $i$（$i=1, 2, \cdots, m$）行业的产值（或销售产值）。

（3）计算产业污染密集指数。计算公式为：

$$A_{ij} = \sqrt{E_{ij} \times I_{ij}} \tag{3-3}$$

$$A_i = \frac{1}{3}\sum_{j=1}^{3} A_{ij} \tag{3-4}$$

式中：$A_{ij}$ 是 $i$（$i=1, 2, \cdots, m$）行业第 $j$（$j=1, 2, 3$）类污染物的污染密集指数，$A_{ij}$ 值越大，表明该行业该类污染物的污染程度越严重，相反，$A_{ij}$ 值越小，表明该行业该类污染物的污染程度越轻，$A_i$ 是 $i$（$i=1, 2, \cdots, m$）行业的污染密集指数。为分阶段考查各行业污染治理效果，对各阶段污染物排放密集指数求平均值。计算公式如下：

$$P_{ij} = \frac{1}{n}\sum A_{ij} \tag{3-5}$$

式中：$P_{ij}$ 为各行业不同污染物的污染密集指数的平均值，$n$ 是各阶段的时间间隔。

**二 污染密集型产业的选取**

本书在综合前人研究成果的基础上，将各行业污染密集指数按照降序排列，选取其中污染密集指数较大的行业作为污染密集型产业。考虑到各行业污染状况会随时间发生变化，本书以 5 年为时间间隔对整体的划分结果进行检验和补充。具体选取过程如下：

首先，计算 2001—2015 年所有行业污染密集指数（$A$）（见表 3-1），按照降序原则进行排序，并计算其均值 $\overline{A}=2.07$。若某行业的污染密集指数 $A \geqslant 2.07$，则该行业污染排放较多，应是国家环境治理重点关注行业，定义该行业为污染密集型产业。此类行业共计 10 个，分别是：

采矿业（6.42），农副食品加工业（2.33），纺织业（3.56），造纸及纸制品业（11.28），化学原料和化学制品制造业（6.13），化学纤维制造业（2.36），非金属矿物制品业（4.48），黑色金属冶炼和压延加工业（6.14），有色金属冶炼和压延加工业（2.07），电力、热力生产和供应业（9.66）。电力、热力生产和供应业（9.66）综合污染密集指数较高，但此类产业受人类生产生活、城市规模等的影响较大，因此未将其列入本书研究的污染密集型产业。①

其次，考虑到各阶段产业污染治理变化，分别计算出 2001—2005 年（$A_1$）、2006—2010 年（$A_2$）、2011—2015 年（$A_3$）三阶段所有行业污染密集指数的均值 $\overline{A_1}=2.89$、$\overline{A_2}=1.91$、$\overline{A_3}=1.43$。② 由此可知，随着各行业技术进步和污染治理力度的不断加大，单位产值污染物排放量逐步降低，但行业间治污效果存在一定的差距。综合三阶段各行业污染密集指数变动状况，上文确定的 10 个行业中除有色金属冶炼和压延加工业污染密集指数（$\overline{A_2}=1.65$、$\overline{A_3}=1.36$）小于均值外，其他行业污染密集指数均大于各阶段均值，环境治理形势依然不容忽视。此外，酒、饮料和精制茶制造业的污染密集指数（$\overline{A_2}=2.20$、$\overline{A_3}=1.53$）、石油、煤炭及其他燃料加工业的污染密集指数（$\overline{A_3}=1.57$）超过对应阶段均值，表明近年来两者的污染程度比较严重，污染排放治理形势较为严峻，影响整体环境质量的提升，因此也将其定为污染密集型产业，这更加贴近当前各行业的污染排放状况。

综上，本书最终确定的污染密集型产业共包含 11 个行业，分别是：造纸及纸制品业，采矿业，黑色金属冶炼和压延加工业，化学原料和化学制品制造业，非金属矿物制品业，纺织业，化学纤维制造业，农副食品加工业，有色金属冶炼和压延加工业，酒、饮料和精制茶制造业，石油、煤炭及其他燃料加工业（按照各行业污染密集指数降序排列）。这

---

① 王亚平、曹欣欣、程钰等：《山东省污染密集型产业时空演变特征及影响机理》，《经济地理》2019 年第 1 期。

② 王丽萍、夏文静：《中国污染产业强度划分与区际转移路径》，《经济地理》2019 年第 3 期。

与赵细康、仇方道和《第一次全国污染源普查方案》等的划分结果相似，但也有细微差别，原因可能是时间段和研究区的不同影响了划分结果。①

表 3-1　　　　　　各产业分阶段污染密集指数

| 行业名称 | $A_1$ | $A_2$ | $A_3$ | A | 行业名称 | $A_1$ | $A_2$ | $A_3$ | A |
|---|---|---|---|---|---|---|---|---|---|
| 造纸及纸制品业 | 15.78 | 11.30 | 6.76 | 11.28 | 金属制品业 | 0.65 | 0.68 | 0.53 | 0.62 |
| 电力、热力生产和供应业 | 15.98 | 8.20 | 6.08 | 9.66 | 橡胶和塑料制品业 | 0.43 | 0.26 | 0.27 | 0.32 |
| 采矿业 | 7.10 | 5.44 | 5.87 | 6.42 | 交通运输设备制造业 | 0.87 | 0.46 | 0.33 | 0.55 |
| 黑色金属冶炼和压延加工业 | 8.47 | 5.59 | 4.36 | 6.14 | 计算机、通信和其他电子设备制造业 | 0.36 | 0.43 | 0.54 | 0.45 |
| 化学原料和化学制品制造业 | 9.56 | 5.36 | 3.49 | 6.13 | 木材加工及木、竹、藤、棕、草制品业 | 0.57 | 0.31 | 0.24 | 0.37 |
| 非金属矿物制品业 | 6.97 | 3.61 | 2.86 | 4.48 | 专用设备制造业 | 0.60 | 0.29 | 0.17 | 0.35 |
| 纺织业 | 4.06 | 3.78 | 2.83 | 3.56 | 纺织服装、服饰业 | 0.29 | 0.36 | 0.32 | 0.33 |
| 化学纤维制造业 | 3.82 | 2.01 | 1.25 | 2.36 | 通用设备制造业 | 0.56 | 0.28 | 0.15 | 0.33 |
| 农副食品加工业 | 3.08 | 2.33 | 1.58 | 2.33 | 仪器仪表制造业 | 0.43 | 0.26 | 0.08 | 0.26 |
| 有色金属冶炼和压延加工业 | 3.19 | 1.65 | 1.36 | 2.07 | 其他制造业 | 0.15 | 0.13 | 0.40 | 0.24 |
| 酒、饮料和精制茶制造业 | 2.16 | 2.20 | 1.53 | 1.97 | 电气机械和器材制造业 | 0.32 | 0.16 | 0.14 | 0.21 |
| 石油、煤炭及其他燃料加工业 | 2.35 | 1.79 | 1.57 | 1.91 | 烟草制品业 | 0.25 | 0.15 | 0.09 | 0.16 |
| 食品制造业 | 1.88 | 1.45 | 1.12 | 1.48 | 废弃资源综合利用业 | 0.11 | 0.11 | 0.18 | 0.14 |
| 医药制造业 | 1.87 | 1.35 | 1.01 | 1.41 | 家具制造业 | 0.14 | 0.10 | 0.04 | 0.10 |

① 赵细康：《环境保护与产业国际竞争力》，中国社会科学出版社 2003 年版；仇方道、蒋涛、张纯敏等：《江苏省污染密集型产业空间转移及影响因素》，《地理科学》2013 年第 7 期。

续表

| 行业名称 | A₁ | A₂ | A₃ | A | 行业名称 | A₁ | A₂ | A₃ | A |
|---|---|---|---|---|---|---|---|---|---|
| 水的生产和供应业 | 1.53 | 1.78 | 0.02 | 1.11 | 印刷业和记录媒介的复制 | 0.14 | 0.09 | 0.06 | 0.10 |
| 燃气生产和供应业 | 0.84 | 0.29 | 1.37 | 0.83 | 文教、工美、体育和娱乐用品制造业 | 0.09 | 0.06 | 0.06 | 0.07 |
| 皮革、皮毛、羽毛及其制品和制鞋业 | 0.73 | 0.77 | 0.56 | 0.69 | | | | | |

注：按照各行业污染密集指数降序排列。

### 三 污染密集型产业的类型划分

根据行业污染属性可以进一步将污染密集型产业划分为不同类型。计算 2001—2015 年污染密集型产业废水污染密集指数的均值 $\bar{A}=8.13$，废水污染密集指数值大于 8.13 的行业有：纺织业（10.16），造纸及纸制品业（32.21），化学原料和化学制品制造业（14.42），这三个产业在生产过程中排放大量污水，是我国废水治理的关键行业。计算 2001—2015 年污染密集型产业废气污染密集指数的均值 $\bar{A}=2.27$，废气污染密集指数值大于 2.27 的行业有：非金属矿物制品业（9.61），黑色金属冶炼和压延加工业（7.63），有色金属冶炼和压延加工业（2.58），这三个行业在生产过程排放大量大气污染物，将是我国打赢蓝天保卫战的重点治理行业。计算 2001—2015 年所有行业固体废物污染密集指数均值 $\bar{A}=1.76$，固体废物污染密集指数值大于 1.76 的行业有采矿业（11.15），黑色金属冶炼和压延加工业（3.95），化学原料和化学制品制造业（1.89），这三个行业在生产过程产生大量固体废弃物，是我国固体废弃物治理的重点关注对象（见表 3-2）。

表 3-2　　　　　　分阶段分污染物的污染密集指数

| 行业 | 废水污染密集指数值 | | | | 废气污染密集指数值 | | | | 固体废物污染密集指数值 | | | |
|---|---|---|---|---|---|---|---|---|---|---|---|---|
| | A₁ | A₂ | A₃ | A | A₁ | A₂ | A₃ | A | A₁ | A₂ | A₃ | A |
| 采矿业 | 9.17 | 6.18 | 6.86 | 7.41 | 1.06 | 0.62 | 0.45 | 0.71 | 13.63 | 9.53 | 10.29 | 11.15 |

续表

| 行业 | 废水污染密集指数值 | | | | 废气污染密集指数值 | | | | 固体废物污染密集指数值 | | | |
|---|---|---|---|---|---|---|---|---|---|---|---|---|
| | $A_1$ | $A_2$ | $A_3$ | $A$ | $A_1$ | $A_2$ | $A_3$ | $A$ | $A_1$ | $A_2$ | $A_3$ | $A$ |
| 农副食品加工业 | 8.31 | 6.33 | 4.31 | 6.32 | 0.47 | 0.35 | 0.26 | 0.36 | 0.45 | 0.30 | 0.16 | 0.30 |
| 酒、饮料和精制茶制造业 | 5.71 | 5.89 | 4.21 | 5.27 | 0.35 | 0.45 | 0.25 | 0.35 | 0.43 | 0.27 | 0.14 | 0.28 |
| 纺织业 | 11.43 | 10.82 | 8.21 | 10.16 | 0.54 | 0.39 | 0.20 | 0.38 | 0.21 | 0.12 | 0.07 | 0.13 |
| 造纸及纸制品业 | 45.30 | 32.24 | 19.10 | 32.21 | 1.40 | 1.13 | 0.75 | 1.09 | 0.63 | 0.52 | 0.42 | 0.52 |
| 石油、煤炭及其他燃料加工业 | 4.79 | 3.38 | 3.04 | 3.73 | 1.71 | 1.51 | 1.33 | 1.52 | 0.56 | 0.49 | 0.35 | 0.47 |
| 化学原料和化学制品制造业 | 23.77 | 12.31 | 7.17 | 14.42 | 2.61 | 2.14 | 1.53 | 2.09 | 2.29 | 1.62 | 1.78 | 1.89 |
| 化学纤维制造业 | 9.66 | 5.12 | 3.31 | 6.03 | 1.51 | 0.76 | 0.35 | 0.87 | 0.27 | 0.14 | 0.09 | 0.17 |
| 非金属矿物制品业 | 5.55 | 1.87 | 1.56 | 2.99 | 14.14 | 8.21 | 6.48 | 9.61 | 1.23 | 0.75 | 0.55 | 0.84 |
| 黑色金属冶炼和压延加工业 | 13.20 | 5.03 | 2.28 | 6.84 | 7.28 | 7.81 | 7.80 | 7.63 | 4.92 | 3.94 | 2.99 | 3.95 |
| 有色金属冶炼和压延加工业 | 4.00 | 1.55 | 1.05 | 2.20 | 3.52 | 2.22 | 2.00 | 2.58 | 2.06 | 1.18 | 1.02 | 1.42 |

结合各行业"工业三废"污染密集指数及各污染物密集指数均值大小，可以将污染密集型产业划分为废水污染密集型产业（废水排放量明显多于其他两种污染物的排放量）、废气污染密集型产业（废气排放量明显多于其他两种污染物的排放量）、废水+废气污染密集型产业（废水和废气排放量明显多于固体废物排放量）、废水+固体废物污染密集型产业（废水和固体废物排放量明显多于废气排放量）、废气+固体废物污染密集型产业（废气和固体废物排放量明显多于废水排放量）和"工业三废"污染密集型产业（三种污染物的排放量均相对较多）6个类型，并且可以按照污染密集指数大小将各行业在所属类型中排序以表征各行业对相应污染物的贡献度。其中，废水污染密集型产业包括：造纸及纸制品业，纺织业，农副食品加工

业，化学纤维制造业，酒、饮料和精制茶制造业。废气污染密集型产业仅包含：非金属矿物制品业。废水+废气污染密集型产业仅包含：石油、煤炭及其他燃料加工业。废水+固体废物污染密集型产业仅包含：采矿业。废气+固体废物污染密集型产业仅包含：有色金属冶炼和压延加工业。"工业三废"污染密集型产业包含：黑色金属冶炼和压延加工业，化学原料和化学制品制造业（见表3-3）。

表3-3　　　　污染密集型产业根据污染属性的类型划分

| 产业类型 | 行业名称 |
| --- | --- |
| 废水污染密集型产业 | 造纸及纸制品业，纺织业，农副食品加工业，化学纤维制造业，酒、饮料和精制茶制造业（5个） |
| 废气污染密集型产业 | 非金属矿物制品业（1个） |
| 废水+废气污染密集型产业 | 石油、煤炭及其他燃料加工业（1个） |
| 废水+固体废物污染密集型产业 | 采矿业（1个） |
| 废气+固体废物污染密集型产业 | 有色金属冶炼和压延加工业（1个） |
| 三废污染密集型产业 | 黑色金属冶炼和压延加工业，化学原料和化学制品制造业（2个） |

注：行业顺序由产业污染物密集指数大小确定。

### 四　"工业三废"减排的重点关注行业

整体来看，2001—2005年、2006—2010年、2011—2015年三阶段各行业污染密集指数逐渐下降，行业治污效果显著提升，但仍有部分行业治污状况明显滞后，影响整体环境质量的提升，该类行业更应引起重视。从图3-1中可以看出，各行业对三种污染物的减排的力度存在明显差异，结合各行业对污染物排放的贡献度可知，废水治理需要重点关注的行业有：采矿业，酒、饮料和精制茶制造业，纺织业，石油煤炭及其他燃料加工业，该类行业既属于废水污染密集型产业，同时其废水治理状况明显滞后，影响废水治理的整体效果。废气治理需要重点关注的行业有：酒、饮料和精制茶制造业，石油煤炭及其他燃料加工业，黑色金属冶炼和压延加工业，其中，石油煤炭及其他燃料加工业属于废水+废气污染密集型产业,黑色金属冶炼和压延加工业属于"工业三废"污染密集型产业,这三个行业废气治理水平明显低于其他行业,会在很大程度上影响废气治理的整体效果。固体废物治理需要重点关注的行业有:采矿业,造纸及纸制品业,石油煤炭及其他燃料加工业,化学原料和化学制品制造业,黑色金属冶炼和压延加工业,其中,采矿业属于废水+固体废物污染密集型产业,化学原料和化学制品制造业和黑色金属冶炼和压延加工业属于"工业三废"污染密集型产业,这些行业固体废物治理相对滞后,对固体废物治理水平整体的提升至关重要。

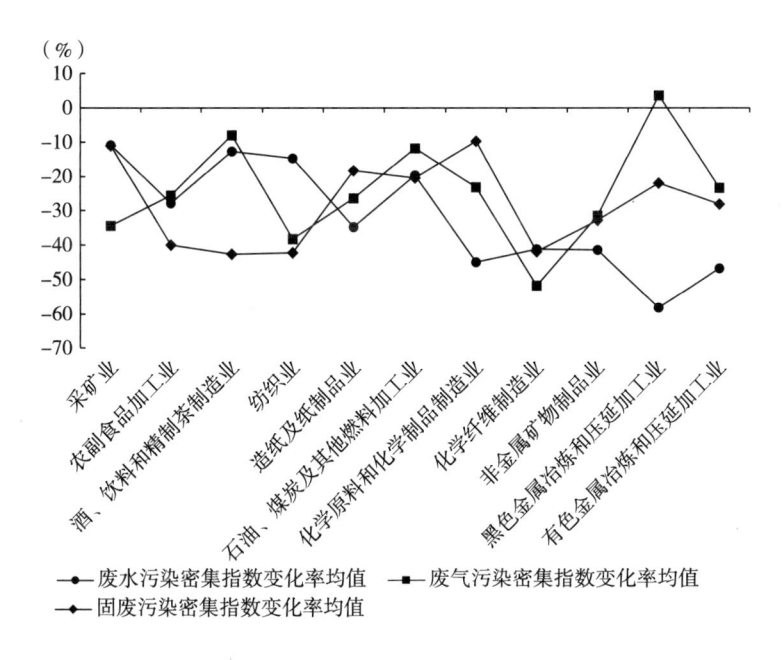

图3-1 各行业分污染物污染密集指数变化率

## 第二节 研究区概况

根据2015年4月中共中央政治局通过的《京津冀协同发展规划纲

要》，京津冀地区范围包括北京、天津两个直辖市及河北省的11个地级市（石家庄、承德、张家口、秦皇岛、唐山、廊坊、保定、沧州、衡水、邢台和邯郸），地域面积约21.6万平方公里，占全国土地面积的2.3%。2019年年末常住人口11308万人，占全国常住人口的8.05%。地区生产总值84580.08亿元，占全国地区生产总值的8.58%。以其为主体的京津冀城市群是我国三大城市群之一，具有经济活力高、创新能力强、开放强度大等特点，《国家新型城镇化规划（2014—2020年）》将其视为国民经济重要的增长极，并提出要将其建设成为世界级城市群。

根据《国务院关于调整城市规模划分标准的通知》和《中国城市建设统计年鉴2018》统计的各城市城区常住人口数，可以将京津冀地区13个城市划分为三种类型：超大城市（2个）、大城市（6个）和中等城市（5个）（见表3-4）。

表3-4　　　　　　　　　　京津冀城市规模划分

| 城市类型 | 划分标准 | 具体城市 |
| --- | --- | --- |
| 超大城市 | 城区人口1000万以上 | 北京、天津 |
| 大城市 | 城区人口100万—500万 | 石家庄、唐山、秦皇岛、邯郸、保定、张家口 |
| 中等城市 | 城区人口50万—100万 | 邢台、承德、沧州、廊坊、衡水 |

资料来源：《中国城市建设统计年鉴2018》。

与长三角城市群和珠三角城市群相比，京津冀城市群发育程度不高，城市群内部各地区经济发展水平差异悬殊，区域协调性差，京津冀地区也是如此。从城乡协调方面看，京津冀地区拥有北京和天津两个人口过1000万的超大城市，但却没有人口数为500万—1000万的特大城市，中心城市与周围城市缺少过渡城市，城镇体系出现断层。2018年北京、天津和河北的城镇化率分别是86.50%、83.15%和56.43%，北京和天津的城镇化率明显高于全国的城镇化率（59.58%），但河北城镇化率却低于全国城镇化水平。从地区经济发展水平上看，2018年北京和天津的GDP分别是30319.98亿元和18809.64亿元，明显高于河北各地级市生产总值，与产值最低的邢台市相比，是邢台的 14.1 倍和 8.75 倍，北京和天津人均 GDP 分别是 14.02 万元和 12.07 万元，是邢台的 4.8 倍和 4.1 倍，地区经济发展水平差距大（见图 3-2）。从产业结构上看，2018 年北京第三产业占比达 81.0%，第二产业占比仅为 18.6%，而天津和河北第三产业占比为 58.6%、46.2%，第二产业占比均在 40% 以上，产业发展阶段明显不同。

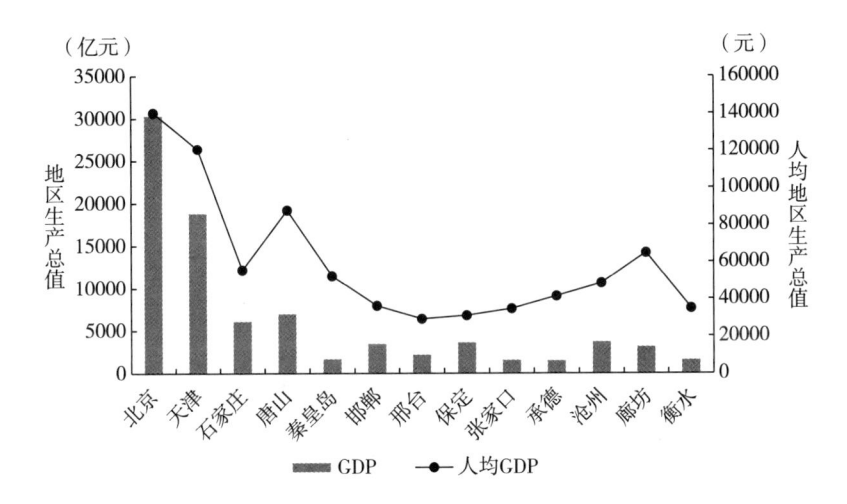

**图 3-2　京津冀各城市经济发展状况（2018 年）**

资料来源：《中国城市统计年鉴 2019》。

改革开放 40 多年来，长期实行粗放型经济发展模式致使东部沿海城市群成为一系列生态环境问题集中爆发的地区，发展过程中忽视工业对环境的污染也给国民经济造成了不应有的损失，影响到相关地区人们的身体健康。[①] 京津冀地区经济快速发展，但依靠生产要素大量投入来扩大生产规模的经济增长方式造成了水资源短缺、雾霾天气频发、交通拥挤、人口过度膨胀、区域发展差距大等一系列不可持续的问题，引起人们的广泛关注。面对东部沿海地区大面积的雾霾污染，2013 年国务院颁布《大气污染防治行动计划》，将京津冀、长三角、珠三角等区域

---

① 方创琳：《中国城市群研究取得的重要进展与未来发展方向》，《地理学报》2014 年第 8 期。

作为重点治理地区。党的十八大以来，加强环境规制已成为各地区推进生态文明建设的必然选择，2003—2017年中国环境污染治理投资从1750.1亿元提升至9539.0亿元，年均增长556.4亿元。但据《2018中国生态环境状况公报》显示环境空气质量相对较差的10个城市中有5个城市（石家庄、邢台、唐山、邯郸和保定）位于京津冀地区。2018年国务院印发的《打赢蓝天保卫战三年行动计划》再次将京津冀及周边地区作为重点污染防治区域，说明京津冀地区大气状况虽明显改善，但大量的环境治理投资取得的效果并不理想。[①]

面对日趋复杂的生态环境问题，京津冀三地政府积极倡导协同发展，鼓励区域产业合作，三地的合作方式由地方政府主导逐渐转变成以市场为导向，合作的领域由地区间资源调剂逐渐转变为技术协作和经济联合。各地突破单一的地区治理模式，形成跨地区的协同治理联动机制，全面推进京津冀生态环境协同治理。《京津冀协同发展规划纲要》明确了京津冀协同发展是国家战略，核心是有序疏解北京非首都功能，交通一体化建设、生态环境保护和产业升级转移是率先突破领域，将着力打造现代化新型首都圈，这标志着京津冀三地协同发展进入重要历史突破期（见表3-5）。

表3-5　　　　　　　　　京津冀协同发展功能定位

| 地区 | 功能定位 |
| --- | --- |
| 北京市 | 全国政治中心、文化中心、国际交往中心、科技创新中心 |
| 天津市 | 全国先进制造研发基地、北方国际航运核心区、金融创新运营示范区、改革开放先行区 |
| 河北省 | 全国现代商贸物流重要基地、产业转型升级试验区、新型城镇化与城乡统筹示范区、京津冀生态环境支撑区 |
| 整体 | 以首都为核心的世界级城市群、区域整体协同发展改革引领区、全国创新驱动经济增长新引擎、生态修复环境改善示范区 |

资料来源：根据《京津冀协同发展规划纲要》整理。

---

① 任梅、王小敏、刘雷等：《中国沿海城市群环境规制效率时空变化及影响因素分析》，《地理科学》2019年第7期。

## 第三节 本章小结

本章旨在构建污染密集指数界定污染密集型产业，在此基础上根据各行业污染属性和减排力度，划分污染密集型产业的类型，结合各行业的治污状况给出"工业三废"减排重点关注行业。最后对京津冀地区发展状况进行描述。界定及划分结果如下：

（1）本书确定的污染密集型产业包含11个行业，分别是：造纸及纸制品业，采矿业，黑色金属冶炼和压延加工业，化学原料和化学制品制造业，非金属矿物制品业，纺织业，化学纤维制造业，农副食品加工业，有色金属冶炼和压延加工业，酒、饮料和精制茶制造业，石油、煤炭及其他燃料加工业（按照各行业污染密集指数降序排列）。

（2）将污染密集型产业划分为6类，分别是：废水污染密集型产业、废气污染密集型产业、废水+废气污染密集型产业、废水+固体废物污染密集型产业、废气+固体废物污染密集型产业、"三废"污染密集型产业。根据各行业污染物排放状况，废水治理需要重点关注的行业有：纺织业，造纸及纸制品业，化学原料和化学制品制造业；废气治理需要重点关注的行业有：非金属矿物制品业，黑色金属冶炼和压延加工业，有色金属冶炼和压延加工业；固体废物治理需要重点关注的行业有：采矿业，化学原料和化学制品制造业，黑色金属冶炼和压延加工业。

# 第四章　京津冀污染密集型产业格局时空演变

　　京津冀地区作为拉动我国经济增长的重要引擎，具有创新能力强、开放程度高、经济活力强等特点，但也面临水资源短缺、雾霾天气频发等一系列亟待解决的生态环境问题，为缓解经济增长与环境污染之间的矛盾，政府提出以解决北京"大城市病"为基本出发点的京津冀协同发展战略，生态环境和产业的协同发展便是需要率先突破的领域。污染密集型产业是具有促进地区经济增长和带来环境污染双重属性的产业类型，该类型产业转移成为落实京津冀地区产业和生态环境协同发展的重点关注问题。京津冀污染密集型产业的时空格局是如何演变的？表现出什么特征？该过程中需要重点关注哪些地区、行业及污染物？污染密集型产业空间分布变化的影响因素是什么？只有充分了解京津冀污染密集型产业时空演变特征，才能更为准确地把握京津冀污染密集型产业空间分布变化的环境效应，进而提出防止污染密集型产业承接地沦为环境避难所的对策。

　　本章首先基于京津冀污染密集型产业的产值数据和企业数据分析其时序演变特征和空间演变特征，运用基尼系数、核密度分析、迁移指数对污染密集型产业的集聚扩散趋势、空间分布变化进行分析和测度，总结行业集聚类型和集聚区域，在此基础上从要素禀赋特性、区位条件属性、市场导向作用和政府政策调整4个方面探讨京津冀污染密集型产业格局时空演变的形成机制，并通过模型验证各影响因素的驱动作用。

## 第一节 研究方法与数据来源

### 一 研究方法

本书在测度京津冀污染密集型产业时序特征时,采用了偏离—份额分析法;在研究京津冀污染密集型产业的集聚扩散趋势时,采用了基尼系数和核密度分析法;在测度京津冀污染密集型产业空间分布变化时,构建了迁移指数。下面将依次介绍这四种方法。

（一）偏离—份额分析法

偏离—份额分析法分别由美国经济学家 Daniel 和 Creamer 于 1942 年和 1943 年相继提出,经 Perloff 等学者逐步完善,最先被应用于劳动力转移对生产力效应的研究,后被广泛应用于产业竞争力、地区经济增长差异、区域产业结构演进等方面的研究。[①] 基本原理是将区域自身经济总量变动分解为地区增长份额（N）、结构偏离份额（P）和竞争力偏离份额（D）3 个分量,评价区域经济结构优劣和自身竞争力的强弱,找出区域具有相对竞争优势的产业部门,进而确定区域未来经济发展的合理方向和产业结构调整的原则。[②] 计算过程如下[③]:

假设某省（市）$i$ 行业（$i=1, 2, 3, \cdots, n$）的基期产值为 $b_{i0}$,地区经济总量为 $b_0$;经过 $t$ 年后,某省（市）$i$ 行业的产值为 $b_{it}$,地区经济总量为 $b_t$。上一级区域 $i$ 行业的基期产值为 $B_{i0}$,经济总量为 $B_0$;经过 $t$ 年后,上一级区域 $i$ 行业的产值为 $B_{it}$,经济总量为 $B_t$。则在研究

---

[①] 万年庆、李红忠、史本林:《基于偏离—份额法的我国农民收入结构演进的省际比较》,《地理研究》2012 年第 4 期。

[②] 崔功豪、魏清泉、刘科伟等:《区域分析与区域规划》,高等教育出版社 2006 年版,第 212—217 页;刘杰:《沿海欠发达地区产业结构演进和经济增长关系实证——以山东省菏泽市为例》,《经济地理》2012 年第 6 期;刘嫘嫘、顾颖:《基于偏离—份额法的陕西省产业结构分析》,《金融经济》2014 年第 22 期;曹欣欣:《区域污染密集型产业空间演变及其生态效率响应研究——以山东省为例》,硕士学位论文,山东师范大学,2019 年。

[③] 王亚平、曹欣欣、程钰等:《山东省污染密集型产业时空演变特征及影响机理》,《经济地理》2019 年第 1 期。

期 [0-t] 时间范围内，$i$ 行业在省（市）的变化率（$r_i$）和上一级区域的变化率（$R_i$）分别为：

$$r_i = (b_{it}-b_{i0})/b_{i0} \tag{4-1}$$

$$R_i = (B_{it}-B_{i0})/B_{i0} \tag{4-2}$$

为排除省（市）增长速度与上一级区域增长速度之间的差异，以所在上一级区域各行业部门所占的份额按照下式将省（市）各产业部门进行标准化：

$$b'_i = b_0 \times (B_{i0}/B_0) \tag{4-3}$$

则可以将该省（市）$i$ 行业的增长量 $G_i$ 分解为区域增长份额分量（$N_i$）、产业结构偏离分量（$P_i$）和地区竞争力偏离分量（$D_i$），具体表达式如下：

$$G_i = N_i + P_i + D_i \tag{4-4}$$

$$N_i = b'_i \times R_i \tag{4-5}$$

$$P_i = (b_{i0}-b'_i) \times R_i \tag{4-6}$$

$$D_i = b_{i0} \times (r_i - R_i) \tag{4-7}$$

引入 $K_{i0} = \dfrac{b_{i0}}{B_{i0}}$，$K_{it} = \dfrac{b_{it}}{B_{it}}$ 分别为 [0-t] 时间范围内某省（市）$i$ 行业在初期与末期产值占上一级区域 $i$ 行业初期和末期产值的比重，则该省（市）对上一级区域的相对增长率为：

$$L = \dfrac{\dfrac{b_t}{b_0}}{\dfrac{B_t}{B_0}} = \dfrac{\dfrac{\sum_{i=1}^{n} K_{it} \times B_{it}}{\sum_{i=1}^{n} K_{i0} \times B_{i0}}}{\dfrac{\sum_{i=1}^{n} B_{it}}{\sum_{i=1}^{n} B_{i0}}} = \left[\dfrac{\sum_{i=1}^{n} K_{i0} \times B_{it}}{\sum_{i=1}^{n} K_{i0} \times B_{i0}}\right] \cdot \left[\dfrac{\sum_{i=1}^{n} K_{it} \times B_{it}}{\sum_{i=1}^{n} K_{i0} \times B_{it}}\right] = W \cdot U \tag{4-8}$$

其中：

$$W = \frac{\sum_{i=1}^{n} K_{i0} \times B_{it} / \sum_{i=1}^{n} K_{i0} \times B_{i0}}{\sum_{i=1}^{n} B_{it} / \sum_{i=1}^{n} B_{i0}} \quad (4-9)$$

$$U = \left(\sum_{i=1}^{n} K_{it} \times B_{it}\right) / \left(\sum_{i=1}^{n} K_{i0} \times B_{it}\right) \quad (4-10)$$

$N_i$ 表示省（市）$i$ 行业按全国平均增长率的增长量；$P_i$ 表示排除该省（市）增长速度与上一级区域增长速度差异后产业结构对产值的贡献，值越大表明产业结构对产值增长的贡献越大；$D_i$ 指 $i$ 行业增长速度与上一级区域相应行业增长速度的差异引起的偏差，表示除产业结构以外的地区因素对产业产值的贡献，值越大表明该省（市）该行业的竞争力因素对产业产值增长贡献越大。$W$, $U$ 分别为结构效果指数和区域竞争效果指数。

（二）基尼系数（$G_i$）

基尼系数（$G_i$）用以表征京津冀污染密集型产业的地理集中和分散趋势，基尼系数在相关文献中被广泛应用。基尼系数值从0到1，值越高表示一个行业在地理上越集中，值越低表示一个行业在地理上越分散。其计算公式如下①：

$$G_i = \frac{1}{2N^2\mu} \sum_j \sum_k \left| \frac{x_{ij}}{X_i} - \frac{x_{ik}}{X_i} \right| \quad (4-11)$$

式中：$N$ 是地区的数量，$\mu$ 是每个地区污染密集型行业 $i$ 比重的平均值，$X_i$ 是京津冀 $i$ 行业总产值，$x_{ij}$, $x_{ik}$ 是 $i$ 行业在 $j$ 省（市或区），$k$ 省（市或区）的总产值。可以用以下公式将其简化②：

$$G_i = \frac{2}{N} \sum_{j=1}^{N} \left( j \times \frac{x_{ij}}{X_i} \right) - \frac{N+1}{N} \quad (4-12)$$

---

① 仇方道、蒋涛、张纯敏等：《江苏省污染密集型产业空间转移及影响因素》，《地理科学》2013年第7期。

② He, C., Wei, Y. D. and Xie, X., "Globalization, institutional change, and industrial location: Economic transition and industrial concentration in China", *Regional Studies*, Vol. 42, No. 7, August 2008.

## (三) 核密度分析

核密度分析 (kernel density estimation, KDE) 用于计算点要素、线要素在其周围邻域中的密度值，该方法认为地理事件在空间位置上发生的概率不同，表现为聚集强度的差异。该方法以每个待计算的网格点为中心，进行圆形区域的搜索，通过考察规则区域中点的分布特征，计算每个网格点的密度值，x 点处的核密度分布函数如下[①]：

$$f(x) = \frac{1}{nh} \sum_{i=1}^{n} k\left(\frac{x-x_i}{h}\right) \tag{4-13}$$

式中：$f(x)$ 为 x 点处的密度估计，$h$ 为带宽或平滑参数，可根据研究区域对不同的 $h$ 值进行反复试验，选择最能表现企业集聚特征的带宽，$(x-x_i)$ 表示估计点 x 到观测位置 $x_i$ 处的距离，$n$ 为观测数值，$k$ 为核函数。

此外，在分析各城市污染密集型产业增长潜力时用到偏离—份额分析法，详细步骤参照前文介绍的公式 (4-1) 到公式 (4-10)。

## (四) 迁移指数

学者们常利用区位商 ($LQ_{ij}$) 的变化来衡量污染密集型产业跨区域转移的程度。[②] 哈盖特 (P. hagget) 提出区位商 (LQ, Location Quotient)，用来反映某产业在该地区的专业化程度，也可以表征某一地区产业的空间集聚状况。其计算公式为：

$$LQ_{ij} = (q_{ij}/q_j)/(Q_i/Q) = (q_{ij}/\sum_i q_{ij})/(Q_i/\sum_i Q_i) \tag{4-14}$$

式中：$q_{ij}$ 是 $i$ 行业在 $j$ 区域的产值；$q_j$ 是 $j$ 地区所有污染行业的总产值；$Q_i$ 是 $j$ 上一级区域 $i$ 行业的产值；$Q$ 是 $j$ 上一级区域所有污染行业的总产值。$LQ_{ij}$ 值越高，代表该地区产业集聚程度越高。若 $LQ_{ij}>1$，表示 $j$ 地区产业较上一级区域集中；若 $LQ_{ij}<1$，表示 $j$ 地区产业集聚程度低于上一级区域；若 $LQ_{ij}=1$，表示 $j$ 地区产业与上一级区域的集聚水平相同。

---

[①] 张姗姗、刘存丽、张落成：《苏南太湖流域污染企业空间布局演化及未来产业发展方向研究》，《经济地理》2018 年第 2 期。

[②] Zheng, D. and Shi, M. J., "Multiple Environmental Policies and Pollution Haven Hypothesis: Evidence from China's Polluting Industries", *Journal of Cleaner Production*, Vol. 141, January 2017.

然而，产业在地区上的分布变化不仅包括各地区工业生产份额的上升和下降，还包括产业在地理位置上的局部或整体迁移（产业所含企业数量的变化），因此需要综合考虑产业产值变化和所含企业数量变化。本书引入产业分布指数（$R_{ij}$）和迁移指数（$\Delta R_{ij}$）来考察京津冀污染密集型产业的空间布局变化问题。其计算公式如下：

$$R_{ij}=\sqrt{LQ_{ij}\times(N_{ij}/N_j)} \qquad (4-15)$$

$$\Delta R_{ij}=R_{ij,t_1}-R_{ij,t_2}=\sqrt{LQ_{ij,t_1}\times(N_{ij,t_1}/N_{j,t_1})}-\sqrt{LQ_{ij,t_2}\times(N_{ij,t_2}/N_{j,t_2})} \qquad (4-16)$$

式中：$R_{ij}$ 为污染密集型产业分布指数，$\Delta R_{ij}$ 为迁移指数，$LQ_{ij}$ 为污染密集型产业的区位商，$N_{ij}$ 为 $j$ 地区 $i$ 行业的企业数量，$N_j$ 为 $j$ 地区所有污染行业的企业数量，$t$ 表示时间段 $t_1$ 到 $t_2$。若 $\Delta R_{ij}>0$，表示在 $t$ 时间段内 $i$ 行业转移到 $j$ 区域；若 $\Delta R_{ij}<0$，表示在 $t$ 时间段内 $i$ 行业从 $j$ 区域内移出；若 $\Delta R_{ij}=0$ 表示在 $t$ 时间段内 $i$ 行业空间布局未发生变化。$\Delta R_{ij}$ 的绝对值越大，产业迁移的程度越高。

### 二　数据来源

相关数据主要来源于《中国工业统计年鉴》《北京统计年鉴》《天津统计年鉴》《河北经济年鉴》、河北省各地级市统计年鉴以及中国工业企业数据库。考虑到《国民经济行业分类》颁布时间、指标的统一性、数据的可得性，时序演变分析选取 1987—2018 年作为研究区间，市级尺度污染密集型产业空间格局数据最早截取至 1998 年。产值数据的选取规则是 2011 年为工业总产值数据，2012 年至 2018 年为工业销售产值数据。为消除价格波动影响，将产值数据修正到 1987 年或 1998 年的不变价格。专利数据来源于国家知识产权局，环境法规数据来自万方数据—法律法规全文库，北京、天津环境信访数据来自《中国环境统计年鉴》，河北各地市环境信访数据来自河北省生态环境厅。

## 第二节　京津冀污染密集型产业时序演变特征

当前对污染密集型产业发展状况的刻画多关注产值的变化，对产在地理位置上的局部或整体迁移即产业数量的变化关注相对较少，本书在充分分析京津冀污染密集型产业产值变化的同时，关注其企业数量的变化，以求全面反映污染密集型产业在地理空间上的变动特征。

### 一 产值发展趋势

从产值数据上看，京津冀地区污染密集型产业整体呈倒"U"形增长曲线，污染密集型产业产值从1987年的623.99亿元增长到2012年10755.21亿元，而后下降至2018年的7909.57亿元（见图4-1）。污染密集型产业产值占京津冀地区工业总产值比重为32.42%—52.73%，整体呈先上升后下降的状态。从污染密集型产业产值增长速度来看，近30年来京津冀地区污染密集型产业增长经历了两次小高峰，第一次是1993年，污染密集型产业产值增长幅度达20.69%，第二次是2004年，污染密集型产业产值增长幅度达46.76%。由此可将近30年来京津冀地区污染密集型产业发展划分为四个阶段。

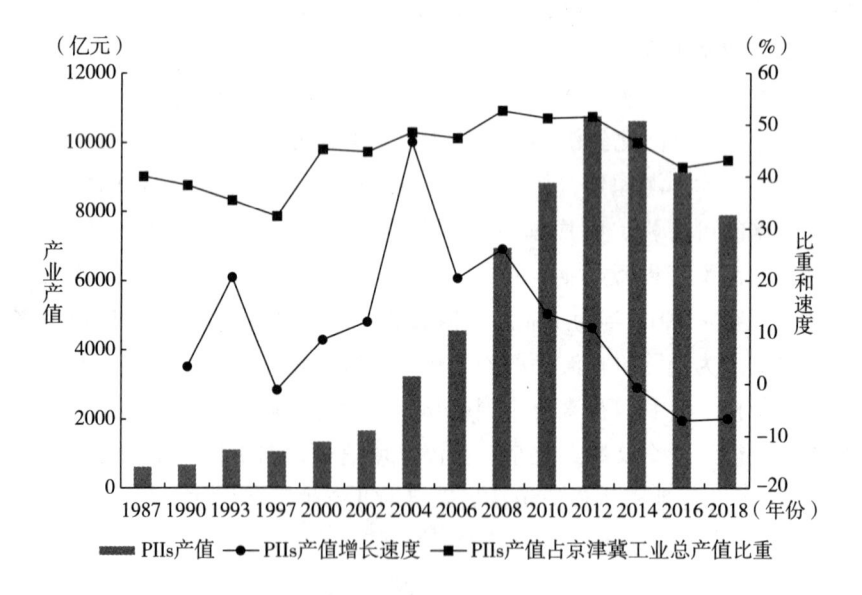

**图4-1　1987—2018年京津冀地区污染密集型产业（PIIs）产值变动状况**

注：因篇幅原因2000年前展示重点年份相关数据，2000年后展示每隔两年数据。
资料来源：相关年份《中国工业统计年鉴》。

(1) 第一阶段波动增长期（1987—1996 年）。1978 年以来中国推出一系列经济改革措施，加大对外开放力度，调整产业结构，20 世纪 80 年代京津冀地区污染密集型产业进入波动增长期。进入 20 世纪 90 年后，受京津冀城市化进程加快、交通和基础设施投资加大、消费结构升级的"短缺经济"影响，污染密集型产业尤其是重工业得到了极大的发展，特别是在 1993 年京津冀地区污染密集型产业产值出现增长小高峰，河北经济更是在"八五"时期实现了 14.6% 的年均增长速度。与此同时，中国东部沿海地区因其廉价的劳动力、较低的环境准入门槛吸引了大量外商直接投资，该阶段京津冀地区污染密集型产业虽得到快速发展，但占京津冀地区工业总产值的比重相对较低，产业规模相对有限，1996 年京津冀地区污染密集型产业产值约为 2018 年的七分之一。

(2) 第二阶段稳定增长期（1997—2003 年）。进入"九五"时期后，中国采取一系列宏观调控政策，致力于经济"软着陆"，同时受亚洲金融危机的影响，各地区积极调整产业结构满足人们需求结构的变化，随着国内基础设施投资规模的扩大，中国进入第二次重工业化进程。2001 年 12 月，中国正式加入世界贸易组织（WTO），企业加入全球价值链后不断提升生产能力，中国逐渐向全球制造业大国迈进。该阶段京津冀地区污染密集型产业呈稳定增长态势，污染密集型产业产值由 1997 年的 1069.13 亿元增长到 2003 年的 2242.37 亿元，年均增长 12.82%，占该地工业总产值比重由 1997 年的 32.42% 增长到 2003 年的 48.38%。该阶段京津冀污染密集型产业经历了平稳的增长期，产业规模稳步提升，2003 年京津冀地区污染密集型产业产值约为 2018 年的四分之一。

(3) 第三阶段较快增长期（2004—2013 年）。2004—2008 年京津冀地区污染密集型产业高位增长，产值增长速度为 20.50%—46.76%，其产值占京津冀地区工业总产值比重连年攀升至 2008 年的 52.73%。该阶段东部沿海地区工业集聚程度提升，跨国公司为当地企业带来新的知识、技术和管理模式，通过知识溢出促进当地企业生产效率的提高。2008 年国际金融危机对长期依靠投资拉动经济增长模式的地区造成严重冲击，同时国内钢铁、水泥、电解铝等行业出现产能过剩，劳动力成本上升等促使传统产业比较优势减弱，2009年后京津冀地区污染密集型产业增长速度明显下降，到2013年京津冀地区污染密集型产业增长速度仅为1.16%，占京津冀地区工业总产值比重下降至46.57%。该阶段京津冀地区加强对高耗能行业的控制，加快产业结构优化升级，加大雾霾天气治理力度，污染密集型产业减速增长，2013年京津冀地区污染密集型产业产值为10879.66亿元，高出2018年2970.09亿元。

（4）第四阶段快速下降期（2014—2018年）。为有效疏解北京非首都功能、解决北京"大城市病"，京津冀三地不断提高先进制造业研发水平，深入实施大气污染联防联控政策，关、停、并、转一些污染密集型企业，确保产业升级转移和生态环境保护领域的率先突破。受此影响，2014—2018年京津冀地区污染密集型产业出现负增长，其产值增长速度处于-0.64%—-7.02%，占京津冀地区工业产值比重波动下降至2018年的43.16%。该阶段京津冀地区污染密集型产业规模迅速减小，污染密集型产业产值由2014年的10617.81亿元下降到2018年的7909.57亿元，产业结构不断优化，2018年京津冀三次产业构成为4.3∶34.4∶61.3，空气质量也得到明显改善，如北京细颗粒物（PM2.5）年均浓度从2014年的93微克/立方米降至2018年的51微克/立方米，下降幅度为45.16%。

从全国的范围来看，京津冀地区污染密集型产业占全国比重呈先上升后下降的趋势。其中，产值占比由1987年的10.10%波动增长至2004年的11.00%，之后呈下降趋势，最终下降至2018年的7.69%，企业数量占比由1987年的6.57%增长到2000年的9.91%，之后呈下降趋势，最终下降至2018年的4.98%（见图4-2）。京津冀地区污染密集型产业占全国比重的波动趋势主要受北京和河北污染密集型产业变动的影响，近30多年来北京污染密集型产业产值呈下降趋势，河北污染密集型产业产值呈先上升后下降的趋势。

分地区来看，1987—2000年北京、天津和河北三地污染密集型产业产值呈缓慢增长态势，2002—2018年三地污染密集型产业呈现先增长后下降的倒"U"形增长曲线，峰值分别出现在2010年、2014年和2012年（见图4-3）。北京、河北产值增长率呈先增加后减少的状况，

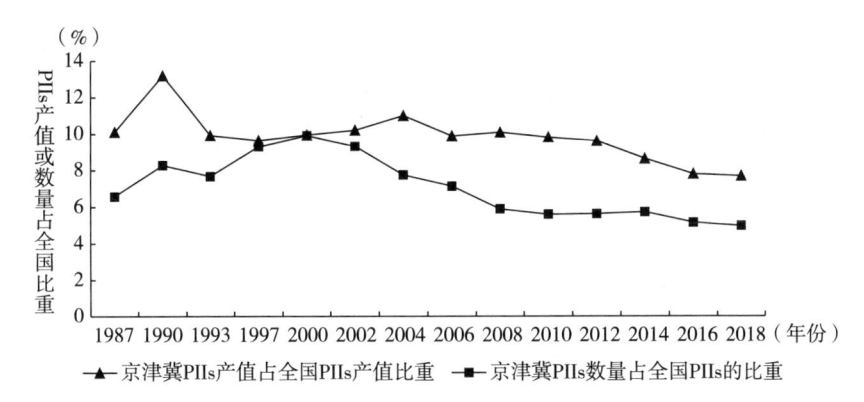

**图 4-2　1987—2018 年京津冀地区污染密集型产业（PIIs）产值、企业数量占全国污染密集型产业（PIIs）比重**

资料来源：相关年份《中国工业统计年鉴》。

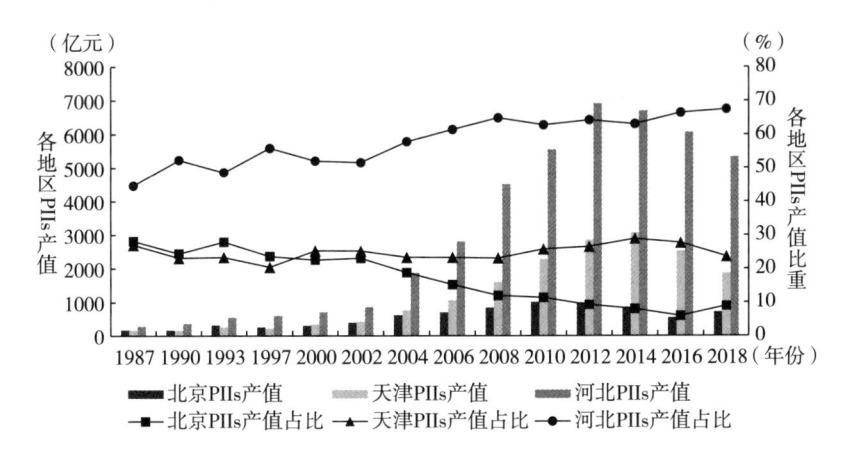

**图 4-3　1987—2018 年北京、天津、河北污染密集型产业（PIIs）产值变动状况**

注：因篇幅原因 2000 年前展示重点年份相关数据，2000 年后展示每隔两年数据。

资料来源：相关年份《中国工业统计年鉴》。

天津产值增长率呈波动下降的趋势。从各地区污染密集型产业产值占比来看，北京污染密集型产业产值占比减少，产值比重由 1987 年的 28.22% 下降至 2018 年的 7.32%，天津污染密集型产业产值占比呈波动下降趋势，产值比重由 1987 年的 27.08% 下降至 2018 年的 24.02%，河北污染密集型产业产值占比呈稳步上升趋势，产值比重由 1987 年的 44.70% 上升至 2018

年的68.65%。由此可知,北京去工业化趋势明显,河北成为京津冀城市群污染密集型产业转移的主要承接地,天津注重工业布局的调整,并且积极引进先进的生产技术、管理经验和制度,使得本地产业能源利用效率明显高于全国其他地区,境内污染密集型产业既有转出又有转入。①

## 二 企业数量发展趋势

从京津冀地区污染密集型产业的企业数量来看,1997年以前京津冀地区污染密集型产业呈快速增长趋势,2000年后京津冀地区污染密集型产业呈先增加后减少的倒"U"形波动曲线(见图4-4)。分阶段来看,1987—1997年京津冀地区污染密集型产业的企业数量从12371个增长到17892个,增长幅度达44.63%。20世纪80年代—90年代初期京津冀三地为追求经济增长速度,基础设施建设规模不断加大,1987年污染密集型产业的企业数量占京津冀地区工业总数比重高达29.62%,基础设施的大规模建设不断加重能源、交通、原材料的紧张形势,也加重了地区产业结构失衡和经济波动。90年代中后期,国家的一系列调控政策使得京津冀产业结构更加合理,经济发展更加平稳。2000—2018年京津冀地区污染密集型产业的企业数量从6725个增长到2010年的10141个,之后下降到2018年的7138个,污染密集型产业的企业数量占京津冀地区工业总企业数量比重为21.87%—27.80%。2000年以来中国依靠稳定的经济增长和广阔的市场前景对外资的吸引力不断加大,随着外商直接投资的逐步增加,国内污染密集型产业的企业数量不断增加,受国际金融危机和国内生态文明建设、新型工业化道路、高质量发展等政策实施的影响,2010年后京津冀地区污染密集型产业的企业数量明显减少。总体来看,近30年来京津冀地区污染密集型产业的企业数量变动状态与京津冀地区污染密集型产业产值变动状态具有一定的吻合性。对比两者的增长速度可知,2000年来京津冀地区污染密集型产业生产效率明显提高,一方面得益于企业规模的扩大,另一方面得益于企业生产技术的提高。

---

① 王腊芳、段文静、赖明勇等:《中国制造业节能潜力的区域及行业差异》,《地理研究》2015年第1期。

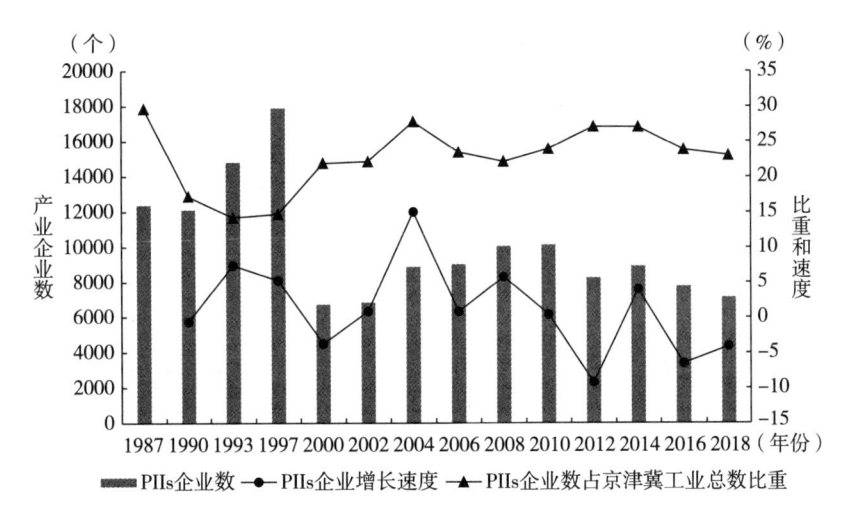

**图 4-4　1987—2018 年京津冀地区污染密集型产业（PIIs）企业数量变动状况**

注：1997 年前工业统计范围按隶属关系划分，1998 年及以后改变为按企业规模划分，2000 年所列增长速度是与 1999 年相较而言。因篇幅原因 2000 年前展示重点年份相关数据，2000 年后展示每隔两年数据。

资料来源：相关年份《中国工业统计年鉴》。

分地区来看，1987—1997 年北京、天津和河北污染密集型产业的企业数量呈快速增长趋势，其中北京污染密集型产业的企业数量增长速度最快，企业数量从 1600 个增长到 4743 个，年均增幅达 19.64%。天津污染密集型产业的企业数量增长速度次之，其企业数量从 1505 个增长到 2911 个，年均增幅达 9.34%。河北污染密集型产业的企业数量增长速度缓慢，其企业数量从 9266 个增长到 10238 个，年均增幅仅为 1.05%（见图 4-5）。从各地区污染密集型产业的企业数量占比来看，该阶段北京、天津企业数量占比增多，河北企业数量占比减少。改革开放以来，北京、天津两地因其资金、技术、人才、管理制度等优势吸引大量产业在此集聚，企业通过加深地方化推动当地产业不断优化升级，促进了企业的快速发展。2000—2018 年北京、天津和河北污染密集型产业的企业数量呈先增加后减少的变动趋势，企业数量峰值分别出现在 2004 年、2008 年和 2014 年，该阶段北京、天津企业数量占比减少，分别由 2000 年的 18.86%、25.01% 波动下降至 2018 年的 9.69%、17.95%，

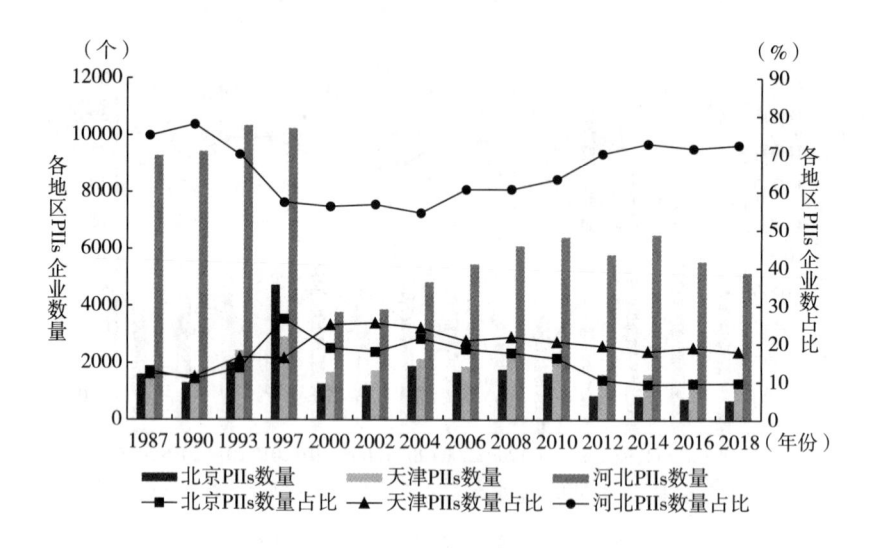

**图 4-5　1987—2018 年北京、天津、河北污染密集型
产业（PIIs）的企业数量变动状况**

注：1997 年前工业统计范围按隶属关系划分，1998 年及以后改变为按企业规模划分，2000 年所列增长速度是与 1999 年相较而言。因篇幅原因 2000 年前展示重点年份相关数据，2000 年后展示每隔两年数据。

资料来源：相关年份《中国工业统计年鉴》。

河北企业数量占比增多，从 2000 年的 56.13% 增加至 2018 年的 72.36%。结合北京、天津、河北的污染密集型产业产值数据可知，2000 年以来每单位（家）污染密集型企业的产值产出逐步提高，北京、天津、河北每单位（家）企业的产值由 2000 年的 0.24 亿元、0.20 亿元、0.19 亿元增加至 2018 年的 0.82 亿元、1.46 亿元、1.03 亿元，天津每单位（家）企业产值远高于北京和河北的相关企业，这主要受当地企业规模、行业种类、生产技术等方面的影响。该阶段京津冀地区企业进行去地方化和产业转移，受企业生产成本、政策环境等因素的影响，北京、天津的部分企业基于地理邻近性的考虑，将全部或部分企业功能转移到地理、文化、制度邻近的河北，这在一定程度上促进了污染企业在更大尺度上构建区域性生产网络。污染企业在河北实现了再地方化，推动了京津冀地区污染密集型产业的空间分布变化。

### 三 各细分行业发展趋势

本书将从各行业总体变动特征和各行业增长潜力两个方面分析各细分行业的发展趋势。

1987—2018年京津冀地区污染密集型产业各行业产值大致呈先增加后减少的变动趋势,黑色金属冶炼和压延加工业、采矿业、化学原料和化学制品制造业等行业增长较为迅速,而化学纤维制造业,造纸及纸制品业,有色金属冶炼和压延加工业等行业增长较为缓慢(见图4-6)。2018年黑色金属冶炼和压延加工业规模最大,占污染密集型产业产值比重为45.30%,采矿业,农副食品加工业,石油、煤炭及其他燃料加工业,化学原料和化学制品制造业,非金属矿物制品业等行业规模相对较大,总产值比重达44.89%,其他行业规模相对较小,总产值比重仅为9.81%。

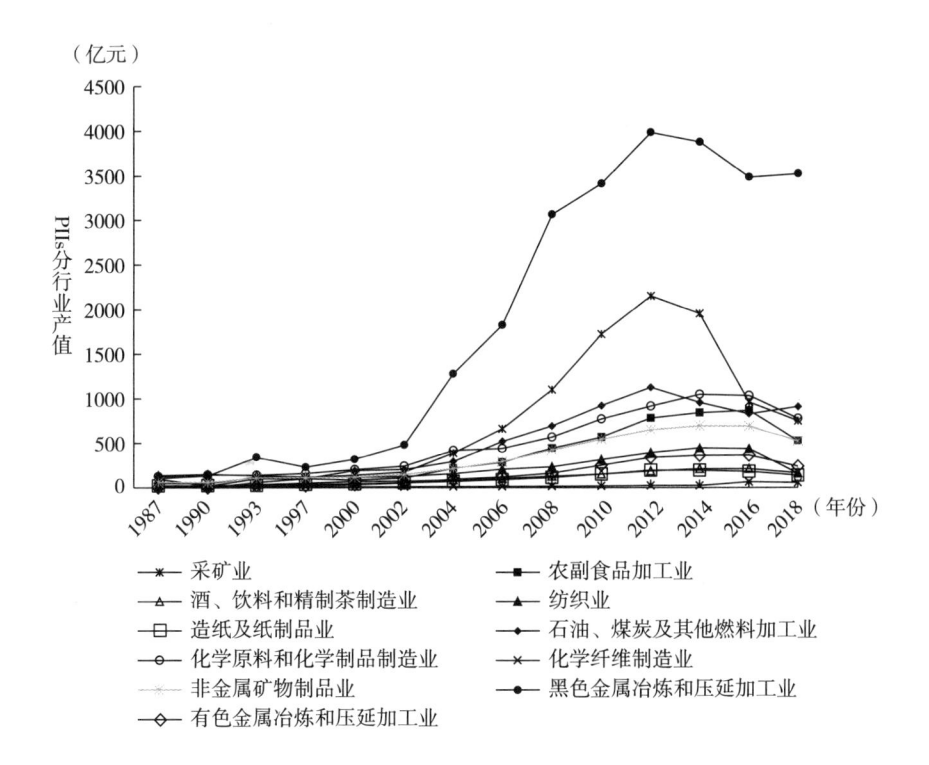

图4-6 1987—2018年京津冀地区污染密集型产业(PIIs)分行业产值变动状况

资料来源:相关年份《中国工业统计年鉴》。

从偏离—份额分析结果看，在地区增长偏量方面，除黑色金属冶炼和压延加工业外，其他行业增长偏量均低于全国水平，其中纺织业、化学纤维制造业与有色金属冶炼和压延加工业严重落后于全国增长速度，各污染行业中只有黑色金属冶炼和压延加工业具有明显的增长优势；在结构偏量方面，纺织业、造纸及纸制品业、化学原料和化学制品制造业、化学纤维制造业、非金属矿物制品业、黑色金属冶炼和压延加工业六类行业的产业结构偏量为正，对行业总量增长起到推动作用，而其他行业的产业结构偏量为负，对行业总量增长起到抑制作用，结构效果指数为214.15；在竞争力偏量方面，黑色金属冶炼和压延加工业的竞争力偏量最高，竞争力偏量为1441.07亿元，石油、煤炭及其他燃料加工业竞争力偏量为187.11亿元，两者在全国具有较强竞争力，但其他污染密集型行业竞争力相对较弱，竞争效果指数仅为0.79（见表4-1）。

表4-1　京津冀地区污染密集型产业偏离—份额分析结果

| 行业 | $G_i$（亿元） | $N_i$（亿元） | $P_i$（亿元） | $D_i$（亿元） |
| --- | --- | --- | --- | --- |
| 采矿业 | 702.68 | 889.27 | −79.96 | −106.63 |
| 农副食品加工业 | 491.58 | 897.74 | −279.33 | −126.83 |
| 酒、饮料和精制茶制造业 | 70.66 | 191.36 | −34.08 | −86.62 |
| 纺织业 | 23.86 | 389.60 | 50.13 | −415.87 |
| 造纸及纸制品业 | 116.55 | 263.15 | 20.36 | −166.96 |
| 石油、煤炭及其他燃料加工业 | 888.65 | 932.57 | −231.03 | 187.11 |
| 化学原料和化学制品制造业 | 654.56 | 1352.40 | 984.89 | −1682.73 |
| 化学纤维制造业 | 46.14 | 162.98 | 18.47 | −135.31 |
| 非金属矿物制品业 | 461.45 | 963.65 | 157.99 | −660.19 |
| 黑色金属冶炼和压延加工业 | 3418.96 | 1298.33 | 679.56 | 1441.07 |
| 有色金属冶炼和压延加工业 | 225.012 | 1072.36 | −477.06 | −370.29 |

资料来源：《中国工业统计年鉴》。

结合各行业的结构偏量、竞争力偏量可以将京津冀污染密集型行业划分为结构—竞争优势型、结构优势型、竞争优势型和结构—竞争落后型四种类型，四种类型所含行业数量比例为1∶5∶1∶4。污染密集型产业中仅有黑色金属冶炼和压延加工业属于结构—竞争双优型，纺织业、造纸及纸制品业、化学原料和化学制品制造业、化学纤维制造业、非金属矿物制品业具有明显的结构优势，石油、煤炭及其他燃料加工业则具有明显的竞争优势，而采矿业，农副食品加工业，酒、饮料和精制茶制造业，有色金属冶炼和压延加工业等行业属于结构—竞争落后型行业，以上行业需要加快调整产业结构、提升行业的竞争力，由要素驱动、投资驱动向创新驱动转变将成为京津冀地区污染密集型产业转型升级的重要任务（见表4-2）。

**表 4-2　　　　　京津冀地区污染密集型产业增长类型划分**

| 行业类型 | 所含行业 | 数量（个） |
| --- | --- | --- |
| 结构—竞争双优势型 | 黑色金属冶炼和压延加工业 | 1 |
| 结构优势型 | 纺织业、造纸及纸制品业、化学原料和化学制品制造业、化学纤维制造业、非金属矿物制品业 | 5 |
| 竞争优势型 | 石油、煤炭及其他燃料加工业 | 1 |
| 结构—竞争双落后型 | 采矿业，农副食品加工业，酒、饮料和精制茶制造业，有色金属冶炼和压延加工业 | 4 |

资料来源：《中国工业统计年鉴》。

## 第三节　京津冀污染密集型产业空间演变特征

### 一　各地市产值空间格局演变

为进一步探究京津冀地区各城市的污染密集型产业空间分异特征，本书截取1998年、2003年、2008年、2013年和2017年作为时间断面，将京津冀13个地市污染密集型产业产值占比分为高占比区（15.01%—31.00%）、较高占比区（10.01%—15.00%）、中等占比区（5.01%—10.00%）、较低占比区（3.01%—5.00%）和低占比区（0.00%—3.00%）五个类型来分析京津冀地区各城市污染密集型产业的空间分布态势（见表4-3）。从污染密集型产业空间分布状况来看，京津冀地区污染密集型产业经历了"由内陆向沿海""由中部向南部"的空间布局过程。1998年，污染密集型产业产值高占比区为北京和天津，产值占比较高的地区为唐山，三者的产值占比之和为62.37%，是污染密集型产业高度集聚的地区。1998—2003年污染密集型产业进一步向唐山、邯郸、承德集聚，唐山由较高占比区上升为高占比区，产值占比明显增加的行业是：石油、煤炭及其他燃料加工业，化学纤维制造业与黑色金属冶炼和压延加工业。邯郸由较低占比区上升为中等占比区，产值占比明显增加的行业是：农副食品加工业、纺织业、非金属矿物制品业和有色金属冶炼及压延加工业，承德由低占比区上升为较低占比区，产值占比明显增加的行业是：农副食品加工业，酒、饮料和精制茶制造业，石油、煤炭及其他燃料加工业。2003—2008年北京由高占比区下降为较高占比区，产值占比下降8.956%，产值占比上升的地区是廊坊、邢台和邯郸，邯郸由中等占比区上升为较高占比区，产值占比上升3.64%。2008—2013年污染密集型产业由内陆向沿海地区转移趋势明显，北京由较高占比区下降为中等占比区，产值占比下降3.78%，沧州由较低占比区上升为中等占比区。2013-2017年污染密集型产业向交通便利的省会城市石家庄集聚趋势明显，石家庄由中等占比区上升为较高占比区。总体来看，京津冀地区污染密集型产业布局呈"√"形向沿海地区、冀中南地区集中分布。

表4-3  1998—2017京津冀各地市污染密集型产业（PIIs）产值占比分类

| 年份 | 类型 | | | | |
|---|---|---|---|---|---|
| | 高占比区 | 较高占比区 | 中等占比区 | 较低占比区 | 低占比区 |
| 1998年 | 北京、天津 | 唐山 | 石家庄 | 保定、沧州、邢台、邯郸 | 承德、张家口、秦皇岛、廊坊、衡水 |
| 2003年 | 北京、天津、唐山 | — | 石家庄、邯郸 | 承德、保定、沧州 | 张家口、秦皇岛、廊坊、衡水、邢台 |
| 2008年 | 天津、唐山 | 北京、邯郸 | 石家庄 | 承德、廊坊、沧州、邢台 | 张家口、秦皇岛、保定、衡水 |

续表

| 年份 | 类型 | | | | |
|---|---|---|---|---|---|
| | 高占比区 | 较高占比区 | 中等占比区 | 较低占比区 | 低占比区 |
| 2013年 | 天津、唐山 | — | 北京、石家庄、沧州、邯郸 | 承德、廊坊、邢台 | 张家口、秦皇岛、保定、衡水 |
| 2017年 | 天津、唐山 | 石家庄 | 北京、沧州、邯郸 | 承德、邢台 | 张家口、秦皇岛、廊坊、保定、衡水 |

根据1998年、2003年、2008年、2013年和2017年京津冀地区各地市污染密集型产值变动情况，可以将13个地市划分为4种类型：升高型、稳定型、波动型和下降型，对应城市总数分别为4、4、3和2（见表4-4）。占比最大的是升高型和稳定型，城市数量和占比分别是4和30.77%，属于升高型的城市是石家庄、承德、唐山和沧州，承德因矿产资源丰富，采矿业得到一定程度的发展，相较于1998年承德的采矿业规模有所提升，导致该地污染密集型产业规模也有所升高，但相较于其他地市承德仍是京津冀地区污染密集型产业分布较少的地区。石家庄、唐山和沧州因交通便利、产业基础雄厚等因素成为京津冀地区污染密集型产业转移的主要承接地。属于稳定型的城市是天津、张家口、秦皇岛和衡水，天津依托南港工业区的一体化建设，坚持规模化、集约化、一体化发展，积极发展中下游高附加值产业，着力打造上中下游关联紧密的石化产业集群，大力提升资源的综合利用率，促进污染密集型产业的集约高效发展。张家口、秦皇岛重点发展旅游、生态、高端制造等产业，努力建设国际奥运新城和国际滨海休闲度假之都，污染密集型产业相对较少。衡水工业基础相对薄弱，许多企业面临规模小、创新能力不足、产品附加值低等问题，污染密集型产业占比相对较小。属于波动型的城市是廊坊、邢台和邯郸，冀中南地区因产业结构趋同、产业能耗高、利润低、竞争优势小等问题造成资源与市场的掠夺性竞争，污染密集型产业分布容易产生波动。属于下降型的城市是北京和保定，北京因地价上涨、交通拥挤、环境恶化等问题逐步将污染密集型产业向外转移，保定着力打造以节能节水型产业为主的现代制造业基地，积极发挥

生态屏障作用，区域内污染密集型产业占比减少。

表 4-4　京津冀各城市污染密集型产业占比变动类型　　单位：个，%

| 类型 | 城市 | 个数（占比） |
| --- | --- | --- |
| 升高型 | 石家庄、承德、唐山、沧州 | 4（30.77） |
| 稳定型 | 天津、张家口、秦皇岛、衡水 | 4（30.77） |
| 波动型 | 廊坊、邢台、邯郸 | 3（23.08） |
| 下降型 | 北京、保定 | 2（15.38） |

从各地市污染密集型产业偏离—份额分析结果看，在地区增长偏量方面，天津、石家庄、承德、唐山、沧州和邯郸污染密集型产业增量高于京津冀地区平均水平，天津、唐山、邯郸具有明显的增长优势，多位于"∨"分布的顶点处，是京津冀污染密集型产业的集中承接地，对地区经济发展起到了重要的推动作用；在结构偏量方面，天津、唐山和邢台的产业结构较好，其他地区的污染密集型产业虽具备一定的增长速度，但面临产业结构不合理，粗放型的经济增长方式影响区域可持续发展；在竞争力偏量方面，天津、石家庄、承德、唐山、廊坊、沧州和邯郸较京津冀地区其他地市竞争力相对较强，但除天津和唐山外其他几个地市虽然具有一定的规模优势，产业结构却不容乐观，是需要重点调控的地区（见表4-5）。

表 4-5　京津冀各地市污染密集型产业偏离—份额分析

| 地区 | $G_i$（亿元） | $N_i$（亿元） | $P_i$（亿元） | $D_i$（亿元） | P+D（亿元） |
| --- | --- | --- | --- | --- | --- |
| 北京 | 1525.05 | 8411.53 | −681.43 | −6205.04 | −6886.47 |
| 天津 | 9785.64 | 5588.89 | 2867.38 | 1329.37 | 4196.75 |
| 石家庄 | 3684.24 | 3537.48 | −519.11 | 665.88 | 146.77 |
| 承德 | 1344.16 | 670.30 | −95.30 | 769.16 | 673.87 |
| 张家口 | 282.35 | 954.88 | −118.81 | −553.72 | −672.53 |
| 秦皇岛 | 683.41 | 1043.44 | −102.41 | −257.61 | −360.02 |
| 唐山 | 6579.96 | 3266.89 | 379.69 | 2933.38 | 3313.07 |

续表

| 地区 | $G_i$（亿元） | $N_i$（亿元） | $P_i$（亿元） | $D_i$（亿元） | P+D（亿元） |
|---|---|---|---|---|---|
| 廊坊 | 991.45 | 1297.42 | −780.20 | 474.23 | −305.97 |
| 保定 | 628.95 | 2483.97 | −1106.77 | −748.25 | −1855.02 |
| 沧州 | 1839.56 | 1685.34 | −567.36 | 721.58 | 154.22 |
| 衡水 | 408.38 | 1113.45 | −279.11 | −425.94 | −705.05 |
| 邢台 | 925.16 | 1338.83 | 10.76 | −424.44 | −413.67 |
| 邯郸 | 3121.19 | 1951.92 | −552.11 | 1721.38 | 1169.27 |

资料来源：北京、天津和河北各地市统计年鉴。

## 二 各地市企业数量空间格局演变

从京津冀地区各地市污染密集型产业的企业数量空间分布状况来看，北京、天津、石家庄和唐山的污染密集型产业的企业数量明显高于其他地区（见表4-6）。1998—2017年北京污染密集型产业的企业数量明显减少，减少幅度达86.65%。天津、石家庄、承德、秦皇岛和唐山污染密集型产业的企业数量呈先增加后减少的变动趋势，较1998年天津、秦皇岛污染密集型产业的企业数量减少幅度分别为28.96%和6.49%；石家庄、承德和唐山污染密集型产业的企业数量增加幅度分别为48.90%、36.06%和17.39%。廊坊、沧州和邯郸污染密集型产业的企业数量呈逐渐增加趋势，污染密集型产业的企业数量增加幅度分别为100.52%、91.20%和561.17%。张家口、保定、衡水和邢台的污染密集型产业的企业数量变动幅度相对较小，呈相对稳定状态。

表4-6　　1998—2017年京津冀各地市污染密集型产业（PIIs）企业数量　　　　　　　　　　单位：个

| 地区 | 1998年 | 2003年 | 2008年 | 2013年 | 2017年 |
|---|---|---|---|---|---|
| 北京 | 5168 | 1140 | 1772 | 844 | 698 |
| 天津 | 1782 | 1744 | 2190 | 1633 | 1266 |
| 石家庄 | 773 | 909 | 1218 | 1320 | 1151 |
| 承德 | 208 | 266 | 426 | 421 | 283 |

续表

| 地区 | 1998年 | 2003年 | 2008年 | 2013年 | 2017年 |
|---|---|---|---|---|---|
| 张家口 | 216 | 162 | 222 | 312 | 181 |
| 秦皇岛 | 185 | 242 | 344 | 236 | 173 |
| 唐山 | 690 | 763 | 1038 | 911 | 810 |
| 廊坊 | 191 | 225 | 319 | 417 | 383 |
| 保定 | 579 | 489 | 595 | 643 | 585 |
| 沧州 | 284 | 284 | 419 | 644 | 543 |
| 衡水 | 225 | 277 | 306 | 309 | 264 |
| 邢台 | 427 | 393 | 491 | 447 | 441 |
| 邯郸 | 103 | 273 | 599 | 670 | 681 |

资料来源：北京、天津和河北各地市统计年鉴，企业为规模以上工业企业。

### 三　集聚扩散趋势

**（一）基尼系数结果分析**

根据基尼系数测算结果，近 20 年来，京津冀污染密集型产业基尼系数呈先增大后减小再增大的"N"形变动曲线，1998—2003 年京津冀污染密集型产业呈集聚趋势，2004—2013 年京津冀污染密集型产业呈扩散趋势，2014—2017 年京津冀污染密集型呈集聚趋势，其中 2017 年污染密集型产业的基尼系数最高，为 0.5179，2008 年基尼系数最低，为 0.4716（见表 4-7）。2009 年后，随着人们环保意识的增强，京津冀地区不断建立生态保护联动机制，三地通过投资的方式加快相互间的资源配置重组和整合，污染密集型产业逐渐向河北转移。作为京津冀地区重要的"三区一基地"，近年来河北大力化解过剩产业，注重传统产业转型升级，同时不断聚集发展要素，提高企业创新力，推动经济提质高效发展。

表 4-7　　1998—2017 年京津冀污染密集型产业基尼系数

| 地区 | 1998年 | 2003年 | 2008年 | 2013年 | 2017年 |
|---|---|---|---|---|---|
| 京津冀 | 0.4953 | 0.5068 | 0.4716 | 0.4741 | 0.5179 |

资料来源：北京、天津和河北各地市统计年鉴。

污染密集型产业各细分行业的空间基尼系数存在明显差异。分阶段看，京津冀污染密集型产业经历由集中到分散再到集中的变动过程。1998—2003年污染密集型产业各细分行业变动趋势差异明显，除了农副食品加工业、纺织业、石油、煤炭及其他燃料加工业、有色金属冶炼和压延加工业呈扩散趋势外，其他行业均为集聚趋势。2004—2008年，除纺织业和造纸及纸制品业外，其他行业基尼系数均出现下降趋势，该阶段京津冀污染密集型产业呈现扩散趋势。2009—2017年各细分行业空间分异加剧，2017年除了农副食品加工业，酒、饮料和精制茶制造业和非金属矿物制品业外，其他行业基尼系数均高于0.6，该阶段京津冀污染密集型产业呈现集聚的趋势。

分行业来看，1998—2017年纺织业、造纸及纸制品业、化学原料及化学制品制造业、化学纤维制造业、黑色金属冶炼及压延加工业与有色金属冶炼和压延加工业的空间基尼系数呈上升趋势，产业空间集聚程度逐年加强（见图4-7）。其中，2017年纺织业、化学纤维制造业和有色金属冶炼及压延加工业空间基尼系数大于0.7，远高于其他行业，这些行业主要由北京、天津及河北其他地市转移至保定、邯郸、唐山、廊坊等地，并在当地形成明显的集聚优势，促进资源优化配置，提高全要素生产率。1998—2017年农副食品加工业，酒、饮料和精制茶制造业，石油、煤炭及其他燃料加工业，非金属矿物制品业的空间基尼系数下降明显，产业呈扩散趋势。1998—2017年采矿业的空间基尼系数相对稳定，基尼系数在0.56—0.67之间，空间集聚程度也较高。

根据2017年污染密集型产业各细分行业基尼系数值，可以将各行业划分为四种集聚类型：高度地理集聚型产业（G≥0.7）、较高地理集聚型产业（0.7>G≥0.6）、中等地理集聚型产业（0.6>G≥0.5）和低地理集聚型产业（G≤0.5）。属于高度地理集聚型产业有：纺织业、化学纤维制造业、有色金属冶炼和压延加工业，主要分布的城市有天津、石家庄、保定、邯郸等。属于较高地理集聚型产业有采矿业，造纸及纸制品业，石油、煤炭及其他燃料加工业，化学原料及化学制品制造业，黑色金属冶炼及压延加工业，主要分布的城市有北京、天津、唐山、石家庄等。属于中等地理集聚型产业为酒、饮料和精制茶制造业，主要分布的城市有天津、北京、衡水、石家庄。属于低地理集聚型产业有农副食品加工业、非金属矿物制品业，主要分布的城市有北京、天津、石家庄、邯郸等（见表4-8）。

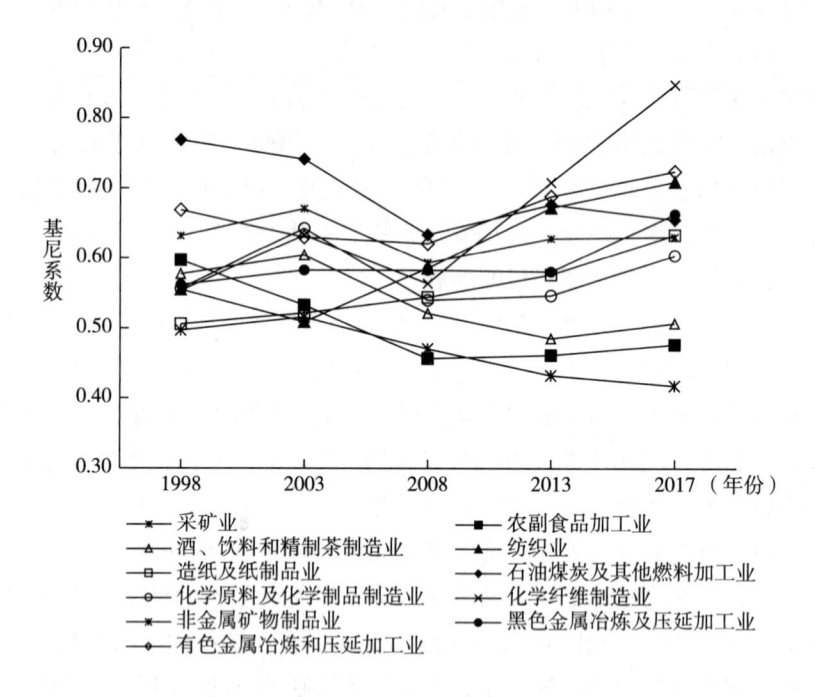

**图4-7　1998—2017年京津冀不同污染密集型产业细分行业基尼系数**

资料来源：相关年份《中国工业统计年鉴》。

**表4-8　2017年京津冀污染密集型产业细分行业基尼系数类型划分**

| 分类标准 | 集聚类型 | 产业 | 基尼系数 | 系数前四位的市 | 产值占比（%） |
|---|---|---|---|---|---|
| G≥0.7 | 高度地理集聚型产业 | 纺织业 | 0.709 | 石家庄、保定、邯郸、邢台 | 85.67 |
| | | 化学纤维制造业 | 0.848 | 唐山、石家庄、邯郸、天津 | 96.86 |
| | | 有色金属冶炼和压延加工业 | 0.724 | 天津、保定、廊坊、沧州 | 84.32 |

续表

| 分类标准 | 集聚类型 | 产业 | 基尼系数 | 系数前四位的市 | 产值占比（%） |
|---|---|---|---|---|---|
| 0.7>G≥0.6 | 较高地理集聚型产业 | 采矿业 | 0.631 | 天津、承德、唐山、北京 | 80.47 |
| | | 造纸及纸制品业 | 0.633 | 天津、石家庄、保定、北京 | 80.57 |
| | | 石油、煤炭及其他燃料加工业 | 0.656 | 天津、沧州、北京、唐山 | 80.92 |
| | | 化学原料及化学制品制造业 | 0.604 | 天津、石家庄、沧州、北京 | 78.05 |
| | | 黑色金属冶炼及压延加工业 | 0.664 | 唐山、天津、邯郸、石家庄 | 83.91 |
| 0.6>G≥0.5 | 中等地理集聚型产业 | 酒、饮料和精制茶制造业 | 0.507 | 天津、北京、衡水、石家庄 | 69.85 |
| G≤0.5 | 低地理集聚型产业 | 农副食品加工业 | 0.477 | 天津、石家庄、北京、邯郸 | 67.03 |
| | | 非金属矿物制品业 | 0.418 | 石家庄、天津、北京、沧州 | 62.11 |

资料来源：北京、天津和河北各地市统计年鉴。

（二）核密度结果分析

了解了污染密集型产业在城市尺度的集聚扩散趋势，本书将进一步探究污染密集型产业在城市内部的集聚扩散状况。此时将用到企业数据和核密度分析方法。1998年和2013年企业数据主要包括企业位置、行业类型、工业产值和年末从业人数等属性信息，剔除信息不明确的企业，得到企业数据量分别为7127条和7589条（见表4-9）。研究涉及京津冀地区的204个区/县，共包括2850个乡、镇、街道。本书以企业位置数据为基础，选取北京、天津和河北各乡镇和街道政府所在地作为各乡镇、街道的产业重心，运用ArcGis10.2将企业数量赋值到对应各乡镇、街道的重心上，作为研究所需的点数据，对各乡镇和街道污染密集型产业分布情况进行核密度分析，同时，本书也对各细分行业在地市内部的集聚扩散状况进行分析，根据第三章中污染密集指数计算结果，选取指数值前6位的行业（采矿业、纺织业、造纸及纸制品业、化学原料和化学制品制造业、非金属矿物制品业、黑色金属冶炼和压延加工业）进行重点展示，在此基础上总结各细分行业的集聚类型和主要分布范围。

表 4-9　　　　　　　　　　　企业数据基本情况

| 行业 | 企业数量（个） | | 年末从业人数（人） | | 产值数（亿元） | |
|---|---|---|---|---|---|---|
| | 1998 年 | 2013 年 | 1998 年 | 2013 年 | 1998 年 | 2013 年 |
| 采矿业 | 507 | 1045 | 650525 | 751498 | 347.08 | 6345.84 |
| 农副食品加工业 | 1011 | 1002 | 98519 | 363307 | 249.83 | 2390.17 |
| 酒、饮料和精制茶制造业 | 326 | 237 | 93461 | 129728 | 165.54 | 591.28 |
| 纺织业 | 1043 | 835 | 451664 | 379478 | 309.41 | 1247.01 |
| 造纸和纸制品业 | 534 | 421 | 119355 | 148456 | 115.66 | 563.51 |
| 石油、煤炭及其他燃料加工业 | 128 | 203 | 90819 | 127985 | 250.90 | 2970.12 |
| 化学原料和化学制品制造业 | 1394 | 1457 | 352378 | 550363 | 484.17 | 2880.95 |
| 化学纤维制造业 | 72 | 52 | 35873 | 17354 | 31.93 | 69.36 |
| 非金属矿物制品业 | 1374 | 1578 | 451787 | 602226 | 287.92 | 1961.89 |
| 黑色金属冶炼和压延加工业 | 519 | 578 | 407105 | 477540 | 738.06 | 6730.04 |
| 有色金属冶炼和压延加工业 | 219 | 181 | 31946 | 66066 | 80.34 | 751.22 |

资料来源：中国微观经济数据查询系统。

（1）城市内部污染密集型产业空间集聚状况

1998—2013 年污染密集型产业的企业数量总体增多，由 7127 家增加至 7589 家，污染密集型产业空间集聚状况发生明显变化。2013 年较 1998 年污染密集型企业集聚度明显增加的地区分布较为广泛，除河北的大部分地区外，北京东南部、天津东南部也是污染密集型企业集中分布区，特别是北京通州区、天津滨海新区—津南区—静海县—宁海县、石家庄藁城区—元氏县—井陉矿区、沧州泊头市—河间市、唐山迁安市—迁西县、邯郸磁县—大名县—峰峰矿区。企业集聚度明显降低的地区集中在北京东城区—海淀区—朝阳区—丰台区、天津中心区—北辰区—西青区、石家庄长安区—新华区—桥东区、唐山路南区—路北区。污染企业集聚格局由北京—天津两地高度集聚格局转变为北京—天津—

石家庄多地低度集聚格局，集聚趋势有所减弱，重污染企业由北京、天津向河北各地市转移趋势明显。

（2）重点行业空间集聚状况

在计算各细分行业核密度结果的基础上，重点展示和分析造纸及纸制品业、采矿业、黑色金属冶炼和压延加工业、化学原料和化学制品制造业、非金属矿物制品业和纺织业（顺序由第三章的各行业污染密集指数值从高到低依次展示）在城市内部的空间集聚特征：

造纸及纸制品业：1998—2013年造纸及纸制品业的数量由534家减少至421家，主要分布在天津市的武清区、河西区和南开区，石家庄市的桥西区和新华区。2013年较1998年造纸及纸制品企业集聚度明显降低的地区主要分布在北京的东城区—海淀区—朝阳区，天津的河西区和南开区，邢台的柏乡县。企业密度增加的地区主要有天津津南区、保定满城县、石家庄藁城区、唐山玉田县。企业集聚中心由1998年的天津市河西区、河北区变为2013年的保定满城县。整体来看，京津冀三地已对造纸及纸制品业进行了空间布局调整，该行业已从北京、天津的中心城区及邢台迁出，转向北京、天津边缘地区和保定满城县集中布局，保定的满城县成为新的集聚中心。需要注意的是造纸及纸制品业作为污染密集指数最高的行业，其所属污染类型为废水污染密集型产业（即废水排放量明显多于其他污染物排放量），因此，造纸及纸制品业在天津、保定和石家庄的集中分布，将给当地带来大量废水的排放，天津、石家庄和保定也将成为未来水污染治理需要重点关注的地区。

采矿业：1998—2013年采矿企业数量明显增多，由507家增加至1045家，主要分布在北京、天津、石家庄、唐山、沧州和邯郸等地。2013年较1998年采矿业集聚度明显增加的地区分布较为广泛，特别是河北北部和西部地区。如唐山遵化市—迁西县—迁安市，承德鹰手营子矿区—承德县—滦平县，张家口崇礼区—宣化区—怀安县，石家庄井陉矿区，邯郸峰峰矿区—磁县。企业集聚度降低的地区集中分布在北京怀柔区，邢台临城县—内丘县。

整体来看，1998—2013年采矿业的空间布局未发生明显变化，采矿业主要分布在河北的外围地区，石家庄、唐山、承德、邯郸等地的矿区成为采矿业的集聚中心，这主要与矿产资源的分布有关。采矿业作为固体废物产生量最多的行业，其空间分布状况将直接影响当地的固体废物产生量。随采矿企业数量的增加，京津冀地区工业固体废物的产生量也将不断增多，未来应加强对以上地区的监管力度，减少采矿过程中的机械式破坏，同时引进先进矿业固废综合利用技术、地下采空区回填技术，将生态修复、土地复垦、环境保护贯穿到采矿过程中，减少采矿业对当地生态环境的破坏。

黑色金属冶炼和压延加工业：1998—2013年黑色金属冶炼和压延加工企业数量有所增加，由519家增加至578家。黑色金属冶炼和压延加工业主要分布在北京、天津、石家庄、唐山、沧州、邯郸等地。2013年较1998年黑色金属冶炼和压延加工业集聚度明显增加的地区为天津东丽区—津南区—静海县，廊坊霸州市，沧州献县—泊头市，此外石家庄、邯郸等地也是企业集聚度增加地区。企业集聚度明显降低的地区为天津中心区—静海县，唐山迁安市—丰润区—路北区。企业集聚格局由天津—唐山两地高度集中分布转变为北京—唐山—沧州—廊坊等多地集中分布，空间布局上整体由北向南转移，天津静海县成为黑色金属冶炼和压延加工业集聚程度最高的地区。由此可知，黑色金属冶炼和压延加工业在京津冀地区不仅存在跨地区转移，而且有地区内部企业分布的调整，整体来看黑色金属冶炼和压延加工业仍集中分布在沿海地区，并且沧州逐步成为天津、唐山外的另一集聚中心。需要注意的是黑色金属冶炼和压延加工业作为污染度排名第三的行业，且"工业三废"排放量均较多，其空间布局将对当地污染状况产生重要影响。石家庄、唐山、沧州、邯郸等地在引进北京、天津相关企业时，要对当地环境容量、企业生产技术、企业污染排放情况进行综合评估，提高当地的环境准入门槛，同时加强环境监管力度，降低已移入企业的生产过程对环境造成的损害。

化学原料和化学制品制造业：1998—2013年化学原料和化学制品制造企业数量有所增加，由1394家增加至1457家。化学原料和化学制品制造业主要分布在北京、天津、石家庄、沧州、衡水等地。2013年较1998年化学原料和化学制品制造业集聚度明显降低的地区为北京东城区—海淀区—朝阳区—丰台区—大兴区，天津中新区—西青区。企业集聚度明显增加的地区集中分布在北京通州区，石家庄藁城区—新乐市—栾城县—元氏县，廊坊、沧州交界处的大城县和河间市。企业集聚格局由北京—天津两地集中分布转变为北京—天津—石家庄多地集中分布，集聚趋势有所减弱。化学原料和化学制品制造业作为污染度排名第第四的行业，"工业三废"排放量均较大，其空间分布变化将对当地环境质量产生重要影响。石家庄作为化学原料和化学制品制造业新的集聚中心，应加强对该类企业的监管，防止当地环境质量的恶化。

非金属矿物制品业：1998—2013年非金属业矿物制品企业数量明显增多，由1374家增加至1578家，该行业在空间上并未出现大范围的跨地区转移，而是以"内部小范围的集聚"为主要特征。2013年较1998年非金属矿物制品企业集聚度明显增加的地区分布较为广泛，特别是邯郸中部的邯山区、丛台区，沧州西北部的河间市，石家庄北部的新乐市、无极县等地是企业集聚度增加最大的地区。企业集聚度明显降低的地区集中在北京中轴线处的相关区县，天津的中心城区，唐山的市辖区和石家庄的市辖区。企业集聚格局由北京—天津—石家庄—唐山四地中心城区所组成的片状集中分布转变为北京—天津—石家庄—邯郸—唐山—沧州等多地集中分布，空间分布更加分散。

现阶段非金属矿物制品业的应用领域不断拓展，除化工、机械、汽车、建材等原有应用领域外，以航空航天、电子信息、新材料等为代表的高新技术产业和生态环境保护等领域成为非金属矿物制品业新的应用领域。因其自身有别于金属材料，作为电子信息、新能源等新兴领域的重要基础材料，其市场容量不断增大，企业数量不断增多。非金属矿物制品业作为废气排放量最多的行业，其空间分布必将受到环境规制的影响，各地对该行业在空间分布上进行了相应调整。整体来看，除邯郸外，其他多数城市将非金属矿物制品业由中心城区向外围地区转移，北京、天津也将该产业布局到城市的下风向地区以减少当地雾霾天气的发生。其余各地多将非金属矿物制品业布局在城市周边地区，这也是城市边缘成为非金属矿物制品业集聚地的重要原因。未来，非金属矿物制品业的发展除了要合理布局，更应注重企业的转型升级，降低传统非金属矿物制品业（如水泥行业等）的比重，增加新兴产业的比重，提高企业生产技术水平，减少该行业对大气的污染。

纺织业：1998—2013年纺织业的数量由1043家减少至835家，纺织企业由北部的北京、天津向南部的石家庄、保定转移趋势明显，纺织业空间分布格局由"北密南疏"转变为"北疏南密"。2013年较1998年纺织企业集聚度明显降低的地区主要分布在北京的东城区—海淀区—朝阳区，天津的河东区—河西区—南开区—河北区，邢台清河县。企业密度增加的地区主要有石家庄栾城县、晋州市，保定高阳县，邯郸鸡泽县。企业集聚格局由1998年以天津南开区为核心的集聚格局转变为2013年以石家庄晋州市、保定高阳县为核心的集聚格局，新的集聚中心正在加速形成。纺织业属于废水排放密集型产业，其生产过程中废水排放量明显多于其他污染物，因此，石家庄、保定要格外注意该行业对当地水环境的影响，及早采取应对措施。

（三）各细分行业集聚类型划分

根据核密度计算结果，综合各细分行业集聚变动趋势可以将各细分行业空间集聚状况进行分类，分为本地区集聚增强型、跨地区转移型、地区内部调整型和跨地区转移+内部调整型四种类型。属于本地区集聚增强型的行业有采矿业，石油、煤炭及其他燃料加工业；属于跨地区转移型的行业有酒、饮料和精制茶制造业，纺织业，造纸和纸制品业，化学纤维制造业；属于地区内部调整型的行业有非金属矿物制品业，有色金属冶炼和压延加工业；属于跨地区转移+内部调整型的行业有农副食品加工业，造纸和纸制品业，化学原料和化学制品制造业，黑色金属冶炼和压延加工业（见表4-10）。

表4-10　　　　各细分行业集聚类型和主要分布范围

| 行业 | 集聚类型 | 现主要分布范围 | 现集聚中心 | 污染类型 |
| --- | --- | --- | --- | --- |
| 采矿业 | 本地区集聚增强 | 河北北部和西部城市矿区 | 唐山迁西县—迁安市，石家庄井陉矿区，邯郸峰峰矿区—磁县 | 废水+固体废物 |
| 农副食品加工业 | 跨地区转移+内部调整 | 北京、天津、石家庄、邯郸 | 北京海淀区，石家庄藁城区—赵县，天津东丽区 | 废水 |

续表

| 行业 | 集聚类型 | 现主要分布范围 | 现集聚中心 | 污染类型 |
|---|---|---|---|---|
| 酒、饮料和精制茶制造业 | 跨地区转移 | 北京、天津、石家庄 | 北京大兴区、天津北辰区、保定徐水县 | 废水 |
| 纺织业 | 跨地区转移 | 石家庄、保定、邢台 | 石家庄晋州市、保定高阳县 | 废水 |
| 造纸和纸制品业 | 跨地区转移+内部调整 | 北京、天津、保定 | 保定满城县 | 废水 |
| 石油、煤炭及其他燃料加工业 | 本地区集聚增强 | 北京、天津、沧州、唐山、邯郸 | 天津滨海新区、唐山古冶区、沧州黄骅市、邯郸峰峰矿区 | 废水+废气 |
| 化学原料和化学制品制造业 | 跨地区转移+内部调整 | 北京、天津、石家庄 | 北京通州区、天津东丽区—津南区、石家庄藁城区—栾城县 | 废水+废气+固体废物 |
| 化学纤维制造业 | 跨地区转移 | 石家庄、保定 | 石家庄晋州市、保定蠡县 | 废水 |
| 非金属矿物制品业 | 地区内部调整 | 北京、天津、石家庄、唐山 | 北京朝阳区—大兴区、天津滨海新区、石家庄高邑县、沧州河间市 | 废气 |
| 黑色金属冶炼和压延加工业 | 跨地区转移+内部调整 | 天津、唐山、沧州、邯郸 | 天津静海县、唐山丰润区、沧州泊头市、廊坊霸州市 | 废水+废气+固体废物 |
| 有色金属冶炼和压延加工业 | 地区内部调整 | 北京、天津、石家庄、保定、沧州 | 天津静海县、沧州任丘市、廊坊大城县、保定安心县 | 废气+固体废物 |

在此基础上，本书从区域视角出发，基于各细分行业所属污染类型及其集聚趋势，进一步总结出各类污染物治理的重点关注地区和所对应的行业，以便各地区更有针对性地采取应对措施。北京现阶段应重点关注的区域、行业、污染物排放状况为：海淀区的农副食品加工业的废水排放，大兴区的酒、饮料和精制茶制造业的废水排放、非金属矿物制品业的废气排放，通州区的化学原料和化学制品制造业的"工业三废"排放，朝阳区的非金属矿物制品业的废气排放。天津现阶段应重点关注

的区域、行业、污染物排放状况为：东丽区的农副食品加工业的废水排放、化学原料和化学制品制造业的"工业三废"排放，北辰区的酒、饮料和精制茶制造业的废水排放，滨海新区的石油、煤炭及其他燃料加工业的废水和废气排放、非金属矿物制品业的废气排放。河北需要重点关注的城市有石家庄、唐山、邯郸、保定、沧州和廊坊。石家庄应重点关注的区域、行业、污染物排放状况为：井陉矿区采矿业的废水和固体废物排放，藁城区的农副食品加工业的废水排放、化学原料和化学制品制造业的"工业三废"排放，赵县的农副食品加工业的废水排放，晋州市的纺织业的废水排放、化学纤维制造业的废水排放，栾城县的化学原料和化学制品制造业的"工业三废"排放，高邑县的非金属矿物制品业的废气排放。唐山应重点关注的区域、行业、污染物排放状况为：迁安市的采矿业的废水和固体废物排放，迁西县的采矿业的废水和固体废物排放，古冶区的石油、煤炭及其他燃料加工业的废水和废气排放，丰润区的黑色金属冶炼和压延加工业的"工业三废"排放。邯郸应重点关注的区域、行业、污染物排放状况为：峰峰矿区的采矿业的废水和固体废物排放，石油、煤炭及其他燃料加工业的废水和废气排放，磁县的采矿业的废水和固体废物排放。保定应重点关注的区域、行业、污染物排放状况为：徐水县的酒、饮料和精制茶制造业的废水排放，高阳县的纺织业的废水排放，满城县的造纸和纸制品业的废水排放，蠡县的化学纤维制造业的废水排放，安新县的有色金属冶炼和压延加工业的废气和固体废物排放。沧州应重点关注的区域、行业、污染物排放状况为：黄骅市的石油、煤炭及其他燃料加工业的废水和废气排放，河间市的非金属矿物制品业的废气排放，泊头市的黑色金属冶炼和压延加工业的"工业三废"排放，任丘市的有色金属冶炼和压延加工业的废气和固体废物排放。廊坊应重点关注的区域、行业、污染物排放状况为：霸州市的黑色金属冶炼和压延加工业的"工业三废"排放，大城县的有色金属冶炼和压延加工业的废气与固体废物排放（见表4-11）。

表 4-11　　各地区需要重点关注区域、行业及污染物

| 地区 | 城市 | 区/县（市） | 关注行业 | 行业排放的主要污染物 |
|---|---|---|---|---|
| 北京 | 北京 | 海淀区 | 农副食品加工业 | 废水 |
| | | 大兴区 | 酒、饮料和精制茶制造业 | 废水 |
| | | 大兴区 | 非金属矿物制品业 | 废气 |
| | | 通州区 | 化学原料和化学制品制造业 | 废水+废气+固体废物 |
| | | 朝阳区 | 非金属矿物制品业 | 废气 |
| 天津 | 天津 | 东丽区 | 农副食品加工业 | 废水 |
| | | 东丽区 | 化学原料和化学制品制造业 | 废水+废气+固体废物 |
| | | 北辰区 | 酒、饮料和精制茶制造业 | 废水 |
| | | 滨海新区 | 石油、煤炭及其他燃料加工业 | 废水+废气 |
| | | 滨海新区 | 非金属矿物制品业 | 废气 |
| | | 津南区 | 化学原料和化学制品制造业 | 废水+废气+固体废物 |
| | | 静海县 | 黑色金属冶炼和压延加工业 | 废水+废气+固体废物 |
| | | 静海县 | 有色金属冶炼和压延加工业 | 废气+固体废物 |
| 河北 | 石家庄 | 井陉矿区 | 采矿业 | 废水+固体废物 |
| | | 藁城区 | 农副食品加工业 | 废水 |
| | | 藁城区 | 化学原料和化学制品制造业 | 废水+废气+固体废物 |
| | | 赵县 | 农副食品加工业 | 废水 |
| | | 晋州市 | 纺织业 | 废水 |
| | | 晋州市 | 化学纤维制造业 | 废水 |
| | | 栾城县 | 化学原料和化学制品制造业 | 废水+废气+固体废物 |
| | | 高邑县 | 非金属矿物制品业 | 废气 |
| | 唐山 | 迁安市 | 采矿业 | 废水+固体废物 |
| | | 迁西县 | 采矿业 | 废水+固体废物 |
| | | 古冶区 | 石油、煤炭及其他燃料加工业 | 废水+废气 |
| | | 丰润区 | 黑色金属冶炼和压延加工业 | 废水+废气+固体废物 |
| | 邯郸 | 峰峰矿区 | 采矿业 | 废水+固体废物 |
| | | 峰峰矿区 | 石油、煤炭及其他燃料加工业 | 废水+废气 |
| | | 磁县 | 采矿业 | 废水+固体废物 |

续表

| 地区 | 城市 | 区/县（市） | 关注行业 | 行业排放的主要污染物 |
|---|---|---|---|---|
| 河北 | 保定 | 徐水县 | 酒、饮料和精制茶制造业 | 废水 |
| | | 高阳县 | 纺织业 | 废水 |
| | | 满城县 | 造纸和纸制品业 | 废水 |
| | | 蠡县 | 化学纤维制造业 | 废水 |
| | | 安新县 | 有色金属冶炼和压延加工业 | 废气+固体废物 |
| | 沧州 | 黄骅市 | 石油、煤炭及其他燃料加工业 | 废水+废气 |
| | | 河间市 | 非金属矿物制品业 | 废气 |
| | | 泊头市 | 黑色金属冶炼和压延加工业 | 废水+废气+固体废物 |
| | | 任丘市 | 有色金属冶炼和压延加工业 | 废气+固体废物 |
| | 廊坊 | 霸州市 | 黑色金属冶炼和压延加工业 | 废水+废气+固体废物 |
| | | 大城县 | 有色金属冶炼和压延加工业 | 废气+固体废物 |

**四 空间分布变化测度**

由前文污染密集型产业空间集聚状况分析可知不同行业的集聚趋势明显不同，不同行业在某一地区的集聚度既有增加也有减少。从核密度分析变化图中能看到各地市主要污染企业的集聚扩散趋势，但在分析污染密集型产业空间分布变化对环境状况的影响时，除了企业数量，企业规模也会对地区污染物排放产生重要影响。因此，需要结合产业产值和企业数量综合反映污染密集型产业空间分布变化趋势。本书运用包含产业产值和企业数量的产业迁移指数（$\Delta R_{ij}$，计算方法见式4-16）对城市间污染密集型产业空间分布变化状况进行综合测度，对污染密集型产业空间分布变化进行量化。

（一）污染密集型产业空间分布变化测度

表4-12给出了1998—2017年京津冀地区各地市污染密集型产业迁移指数，污染密集型产业空间分布变化量存在明显的区域差异。污染密集型产业的空间分布变化并非静态的，而是不断变化的，为全面反映京津冀地区各地市污染密集型产业的空间变动特征（下文将以"转入"

"转出"进行描述),本书将分4个阶段对其进行分析。

(1) 1998—2002 年污染密集型产业转入地区有 7 个,转出地区有 5 个,其中转入程度最大的地区为秦皇岛($\Delta R_{ij}=0.18$),移入行业主要是采矿业、农副食品加工业和非金属矿物制品业,转出程度最大的地区为保定($\Delta R_{ij}=-0.14$),移出行业主要是农副食品加工业、化学原料和化学制品制造业、非金属矿物制品业。

(2) 2003—2007 年污染密集型产业转入地区有 10 个,转出地区有 2 个,转入程度较大的地区为邢台($\Delta R_{ij}=1.95$)、秦皇岛($\Delta R_{ij}=1.72$)、沧州($\Delta R_{ij}=1.27$)和石家庄($\Delta R_{ij}=1.20$),转入的行业主要有采矿业、纺织业、化学原料和化学制品制造业、非金属矿物制品业。转出的地区为北京($\Delta R_{ij}=-0.10$)和天津($\Delta R_{ij}=-0.07$),移出行业主要是农副食品加工业,酒、饮料和精制茶制造业、纺织业。

(3) 2008—2012 年污染密集型产业转入地区有 2 个,转出地区有 10 个,转入地区为天津($\Delta R_{ij}=0.02$)和张家口($\Delta R_{ij}=0.04$),转入的行业主要有采矿业、农副食品加工业与黑色金属冶炼和压延加工业。转出程度较大的地区为邢台($\Delta R_{ij}=-2.07$)、沧州($\Delta R_{ij}=-1.19$)和石家庄($\Delta R_{ij}=-1.48$)。移出的行业主要有采矿业、纺织业和非金属矿物制品业。

(4) 2013—2017 年污染密集型产业转入地区有 4 个,转出地区有 8 个,转入地为天津($\Delta R_{ij}=0.02$)、石家庄($\Delta R_{ij}=0.01$)、唐山($\Delta R_{ij}=0.03$)和邯郸($\Delta R_{ij}=0.03$),转入的行业主要有农副食品加工业、黑色金属冶炼和压延加工业与非金属矿物制品业。转出的地区为北京($\Delta R_{ij}=-0.10$)和天津($\Delta R_{ij}=-0.07$),移出行业主要是农副食品加工业,酒、饮料和精制茶制造业、纺织业。

值得注意的是 2003—2007 年是京津冀污染密集型产业增加的重要阶段,除北京、天津、承德外,其他河北各市的污染密集型产业均呈现不同程度的增加态势,表现为产业规模的增大和企业数量的增加,该阶段污染密集型产业在河北地区得以迅速发展。2008—2017 年除北京、承德仍保持上一阶段的降低趋势外,其他地区迁移指数均出现不同程度的变化,表现为地区内部产业结构的调整优化,该阶段京津冀地区环保政策明显加强，一方面通过行政手段限制企业污染物排放量，另一方面环境成本的增加迫使企业采取相应措施减少工业污染物的排放。受此影响许多中小企业末端治理收效甚微，又难以承担绿色技术研发投入的风险，被迫限产、关停或跨地区转移，而大型企业因在创新能力、生产设备、财政补贴等方面存在明显优势，它们倾向于通过绿色技术创新降低企业的环境合规成本，先进生产设备和技术的应用，不仅提高了产品质量，减少了工业污染物的排放，也使企业得以保留原厂址，继续生存下去。

总体来看，1998—2017 年污染密集型产业转入地区有 5 个，转出地区有 7 个，其中转入程度较大的地区为邯郸（$\Delta R_{ij} = 0.71$）、唐山（$\Delta R_{ij} = 0.17$）和廊坊（$\Delta R_{ij} = 0.11$），移入行业主要是农副食品加工业、非金属矿物制品业、黑色金属冶炼和压延加工业。转出程度较大的地区为北京（$\Delta R_{ij} = -0.29$）、衡水（$\Delta R_{ij} = -0.24$）、张家口（$\Delta R_{ij} = -0.23$）和邢台（$\Delta R_{ij} = -0.22$），移出行业主要是采矿业、纺织业、造纸及纸制品业、化学原料和化学制品制造业。1998—2017 年污染密集型产业变动趋势不明显的地区为承德。

表 4-12　　各地市污染密集型产业转移指数（$\Delta R_{ij}$）

| 地区 | 1998—2002 年 | 2003—2007 年 | 2008—2012 年 | 2013—2017 年 | 1998—2017 年 | 变动趋势 |
| --- | --- | --- | --- | --- | --- | --- |
| 北京 | -0.06 | -0.10 | -0.04 | -0.05 | -0.29 | ＼ |
| 天津 | -0.01 | -0.07 | 0.02 | 0.02 | -0.11 | ∽ |
| 石家庄 | -0.04 | 1.20 | -1.48 | 0.01 | 0.02 | ∧ |
| 承德 | 0.00 | 0.00 | 0.00 | 0.00 | 0.00 | — |
| 张家口 | 0.01 | 0.04 | 0.04 | -0.18 | -0.23 | ∧ |
| 秦皇岛 | 0.18 | 1.72 | -0.25 | -0.01 | 0.02 | ∧ |
| 唐山 | 0.05 | 0.46 | -0.68 | 0.03 | 0.17 | ∧ |
| 廊坊 | 0.08 | 0.72 | -0.60 | -0.16 | 0.11 | ∧ |
| 保定 | -0.14 | 0.91 | -0.86 | -0.01 | -0.19 | ∧ |
| 沧州 | 0.07 | 1.27 | -1.19 | -0.11 | -0.05 | ∧ |

续表

| 地区 | 1998—2002年 | 2003—2007年 | 2008—2012年 | 2013—2017年 | 1998—2017年 | 变动趋势 |
|---|---|---|---|---|---|---|
| 衡水 | 0.01 | 0.51 | -0.69 | -0.09 | -0.24 | ∧ |
| 邢台 | -0.06 | 1.95 | -2.07 | -0.13 | -0.22 | ∧ |
| 邯郸 | 0.09 | 0.10 | -0.04 | 0.03 | 0.71 | ～ |

（二）细分行业空间分布变化测度

为进一步量化污染密集型产业各细分行业空间分布变化状况，下表给出了 1998—2017 年京津冀地区各地级市污染密集型产业细分行业的迁移指数，污染密集型产业的转移受行业类型和所在地区的影响明显。

分地区来看，1998—2017 年北京污染密集型产业各细分行业迁移指数均为负值，表明污染密集型产业由北京向其他地区转移趋势明显，且纺织业（S17）、化学原料和化学制品制造业（S26）、非金属矿物制品业（S30）转移强度明显高于其他行业（见表 4-13）。

天津污染密集型产业各细分行业迁移指数差异显著，污染密集型产业不仅向外转移，同时部分行业具有空间集聚效应。天津向外转移明显的行业是：纺织业（S17）、化学原料和化学制品制造业（S26）、化学纤维制造业，天津向内移入的行业主要有：黑色金属冶炼和压延加工业（S31）与有色金属冶炼和压延加工业（S32）。

环京津地区除采矿业（SB）、化学原料与化学制品制造业（S26）和化学纤维制造业（S27）外，其他行业多为转入行业，且纺织业（S17）和造纸及纸制品业（S22）转入趋势明显高于其他行业，多集聚在保定。

河北沿海地区除酒、饮料和精制茶制造业（S15）、纺织业（S17）和造纸及纸制品业（S22）外，其他行业均为转入行业，并且农副食品加工业（S13），石油、煤炭及其他燃料加工业（S25），非金属矿物制品业（S30）与黑色金属冶炼和压延加工业（S31）转入趋势明显高于其他行业，该地区依托秦皇岛港、唐山港、黄骅港等港口集群大力发展精品钢铁、石油化工等临港产业，不断推进曹妃甸区、渤海新区、北戴河新区等重点产业集聚区的建设，促进了污染密集型产业向该地区转移。

冀中南地区除采矿业（SB）和造纸及纸制品业（S22）外，其他行业均为转入行业，农副食品加工业（S13）、纺织业（S17）、化学原料和化学制品制造业（S26）和非金属矿物制品业（S30）转入趋势明显高于其他行业，该地区依托丰富的自然资源和良好的产业基础，大力提高农副产品供给能力，积极推进纺织业、化学原料和化学制品制造业等传统产业改造升级，促进产业向石家庄、邯郸集聚发展，值得注意的是受我国经济增长放缓、能源结构调整的影响，邢台采矿业下降趋势明显。

冀西北除纺织业（S17）、造纸及纸制品业（S22）、化学原料和化学制品制造业（S26）、化学纤维制造业（S27）与黑色金属冶炼和压延加工业（S31）外，其他行业均为转入行业，采矿业（SB）和农副食品加工业（S13）转入趋势明显高于其他行业，该地区作为重要的生态涵养区，注重绿色生态产业体系的构建，污染密集型产业虽有转入，但强度明显低于河北其他地区。

总体而言，从1998年到2017年，北京污染密集型产业以向外转移为主，天津则依据产业优势度、资源消耗度及所处产业链的位置对区域内产业空间布局进行优化，污染密集型产业不仅向外转移，也向内迁入，并且内部集聚效应明显。河北作为北京、天津的重要辐射地，成为污染密集型产业的主要承接地，该地不断加快要素流动、优化资源配置，增强产业集聚度和关联度，以在更高层次上参与区域产业分工协作。

表 4-13　京津冀地区污染密集型产业各细分行业转移指数（$\Delta R_{ij}$）（1998—2017年）

| 地区 | SB | S13 | S15 | S17 | S22 | S25 | S26 | S27 | S30 | S31 | S32 |
|---|---|---|---|---|---|---|---|---|---|---|---|
| 北京 | -0.05 | -0.10 | -0.06 | -0.21 | -0.13 | -0.08 | -0.19 | -0.05 | -0.23 | -0.09 | -0.03 |
| 天津 | 0.00 | -0.07 | -0.05 | -0.43 | 0.06 | 0.04 | -0.10 | -0.11 | 0.06 | 0.17 | 0.10 |
| 环京津地区 | -0.02 | 0.03 | 0.00 | 0.21 | 0.18 | 0.00 | -0.02 | -0.07 | 0.10 | 0.12 | 0.00 |
| 河北沿海地区 | 0.07 | 0.10 | -0.06 | -0.06 | -0.15 | 0.21 | 0.08 | 0.05 | 0.11 | 0.15 | 0.06 |

续表

| 地区 | SB | S13 | S15 | S17 | S22 | S25 | S26 | S27 | S30 | S31 | S32 |
|---|---|---|---|---|---|---|---|---|---|---|---|
| 冀中南地区 | -0.09 | 0.26 | 0.11 | 0.45 | -0.02 | 0.08 | 0.32 | 0.02 | 0.35 | 0.05 | 0.01 |
| 冀西北地区 | 0.76 | 0.23 | 0.01 | -0.08 | -0.09 | 0.04 | -0.10 | 0.00 | 0.08 | -0.12 | 0.05 |
| 石家庄 | -0.04 | 0.14 | 0.11 | 0.81 | 0.07 | 0.01 | 0.52 | 0.05 | 0.32 | -0.04 | -0.06 |
| 承德 | 1.25 | 0.16 | 0.32 | -0.04 | -0.06 | 0.05 | 0.01 | 0.00 | 0.06 | -0.09 | 0.05 |
| 张家口 | -0.01 | 0.30 | -0.31 | -0.13 | -0.11 | 0.00 | -0.18 | 0.00 | 0.12 | -0.17 | 0.03 |
| 秦皇岛 | 0.04 | 0.44 | -0.18 | -0.03 | 0.03 | -0.05 | -0.16 | -0.23 | -0.23 | 0.17 | 0.18 |
| 唐山 | 0.09 | 0.06 | -0.05 | -0.04 | -0.19 | 0.18 | -0.01 | 0.08 | 0.00 | 0.16 | -0.01 |
| 廊坊 | -0.01 | -0.02 | 0.04 | -0.10 | 0.02 | -0.01 | 0.16 | 0.00 | 0.09 | 0.24 | 0.24 |
| 保定 | -0.01 | 0.01 | 0.00 | 0.54 | 0.34 | 0.00 | -0.15 | 0.00 | 0.06 | 0.00 | -0.10 |
| 沧州 | 0.05 | 0.01 | -0.01 | -0.17 | -0.17 | 0.30 | 0.29 | -0.07 | 0.50 | 0.09 | 0.18 |
| 衡水 | -0.01 | 0.23 | 0.21 | -0.15 | -0.07 | -0.01 | 0.01 | -0.03 | 0.28 | -0.03 | 0.20 |
| 邢台 | -0.42 | 0.27 | 0.00 | 0.04 | -0.18 | 0.14 | 0.36 | -0.06 | 0.26 | -0.04 | 0.07 |
| 邯郸 | -0.08 | 0.46 | 0.17 | 0.43 | 0.00 | 0.21 | 0.17 | 0.05 | 0.54 | 0.21 | 0.03 |

注：采矿业（SB）；农副食品加工业（S13）；酒、饮料和精制茶制造业（S15）；纺织业（S17）；造纸及纸制品业（S22）；石油、煤炭及其他燃料加工业（S25）；化学原料和化学制品制造业（S26）；化学纤维制造业（S27）；非金属矿物制品业（S30）；黑色金属冶炼和压延加工业（S31）；有色金属冶炼和压延加工业（S32）。环京津地区包含保定和廊坊两市，河北沿海地区包含唐山、沧州和秦皇岛，冀中南地区包含石家庄、邯郸、邢台和衡水，冀西北地区包含张家口和承德。

资料来源：北京、天津和河北各地市统计年鉴。

### （三）污染密集型产业空间分布变化特征分析

基于以上分析可知，京津冀污染密集型产业空间分布变化表现为明显组合式空间格局。其中，由北京—廊坊—保定所构成的"O"字形地区是京津冀的中部核心绿色发展区，北京不断疏解非首都功能相关产业，大力提升经济发展质量和生态环境建设，不断强化首都核心功能。廊坊和保定依托独特的区位优势，大力发展战略性新兴产业、现代服务业、都市现代农业和先进制造业，强化区域创新能力和绿色发展能力，污染密集型产业转入相对较少。由石家庄—邢台—邯郸—衡水—沧州—天津—唐山所构成的"√"形外围地区则为京津冀污染密集型产业的集中迁入区，其中包含由石家庄—邢台—邯郸—衡水组成的南部转型发展区和由沧州—天津—唐山所组成的东部沿海集聚发展区，当然也涉及秦皇岛的沿海部分地区，考虑到秦皇岛也作为京津冀西北部重要的生态涵养区，未将其列入此区域中。南部转型发展区虽承接大量北京和天津的污染密集型产业，但邢台和衡水为中等城市，与北京和天津的发展差距大，为避免成为京津冀城市群的"污染避难所"，该地区需加快引进先进生产技术和管理经验，实现产业从高能耗高污染向低能耗低污染升级。沿海集聚发展产业基础雄厚、港口条件优越、对外开放度高、生产技术先进，成为京津冀资本密集型产业集中分布区，该地区不断强化要素集聚，大力发展临港产业，打造经济与生态协调发展的滨海型产业聚集带。由张家口—承德—秦皇岛所构成的倒"U"字形地区是京津冀的北部生态屏障区，三地市均积极发展文化旅游、节能环保、健康养老和高端装备制造等产业，构建绿色生态产业体系，着力打造全国生态文明先行示范区，逐步成为京津冀生态安全的重要屏障。除秦皇岛东部沿海部分地区外，该区域是污染密集型产业承接最少的地区。

## 第四节　京津冀污染密集型产业空间分布变化的驱动机理

京津冀污染密集型产业空间分布影响因素和驱动机理研究是深入认识京津冀污染密集型产业时空演变特征和形成过程的关键，也是了解污染密集型产业空间分布变化环境效应的前提条件。学者们从资源要素禀赋、全球化、政府政策、集聚等方面对污染密集型产业空间演变的驱动机理进行了探索。当前对污染密集型产业分布的驱动机理探究较多，尚需注意不同时期、不同区域的污染密集型产业分布的影响因素和驱动机理存在明显差异，需要加强内生力量和外生力量的综合分析。对于京津冀而言，京津冀协同发展作为重大国家战略，有其发展的特殊性和复杂性，但从京津冀污染密集型产业分布特征和形成过程中仍可以找到污染密集型产业空间分布的规律和影响机理，并对其他城市群地区认识污染密集型产业空间分布规律提供参考。

基于京津冀污染密集型产业时空演变规律，本书从要素禀赋特性、区位条件属性、市场导向作用和政府政策调整4个方面构建污染密集型产业时空演变的形成机制。首先，建立污染密集型产业时空演变的解释框架。其次，分别从要素禀赋特性、区位条件属性、市场导向作用和政府政策调整对污染密集型产业时空演变的形成机制进行论述。最后，通过模型验证各影响因素的驱动作用。

## 一　解释框架

经济学者往往从微观层面的利润最大化角度揭示区域间比较优势对企业选址的影响。① 制度学基于不同尺度从环境规制、财政分权和绩效考核体系等方面出发，检验"污染天堂假说""波特假说"和环境库兹涅茨曲线是否成立。② 空间经济学从产业集聚的向心力和离心力出发，揭示产业转移的内生机制，区域产业发展与布局一直是经济地理学的重点研究领域。③ 地理学家基于综合视角，从传统要素禀赋因素、新经济地理因素、环境成本、经济全球化等方面探讨污染密集型产业空间变化的影响机制。④

污染密集型产业时空演变的动力机制既有一般产业时空演变的影

---

① 魏后凯：《产业转移的发展趋势及其对竞争力的影响》，《福建论坛：经济社会版》2003年第4期；王忠平、王怀宇：《区际产业转移形成的动力研究》，《大连理工大学学报》（社会科学版）2007年第1期。

② Zhao, X. and Sun, B. W., "The Influence of Chinese Environmental Regulation on Corporation Innovation and Competitiveness", *Journal of Cleaner Production*, Vol. 112, No. 2, January 2016; Bagayev, I. and Lochard, J., "EU air pollution regulation: A breath of fresh air for Eastern European polluting industries?", *Journal of Environmental Economics and Management*, Vol. 83, May 2017; 李杰、艾莎莎：《污染密集型产业的空间转移及其影响因素——基于中东部9省面板数据的实证测度》，《技术经济》2018年第11期。

③ 李占国、孙久文：《我国产业区域转移滞缓的空间经济学解释及其加速途径研究》，《经济问题》2011年第1期；毛琦梁、王菲：《区域非均衡发展与产业转移的内生机制研究》，《生态经济》2017年第11期。

④ 贺灿飞、谢秀珍、潘峰华：《中国制造业省区分布及其影响因素》，《地理研究》2008年第3期；周沂、贺灿飞、刘颖：《中国污染密集型产业地理分布研究》，《自然资源学报》2015年第7期；Bellandi, M., Santini, E. and Vecciolini, C., "Learning, Unlearning and Forgetting Processes in Industrial Districts", *Cambridge Journal of Economics*, Vol. 42, No. 6, November 2018.

响因素，也具有污染密集型产业的独特性。为考察污染密集型产业空间分布变化过程，结合以往学者的研究成果，同时根据京津冀污染密集型产业时空演变特征的相关分析和结果，本书构建包含要素禀赋特性、区位条件属性、市场导向机制、政府政策调整在内的污染密集型产业空间分布变化的分析框架，以期理解污染密集型产业时空演化的机理（见图 4-8）。

污染密集型产业时空演变是要素禀赋、区位条件、市场导向和政府政策共同作用的结果。资源、劳动力和地租等方面引起的资源禀赋差异，是影响产业布局的初始因素；基础设施、运输成本和地理邻近性决定了区位的独特性，影响企业生产成本，进而影响污染密集型产业的选址；市场导向作用通过利润最大化和集聚机制等影响企业的选址决策；政府通过政策引导和环境监管等方式对污染密集型产业的空间分布进行调控。

## 二 要素禀赋特性

地区间资源禀赋差异是影响各地区产业布局、结构和竞争力的基础条件，同时影响各地区对不同类型投资的吸引力。各地区因所处地理位置、气候条件的不同，自然资源条件存在明显差异，在初始发展阶段，要素禀赋条件在很大程度上决定当地的产业分布。本书将从劳动力、矿产资源和地租三个方面分析要素禀赋对污染密集型产业分布的影响。

（1）产业倾向于布局在劳动力成本低的地区

劳动力质和量的差异导致劳动力成本的空间差异，对比 1998—2017 年京津冀地区各地市工资水平可知，北京工资高于天津、高于河北各地市，其中北京工资约是河北各市劳动力工资的 2 倍（见图 4-9）。对比污染密集型产业从北京向天津、河北各市，从天津向河北各市转移趋势与企业追求较低的劳动力成本相吻合。特别是纺织业的空间分布变化：由北京和天津移向石家庄、保定和邯郸，也体现了劳动密集型产业追求劳动力成本优势。因此，劳动力工资水平是影响污染密集型产业分布的重要因素，污染密集型产业倾向于布局在劳动力成本更低的地区。

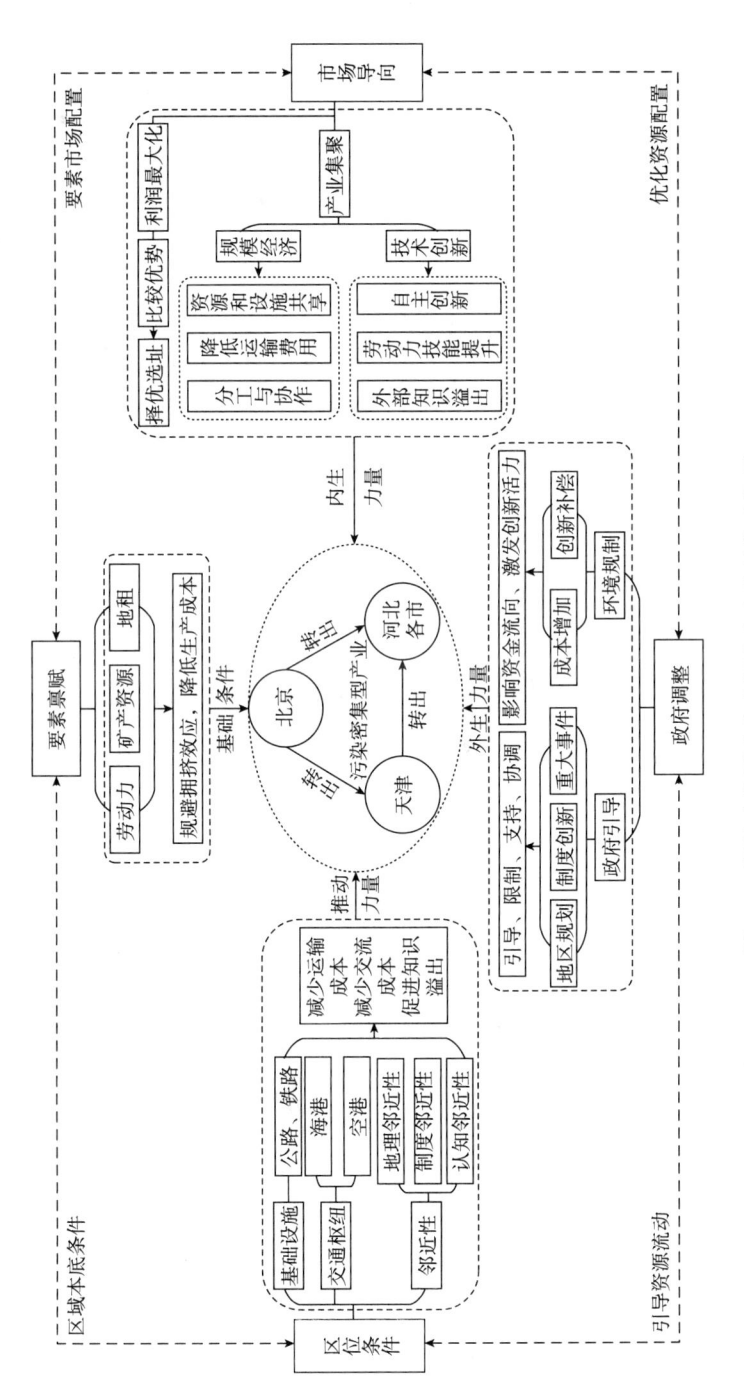

第四章　京津冀污染密集型产业格局时空演变 | 99

图 4-8　污染密集型产业空间分布变化的驱动机制

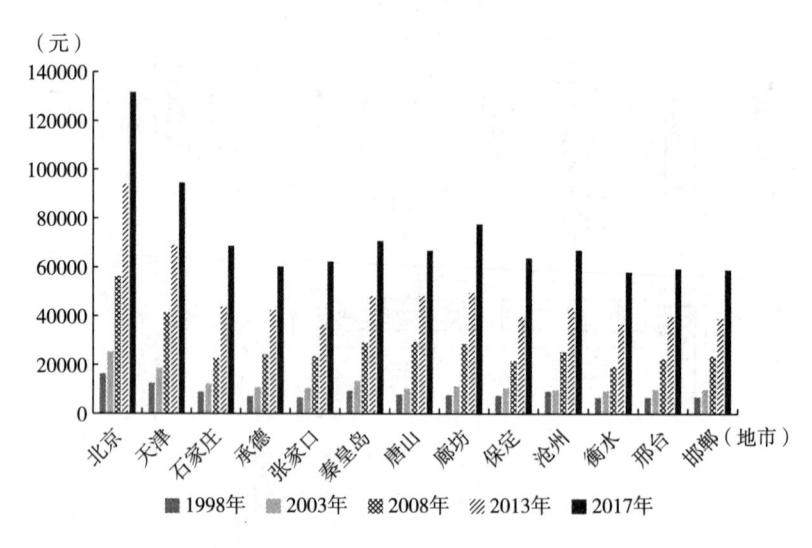

**图 4-9　京津冀各地市工资水平**

资料来源：各地市统计年鉴。

(2) 矿产资源的空间分布将影响污染密集型产业的分布

矿产资源对采掘业和矿产品加工业的地理分布有直接影响，矿产资源的分布格局决定了采掘业的空间分布，为节约运输成本，矿产品加工工业一般会布局在矿产资源和能源丰富的地区。据《北京市矿产资源总体规划（2016—2020 年）》数据显示，截至 2015 年底，北京共发现矿产 127 种，其中固体矿产（如煤、铁、石灰石、大理石等）121 种，呈现矿产资源赋存条件较好、矿种数量多、资源分布相对集中的特点，固体矿产主要分布在西部、北部山区。据《天津市矿产资源总体规划（2016—2020 年）》数据显示，截至 2015 年底，天津共发现矿产 35 种，其中固体矿产 32 种，呈现能源矿产相对丰富、非金属矿产储量规模较小、金属矿产零星分散的特点。截至 2009 年底，河北共发现矿产 156 种，储量居全国前 5 位的有 39 种，居 6—10 位的有 17 种，呈现矿产资源丰富、分布集中的特点，能源矿产（煤、油页岩）主要分布于唐山、承德、张家口、邯郸和邢台五市，金属矿产主要分布于承德、唐山、张家口、邯郸、邢台和保定六市。2017 年河北非油气持证矿山企业开采矿石总量 3.17 亿吨，总产值 549.57 亿元，从业人员 18.81 万人，其中，能源矿产、黑色金属矿产从业人数分别为 11.71 万人、4.35 万人，占矿山企业从业人数比重为 62.26%、23.13%。①

总体来看，河北矿产资源储量明显多于北京和天津，河北是京津冀地区重要的原材料供应基地。从各地市的采掘业从业人数来看，河北的唐山、承德、张家口、沧州、邢台和邯郸六市采掘业从业人数明显多于其他地市，且各地市均出现从业人数减少的趋势，这一方面反映了河北省采掘业的迅速发展，另一方面也反映了河北在矿产资源整合、矿产开发技术提升、矿山企业规模化发展上所取得的成效（见图 4-10）。污染密集型产业多为能耗大、污染重的行业，为节约生产成本，该类型产业会倾向于"就地取材"，这是污染密集型产业由北京、天津向矿产资源丰富的河北各地市转移的原因之一。但也需要注意的是，随着钢铁等行业的迅速发展，国内矿产资源被大量开采，许多钢铁企业不得不从国外进口矿石，运输费用便成为各企业考虑的另一重要因素，因此企业会在靠近原材料产地和交通枢纽之间进行权衡。

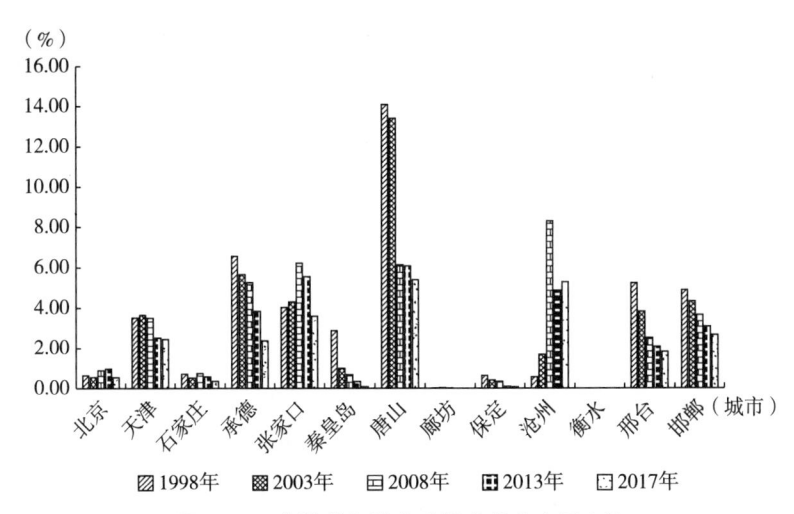

**图 4-10　京津冀各地市采掘业从业人员占比**

资料来源：各地市统计年鉴。

---

① 王琳：《河北省矿产资源开发管制研究》，硕士学位论文，石家庄经济学院，2012 年；石少坚、陈从喜、刘彩欣等：《2017 年河北省矿产资源开发利用形势分析》，《矿产保护与利用》2018 年第 6 期。

**（3）地租差异导致污染密集型产业向"边缘"地区分布**

土地是污染密集型产业不可替代的投入要素和载体，土地成本也是生产成本中不可或缺的组成部分，对企业选址有重要影响。地租是土地所有权的经济实现形式，是土地使用者对使用的土地支付的价格或者是土地所有者将土地出让所获得的收入。北京作为首都，是全国的政治中心、文化中心、国际交往中心和科技创新中心，城市基础设施完善，人才、文化、教育、医疗等资源丰富，促使北京成为超大城市，并且也是京津冀地区土地价格最高、持续上涨的地区。通过对比京津冀各市工业用地成交价格可知，随着离北京距离的增加，工业用地价格呈下降趋势，如北京工业用地价格约是天津、廊坊、承德、张家口、保定的 2.0 倍、2.0 倍、2.6 倍、3.6 倍、3.8 倍，约是唐山、秦皇岛、沧州、邢台的 6.0 倍、6.2 倍、7.0 倍、8.1 倍（见图 4-11）。在市场经济条件下，北京单位土地面积产出较低的污染企业难以适应地区发展形势，土地置换的压力较大，而天津、河北各市工业用地价格低廉，对占地面积大、土地产出效率低的污染企业的吸引力逐渐增大。① 因此，级差地租成为影响京津冀污染密集型产业空间分布变化的重要因素，为降低因地租上涨引起的拥挤成本，污染企业倾向于布局在"边缘"地区。

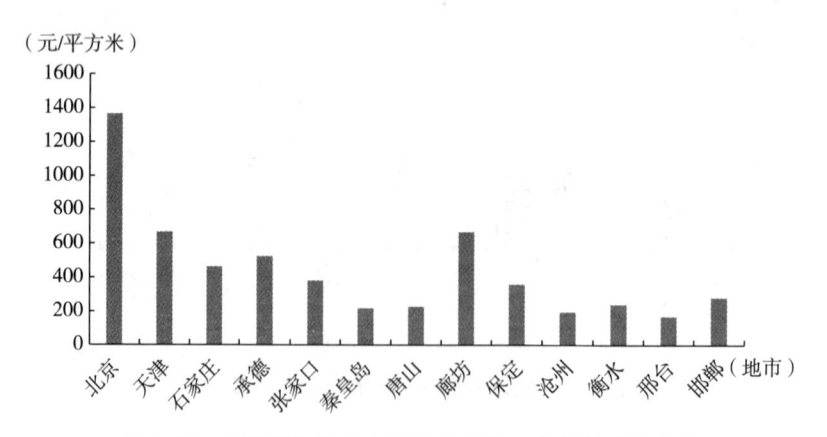

**图 4-11　京津冀各地市 2020 年下半年工业用地成交均价**

资料来源：中指研究院官网：https://www.cih-index.com。

---

① 曾刚：《上海市工业布局调整初探》，《地理研究》2001 年第 3 期。

综上所述，要素是产业空间的重要载体，要素禀赋在空间的均质或非均质分布是决定产业空间分布的基础条件，同时也是产业跨地区转移的重要推动力，要素禀赋通过影响企业生产成本进而影响企业选址。

**三 区位条件属性**

区位条件的差异通过各地区基础设施、运输成本和邻近性影响污染密集型产业的分布。完善的基础设施能有效提高城市的承载能力，加快信息交流速度，提高企业生产效率。在污染密集型产业生产过程中，运输成本所占比重较高，因此该类行业倾向于将工厂布局在原材料产地或者重要交通枢纽处，以降低运输费用。地理学第一定律表明相近事物的联系更紧密，邻近性是影响产业布局的重要因素。[1]

（1）完善的基础设施可以促进产业转移

交通基础设施的建设会大幅减少运输成本和时间成本，加快要素在地区间的自由流动，促进污染密集型产业从核心区向边缘地区转移。北京人口密集大、交通拥挤、环境容量低、要素成本不断上升，中心城区的拥挤效应对污染密集型产业产生了"推力"。而天津及河北自然资源丰富、产业基础雄厚、环境规制强度低，对污染密集型产业形成了"拉力"。在北京、天津的"推力"和河北的"拉力"作用下许多企业选择逐步或整体迁移，无论是哪种迁移方式都少不了某些领域的直接接触，这种接触可能是在企业与政府部门之间，也可能是在企业与合作伙伴之间、抑或是在企业与消费者和客户之间，而这些直接接触就依赖于各种交通基础设施。2016年国家发展和改革委员会批复了《京津冀地区城际铁路网规划》，着力构建京津保（"京津、京保石、京唐秦"三大通道为主轴）0.5—1个小时交通圈，加快京津冀地区交通一体化建设。京津冀三地高速铁路的建设大大缩短了交通时间，北京到天津需要0.5个小时左右，北京到石家庄1—1.5个小时，北京到邢台、邯郸需要2个小时左右，高铁的建设加快了北京与天津、北京与河北各地市的人员和信息流动，将生产要素流动成本大大降低。交通条件的改善增强了三

---

[1] Tobler, W., "A Computer Movie Simulating Urban Growth in the Detroit Region", *Economic Geography*, Vol.46, June 1970；贺灿飞、朱晟君：《中国产业发展与布局的关联法则》，《地理学报》2020年第12期。

地之间要素的流动性，提高了天津、河北对北京污染密集型产业的承接能力，最终影响污染密集型产业的选址（见表4-14）。

表4-14　　京津冀各城市以 GC、D 开头的车次情况

| 出发地 | 目的地 | | | | | | | | | | | |
|---|---|---|---|---|---|---|---|---|---|---|---|---|
| | 北京 | 天津 | 石家庄 | 唐山 | 秦皇岛 | 邯郸 | 邢台 | 保定 | 张家口 | 承德 | 沧州 | 廊坊 | 衡水 |
| 北京 | — | 195 | 89 | 22 | 20 | 38 | 29 | 48 | 33 | 11 | 29 | 15 | 3 |
| 天津 | 184 | — | 46 | 70 | 71 | 25 | 17 | 39 | 0 | 0 | 25 | 4 | 0 |
| 石家庄 | 86 | 41 | — | 17 | 17 | 61 | 45 | 66 | 0 | 0 | 0 | 0 | 30 |
| 唐山 | 21 | 72 | 18 | — | 50 | 10 | 7 | 17 | 0 | 0 | 9 | 1 | 0 |
| 秦皇岛 | 15 | 69 | 17 | 46 | — | 9 | 6 | 16 | 0 | 0 | 9 | 1 | 0 |
| 邯郸 | 24 | 22 | 49 | 9 | 9 | — | 10 | 27 | 0 | 0 | 0 | 0 | 1 |
| 邢台 | 15 | 14 | 29 | 6 | 6 | 31 | — | 17 | 0 | 0 | 0 | 0 | 1 |
| 保定 | 42 | 36 | 69 | 15 | 15 | 38 | 31 | — | 0 | 0 | 0 | 0 | 0 |
| 张家口 | 44 | 0 | 0 | 0 | 0 | 0 | 0 | 0 | — | 0 | 0 | 0 | 0 |
| 承德 | 11 | 0 | 0 | 0 | 0 | 0 | 0 | 0 | 0 | — | 0 | 0 | 0 |
| 沧州 | 24 | 22 | 0 | 4 | 5 | 0 | 0 | 0 | 0 | 0 | — | 5 | 0 |
| 廊坊 | 14 | 6 | 0 | 1 | 0 | 0 | 0 | 0 | 0 | 0 | 5 | — | 0 |
| 衡水 | 2 | 0 | 24 | 0 | 0 | 1 | 1 | 0 | 0 | 0 | 0 | 0 | — |

资料来源：12306网（2021年3月4日查询），"—"表示同城之间无班次。

从1998—2017年京津冀地区各地市的公路密度来看，各地市公路里程逐步增加，区域差距逐步缩小。分阶段来看，1998—2003年北京、天津公路里程明显优于河北各地市，河北各地市差异明显。2008—2017年河北各地市公路里程迅速增加，特别是石家庄、廊坊、衡水、邢台和邯郸的公路密度已超过北京和天津（见图4-12）。与污染密集型产业时空演变特征对比来看，唐山、邯郸、廊坊、石家庄等地污染密集型产业移入较多与公路密度较高、增速较快相吻合，表明公路里程的增加有利于内陆地区各行业提升商品和原材料的运输效率，进而助推污染密集型

产业跨地区转移。除此之外，近年来京津冀三地在教育、医疗、文化体育等领域积极合作，缩小京津冀三地及城市内部中心城区到边缘地区的公共服务差异，提高城市的宜居性，加强城市对人才的吸引力，这也将有利于污染密集型产业的跨地区转移。

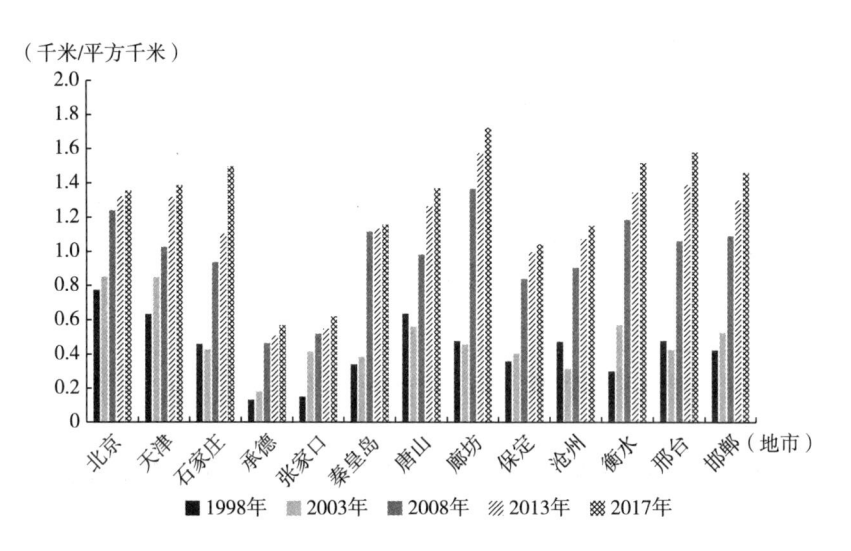

**图 4-12　京津冀各地市公路密度分布（1998—2017 年）**

资料来源：各地市统计年鉴。

（2）为降低运输成本，企业倾向于布局在重要交通枢纽处

由于产品加工程度的不同，运输成本所占比重也不同（即产品加工程度越高，运输成本所占比重越低，产品加工程度越低，运输成本所占比重越高），由此导致企业选址的差异。高级产品的生产企业倾向接近市场，以降低信息交流成本，而在初级产品的生产过程中，运输成本所占比重较大，初级产品生产企业将倾向于布局在原材料地或交通枢纽处，以降低运输费用。

如首钢在搬迁的选址过程中选择了拥有深水港的曹妃甸，曹妃甸水深岸陡，不淤不冻，岛前 500 米水深即可达到 25 米，槽深达 36 米，水道和深槽的结合形成了曹妃甸建设大型深水港的优势，将企业布局在深水大港既可以加强对外开放力度，便于进口矿石和出口商品，又可以大大缩短货物运输时间，降低运输费用。据《中国交通年鉴》统计数据显示，2017年唐山港货物（外贸货物）吞吐量为573.2百万吨，居世界第5位，唐山依托独特的矿产资源、优越的交通条件、完善的基础设施成为承接京津产业转移的重要支点和前沿阵地，临港产业不断聚集，经济实力不断提升，"枢纽经济"逐步显现（见表4-15）。

表4-15　　　　　　　　　　2017年京津冀港口数据

| 港口名称 | 码头长度（米） | 泊位数（个） | 万吨级泊位数（个） | 货物吞吐量（万吨） |
| --- | --- | --- | --- | --- |
| 天津港 | 37634 | 160 | 122 | 50056 |
| 秦皇岛港 | 17161 | 92 | 44 | 24520 |
| 黄骅港 | 10006 | 48 | 33 | 27028 |
| 唐山港 | 30347 | 113 | 108 | 57320 |

资料来源：2018年《中国交通年鉴》。

除以上提到的公路、铁路、海运以外，航空运输业对产业转移所起的作用也逐渐增大，邻接空港成为产业转移时考虑的重要因素。但空港对污染密集型产业的影响是衍生的、长期性的，并不是一蹴而就的。[①] 空港建设首先表现出的是增加了地区的可达性，这将有利于该地吸引对高效交流和航空运输有依赖性的商业活动，随着空港地区人口的增多、交通运输网络的不断完善，将增大城市对其他产业的吸引力。对比京津冀污染密集产业分布变化和空港的分布情况可知，有别于海港对钢铁、化工行业的吸引，空港将对农副食品加工业、造纸及纸制品业、非金属矿物制品业更具有吸引力。

由此可知，重要的交通枢纽通过降低企业运输成本影响污染密集型产业的分布，海港会直接影响污染密集型产业的分布，而空港对污染密集型产业分布的影响是衍生的，并且污染密集型产业的"临港性"存在行业差异。

---

① 宋伟、杨卡：《民用航空机场对城市和区域经济发展的影响》，《地理科学》2006年第6期。

(3) 邻近性增大了污染密集型产业转移的可能性

邻近性是经济地理学的重要研究视角，经济主体在空间上的邻近性是理解集聚经济的重要切入点，集聚主体在邻近性作用下可以促进知识的传导和溢出。对于污染密集型产业跨地区转移而言，地区的邻近将有利于内部经济主体之间的交流，拉近彼此之间的距离，减少产业跨地区转移的障碍。随着对邻近性研究的深入，学术界将邻近性从地理邻近性扩展到认知邻近性、制度邻近性、组织邻近性、社会邻近性、文化邻近性、政治邻近性等方面。① 针对污染密集型产业分布变化而言，本部分将从地理邻近性、制度邻近性和认知邻近性等多维邻近性的角度分析京津冀污染密集型产业转移的形成。

首先，地理邻近性。地理邻近性是指京津冀地级市内各经济主体因地理空间距离的邻近而在贸易投资、人才流动、信息交流和研发合作等方面互动频繁的一种现象。由于区域要素禀赋的本地依赖性，知识的根植性，产业发展的路径依赖性，地理空间距离的邻近对于污染密集型产业跨地区转移的作用不言而喻，地理邻近性将有效促进技术关联性强的产业之间的知识溢出。② 即便是在互联网高速发展的今天，面对面的沟通仍十分重要。污染密集型产业受制于生产成本、环境压力、舆论压力等原因不得不从北京迁出，企业倾向于将厂址选在地理邻近的地区，一方面有利于企业和原有发展路径保持紧密联系；另一方面，北京作为全国重要的科技创新中心，紧邻北京将有利于企业技术升级。2019 年北京研究与试验发展（R&D）人员全时当量为 313986（人年），在创新人才规模上具有绝对的优势，技术（合同）输出为 83171 项，技术（合同）输出金额为 5695.2843 亿元，企业向外转移时选择布局在北京周边地区将有利于企业采用最新生产设备和技术，提高企业生产效率。随着京津冀地区推进交通一体化建设，"一小时交通圈"将进一步缩短京津冀地区的通行时间，为产业跨地区交流提供便利，这也是目前许多企业

---

① Boschma, R., "Proximity and Innovation: A Critical Assessment", *Regional Studies*, Vol. 39, No. 1, February 2005；刘君洋、朱晟君：《市场间邻近性与广东省出口企业的地理集聚》，《地理研究》2020 年第 9 期。

② 贺灿飞：《区域产业发展演化：路径依赖还是路径创造？》，《地理研究》2018 年第 7 期。

选择就近迁移的重要原因。

其次,制度邻近性。制度邻近性是指经济主体之间所实施的制度或受制度约束的相似性,可以根据约束的实施主体,将其划分为正式制度的相似性和非正式制度的相似性。正式制度指的是法律、法规、规章等,非正式的制度指的是文化、价值观念、习惯等。① 制度邻近性高的地区,将有利于经济主体突破制度壁垒,促进新进入主体与本地主体之间的交流和学习。多年来,京津冀地区不断倡导区域一体化发展,打破行政壁垒,促进三地由"竞争"向"合作""深度合作"迈进,这些体制机制上的"靠近""突破"和"融合"为企业跨地区转移提供了保障。如:2017 年京冀(曹妃甸)人社服务中心的成立,为转移到曹妃甸的北京企业提供人力社保服务,到曹妃甸的京籍企业职工可以享受京冀两地的服务,并且该中心积极协调解决京籍企业落地发展过程中的问题,为北京企业顺利进入曹妃甸提供支持。② 此外,北京针对北京·沧州渤海新区生物医药产业园的京籍企业采取异地监管、允许京籍药企保留"北京身份",也体现了三地正积极打破"一亩三分地"的思维定式,突破京企外迁到津冀的制度障碍,助力企业跨地区转移。这一系列举措增强了京津冀三地的制度邻近性,同时京津冀地缘相近、文化一脉,文化认同感的不断增强也会促进京津冀地区污染企业的跨地区转移。

最后,认知邻近性。认知邻近性强调认知距离相近的产业更易进行有效的学习和知识溢出,因此具备创新资源条件越相近的地区,越容易存在认知邻近性。③ 从京津冀地区各地市普通高等学校的数量来看,北京数量最多,其次是天津,石家庄排在第三位,其余各市的高等学校数量均较少(见图 4-13)。从专利的申请数量上来看,京津冀地区各地市存在明显差异,北京专利申请量遥遥领先,其次是天津,最后是河北各

---

① 吴和成、赵培皓:《邻近性视角下长三角协同创新绩效影响因素实证研究》,《科技管理研究》2020 年第 7 期。
② 梁金凤:《京冀(曹妃甸)人社服务中心支持京企发展 京籍职工进一扇门可办两地业务》2019 年 2 月 14 日。
③ 贺灿飞:《区域产业发展演化:路径依赖还是路径创造?》,《地理研究》2018 年第 7 期。

地市，河北各地市专利申请量均较少。由此不难看出，北京和天津存在更多的认知邻近性，两者水平相近而非一致促进了知识在两地间的流动。近年来，天津的大院大所不断集聚，2017年院所已达150多家，其中近20家是中科院的院所，院所的集聚带来了国家级的专家和人才，为天津优化发展先进制造业、战略性新兴产业提供了强有力的支撑。对比天津和河北各地市的污染密集型产业分布变化可知，认知邻近性使污染企业中技术水平较高的企业向天津集聚。该部分企业迁移至天津，既能维持原有的生产要素（劳动力、资本）、技术等，又能与天津的土地、劳动力、资本等生产要素及生产技术和管理经验相结合，助力企业高质量发展。

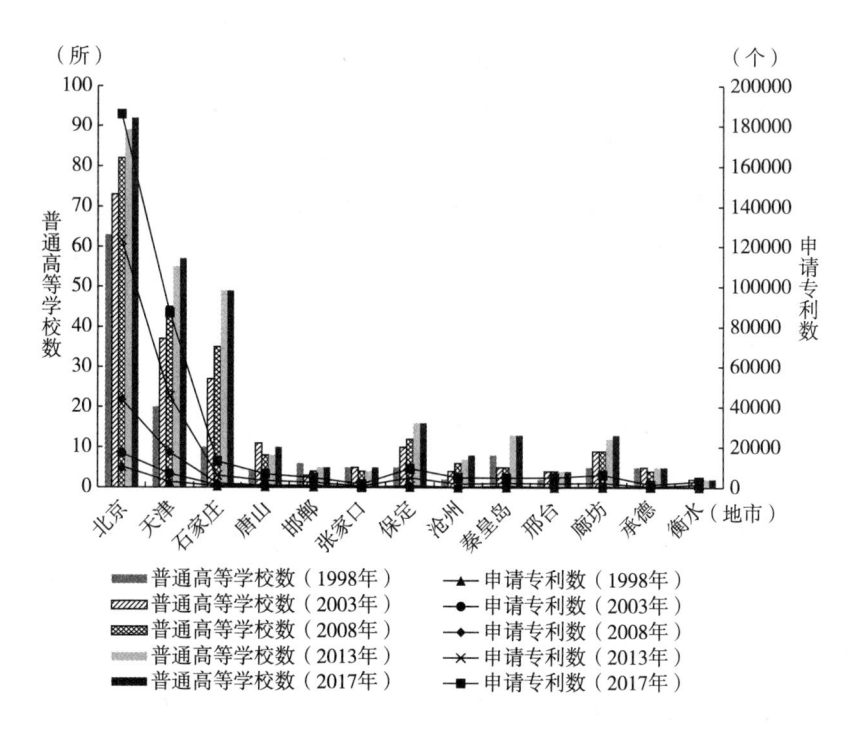

**图 4-13　京津冀各地市高等学校数量、申请专利数量（1998—2017 年）**

资料来源：各地市统计年鉴、国家知识产权局。

### 四 市场导向作用

市场对污染密集型产业分布的导向作用主要体现在两个方面，一是企业基于利润最大化原则下的择优选址影响污染密集型产业的空间分布；二是集聚的规模经济效应和知识溢出效应吸引企业集中分布，进而影响污染密集型产业的空间分布。

#### （一）利润最大化对污染密集型产业布局的作用

企业作为产业布局的主体，具有自主经营、自负盈亏、自我发展的特点，经济利益对企业选址具有重要影响，在市场经济条件下，追求利润最大化是诸多企业在选址过程中遵循的首要原则。[①] 污染企业对利润最大化的追求是污染密集型产业空间演变的重要推动力，这将决定企业在空间的选址行为，进而影响污染密集型产业在空间的分布。在市场经济运行条件下，各种生产要素都直接或间接地进入市场，要素价格由市场供求关系确定，生产要素在各个部门和企业之间自由流动，市场成为生产要素合理配置的主要方式。

要素禀赋、交通条件、政府政策等共同构成地区的比较优势，企业结合自身发展特性和区域比较优势，依照利润最大化原则进行择优选址。

首钢的搬迁不只是政府的引导，也是企业减少生产成本，谋求企业长远发展的需要。首钢最先的选址属于典型的资源内陆型布局，靠近原材料产地北京，随着市场需求的不断增大，钢铁业迅速发展，矿产资源也逐渐紧张，企业所需铁矿石开始大量依靠进口，而运输费用占铁矿石成本的 30%。将企业搬迁至沿海港口城市会大大降低运输费用，降低企业的生产成本。其次，搬迁前的首钢是以生产建筑钢材为主，附加值高的产品占比少，将企业在地理空间分布调整也是基于产品结构的考虑，搬迁后的首钢由原来的长板材生产转为以高端板材生产为主，新建厂区采用国内外先进设备和技术，提高企业核心竞争力。2018 年冶金工业规划研究院对钢铁企业综合竞争力的评级结果显示，首钢已成为 A+

---

① 袁丰、魏也华、陈雯等：《苏州市区信息通讯企业空间集聚与新企业选址》，《地理学报》2010 年第 2 期。

（竞争力极强）企业。此外，先进工艺流程、生产设备和技术的使用使首钢从高能耗、高污染的企业向低消耗、低排放、高效率的绿色企业转变，首钢的搬迁是在市场需求、利益驱动、政府引导以及社会效应等多重力量作用下的结果，符合首钢的长远发展目标，也承担了相应的社会责任。因此，污染企业在政府制度设计的框架内，依据各地要素禀赋条件，从自身利润最大化出发，进行择优选址，进而影响污染密集型产业的空间分布。

（二）集聚对污染密集型产业布局的影响

集聚是经济活动在特定空间上集中并形成经济影响的复杂过程，是地区经济增长和空间分布形成的重要驱动力，也是新经济地理学研究的基本问题。① 集聚对污染密集型产业的分布通过规模经济效应和知识溢出两个方面发挥作用。② 一方面，集聚通过加强企业间的分工与协作、共享资源和基础设施、降低运输成本等优势吸引污染密集型企业在空间集中分布。另一方面，在外部环境知识溢出和企业自主创新的共同作用下，集聚可以促进企业技术创新，提高企业竞争力和生产效率，进而影响污染企业在空间上的分布。

(1) 规模经济效应

在政府引导和企业自主选择的共同作用下，企业向某地集中分布。政府根据对当地要素禀赋特性制定发展规划、确定支柱产业、建设工业园区，以实现要素的优化配置，提高经济绩效。企业则基于利润最大化、降低交易成本和提高市场份额的考虑倾向于集中分布。在两者的共同作用下，企业间距离不断缩短，外部性收益是带来企业集聚的关键因素。集聚的外部性收益主要表现在企业分工与协作、运输费用的降低、资源和基础设施的共享以及扩大市场规模等方面。

首先，集聚有利于企业的分工与协作。市场经济的本质要求就是竞

---

① 郝大江、张荣：《要素禀赋、集聚效应与经济增长动力转换》，《经济学家》2018年第1期。

② 高晓娜、彭聪：《产业集聚对出口产品质量的影响——基于规模效应和拥挤效应视角》，《世界经济与政治论坛》2019年第5期；肖纯：《产业集聚对中国制造业国际竞争力的影响研究——规模效应与拥挤效应》，硕士学位论文，北京交通大学，2019年。

争,在竞争中寻求合作是企业谋求自身发展、增强企业竞争力的有效途径。①市场调节就是避免企业间的恶性竞争,促使企业合理分工、建立合作关系,以实现资源的高效配置。市场需求的多样化、企业生产成本、技术、规模和产品的差异性是引起企业间分工与合作的重要条件,生产产品互补的企业可以通过市场需求的扩大带动彼此的发展。北京、天津和河北的发展阶段不同,三地企业生产效率存在明显差异,这种差异为企业间的分工合作提供了可能。天津和河北分布着大量中小企业,该类企业具有市场占有率不高、产品竞争力不强、技术不过硬等特点,不精、不专成为困扰当地中小企业发展的重要障碍。随着北京污染密集型产业向两地的疏解,政府积极引导该类企业集群发展,发挥各自优势,采取专业化分工、服务外包、订单生产等多种方式与北京来的大企业建立稳定的合作关系,从而促进当地中小企业提升产品质量,加大市场占有率,提高企业竞争力。

其次,集聚有利于共享资源和基础设施。②北京污染密集型产业向天津、河北的疏解并不是将工厂简单地从一个城市搬迁至了另一个城市,而是企业的升级发展。大型企业由北京迁出后,将采用最新的生产设备、最先进的生产技术,努力打造地区发展新标杆。企业由北京转移至天津、河北各市,并在空间上集中分布,必然伴随着大量劳动力、技术人才和经营管理者的集聚,熟练劳动力市场的共享能加快企业掌握最新生产技术、管理经验,以此推动企业的共同进步。与此同时,企业在一地的发展离不开交通、通信、水、电、教育、医疗等基础设施的建设,企业集中分布可以共享基础设施,需求规模的加大也促进了当地基础设施的建设。如首钢搬迁至曹妃甸后,北京和曹妃甸两地政府加强公共服务资源的共建共享,两地共建的"北京安贞医院曹妃甸心血管疾病诊疗中心""首都医科大学附属北京友谊医院曹妃甸合作医院"分别于2016年和2017年正式开诊,北京妇产医院和曹妃甸区医院也于2016年

---

① 陈赤平、路瑶、洪银兴:《融入全球化分工合作体系 增强企业国际竞争力》,《教学与研究》2003年第4期。

② 郝大江、张荣:《要素禀赋、集聚效应与经济增长动力转换》,《经济学家》2018年第1期。

签署合作协议。此外，依托北京景山学校优质教育资源创建的北京景山学校曹妃甸分校已于 2016 年正式开学。企业的集聚推动了该地教育、医疗等优质资源的建设，同时教育医疗的保障又会进一步促进该地企业的集聚，两者相互促进，共同推动地区发展。

最后，集聚有利于降低运输费用，减少生产成本。企业集聚能有效改善当地的基础设施，提高运输效率，前、后向关联企业的集聚，可以有效缩短企业之间的运输距离，避免生产延误，减少进口成本，降低供应商违约风险。[①] 如纺纱厂、织布厂和印染厂的集聚分布，烧结厂、焦化厂、炼钢厂和轧钢厂的集聚分布，不仅可以减少中间产品的运输时间，降低运输费用和能源消耗，减少企业生产成本，同时还可以加强企业间信息交流，强化彼此间的合作关系，促使企业获得规模效益。产业集聚引致规模报酬递增，有助于形成成熟的要素市场，循环累积效应帮助企业获取高质量、低成本的生产要素，提高企业生产利润。集聚区内行业分工的精细化会加强企业的专业性，促使一家企业与多家企业合作，这将有利于提高企业生产效率，促进配套产业的快速发展。随着人们环保意识的不断提高，产业集聚区成为发展循环经济的重要平台，关联企业在一个区域集中分布，将有利于推广绿色生产技术，实现废弃物的循环利用。如首钢京唐钢铁有限责任公司在建设过程中充分融入了循环经济的设计理念，将钢铁生产产生的煤气用于生产和发电，将炼铁、炼钢产生的水渣、钢渣、粉煤灰用于生产水泥等建筑材料，既能减少污染物排放，又能降低能源消耗，同时还能增加企业的经济效益，促进产业链的形成。[②]

（2）知识溢出和技术创新

集聚通过外部知识溢出和企业自主创新两种路径促进地区产业技术创新。关联性企业在空间上的集中分布，能促使当地通过贸易、交流等方式形成生产网络，生产网络内的企业紧密联系，形成创新的技术优势

---

① 王帅、周明生、钟顺昌：《资源型地区制造业集聚对产业结构升级的影响研究——以山西省为例》，《经济问题探索》2020 年第 2 期。
② 王保民：《建设新型钢铁企业创造发展新优势——首钢京唐联合钢铁有限责任公司调研报告》，2009 年度中国总会计师优秀论文选，2011 年。

和信息交流优势，当生产网络中的企业存在技术创新时会通过生产网络中各节点产生技术溢出效应。企业间距离的拉近能促进企业共享外部环境、降低信息交流成本，进而提高知识溢出水平、加快技术的扩散。① 此外，企业在地区上的集聚将促使企业共享该地的劳动力市场，劳动力的跨企业流动加速了生产技术和知识的传播，低技能劳动者在此环境下更易提升劳动技能，这也将有利于企业创新能力的提升。② 自主创新是产业集聚促使企业创新能力提升的又一重要路径。相似企业聚集在一起彼此合作的同时，也必然存在竞争。为提高企业竞争力，企业会加大研发投入力度，促进企业新工艺、新技术的创新，加快企业生产新产品，努力提高产品附加值和市场占有率，由此激励企业实现自主创新。因此，产业集聚通过知识溢出和企业自主创新共同影响该地的技术创新。

北京大量污染企业的集聚给当地带来了环境污染、交通拥挤、水资源短缺、要素价格攀升等负外部性影响，受制于北京资源、环境和发展空间，集聚效率提升所带来的收益小于集聚带来的拥挤成本，在交通条件改善的推动下，大量污染企业向天津和河北各地市疏解。长期以来，京津冀三地产业发展水平存在较大差距，北京企业技术水平明显高于天津和河北各地市的相关企业，对于天津和河北各市的中小企业来说，企业规模有限，许多企业没有足够的能力进行大规模的研发活动，通过集聚学习"龙头企业"先进的生产技术和管理技能对该类企业的自我提升显得尤为重要。结合污染密集型产业的空间分布变化来看，天津、河北在承接北京该类产业转入的同时，积极调整区域内部该类产业的空间布局，加快产业在地区的集聚。随着河北、天津不断调整产业布局、优化资源配置，大量相关企业在工业园区集聚，企业关联性将逐步加强，一方面要素集聚所带来的外部性知识溢出增加，另一方面企业竞争也会促使企业不断引入创新要素进行自我创新，在外部创新环境和内部创新力量的共同作用下，污染密集型企业向天津、河北的集聚将会带动两地新一轮的创新浪潮，进而提升整个区域的竞争力。

---

① 程中华：《产业集聚与制造业"新型化"发展》，博士学位论文，东南大学，2016年。
② 韩庆潇、杨晨、陈潇潇：《中国制造业集聚与产业升级的关系——基于创新的中介效应分析》，《研究与发展管理》2015年第6期。

**五 政府政策调整**

制度主义强调政府可以通过产业政策的制定、制度的构建等非市场要素或机制为产业营造发展环境、主导产业发展方向，进而影响地区产业布局。① 改革开放以来，中国由计划经济向社会主义市场经济过渡，政府在经济活动中扮演的角色仍非常重要，人们习惯于政府对经济活动"理所当然"的干预，而缺少对其影响的广泛认识。受经济地理学"制度转向"的影响，制度因素成为理解中国制造业空间变化的新视角。② 本书将从政府引导和环境规制两个方面探究政府政策和制度的"锁定"作用下污染密集型产业空间分布的变化。

（一）政府对污染密集型产业布局的引导

（1）政府规划调整和制度创新

政府对京津冀三地发展定位的制定发挥重要作用，特别是北京城市功能定位影响了京津冀污染密集型产业分布特征和演变规律。京津冀地区由于地理和历史原因，紧密相连，随着北京政治地位的不断上升，京津冀地区的合作发展成为北京发挥首都功能的重要保障（见表4-16）。改革开放以来，京津冀地区经历了竞争合作阶段（1978—2005年）、合作提升阶段（2005—2014年）和协同发展阶段（2014年以来），规划体系保证了京津冀三地合作发展过程中有章可循，保证了具体推进过程的有序落实，2015年京津冀协同发展上升为国家战略，京津冀三地就交通、产业、生态环境、基本公共服务等领域不断深化合作，共同推进京津冀协同发展（见表4-17）。

政府通过政策引领、制度创新两方面推动京津冀污染密集型产业地理分布的形成。③ 政策引领主要表现在：一方面，政府基于地区发展现状、发展优势、发展环境及城市功能定位制定未来地区的发展方向、明确地区的主导产业、制定合理的工业布局、确定重点发展地区等一系列

---

① 梁波、王海英：《市场、制度与网络：产业发展的三种解释范式》，《社会》2010年第6期。
② 高菠阳、刘卫东、Glen Norcliffe 等：《土地制度对北京制造业空间分布的影响》，《地理科学进展》2020年第7期。
③ 罗芊、贺灿飞、郭琪：《基于地级市尺度的中国外资空间动态与本土产业演化》，《地理科学进展》2016年第11期。

规划对污染密集型产业选址进行引导和强化[①]；另一方面，转出地政府通过严格的市场准入、项目审批、用地审批、贷款和差别电价水价等一系列行政手段限制污染密集型产业的选址，承接地政府则通过优化审批流程、放宽经营限制、设立专项资金、支持转岗就业、提高生活性服务等优惠政策吸引污染密集型产业转入。两者共同塑造了京津冀污染密集型产业空间分布的基本形态。如《北京市国民经济和社会发展第十个五年计划纲要》提出限制发展黑色金属冶炼、普通化学原料及化学制品制造业、普通化学纤维制造业等行业，《中华人民共和国国民经济和社会发展第十三个五年规划纲要》指出北京加快构建高精尖产业结构，天津优化发展先进制造业、战略性新兴产业，河北积极承接北京非首都功能转移和京津科技成果转化。以上政策的实施，将有助于完善市场体制，促进转型期资源高效配置，推动地区产业升级，引导污染密集型产业合理布局。2014—2020年，北京累计退出一般制造和污染企业2872家，2020年高精尖产业占比达60%左右。[②]

表4-16　　　　　　　　　　北京城市功能定位调整过程

| 年份 | 功能定位 |
| --- | --- |
| 1983年 | 政治中心、文化中心、历史文化名城 |
| 1993年 | 政治中心、文化中心、世界著名古都和现代化国际城市 |
| 2005年 | 国家首都、国际城市、文化名城、宜居城市 |
| 2010年 | 国家首都、国际城市、文化名城、宜居城市、国家创新示范区 |
| 2014年 | 政治中心、文化中心、国际交往中心、科技创新中心 |

资料来源：根据公开资料及学者研究整理。

---

① 张永凯、徐伟：《演化经济地理学视角下的产业空间演化及其影响因素分析：以中国汽车工业为例》，《世界地理研究》2014年第2期。
② 孙静波：《北京7年来退出一般制造和污染企业2800余家》，中国新闻网，2021年2月25日，https://www.chinanews.com.cn/cj2021/02-25/94/8992.shtml。

表 4-17　　　　2000 年以来标志性法规或事件对京津冀
污染密集型产业分布的影响

| 年份 | 标志性法规或事件 | 对京津冀污染密集型产业分布的影响 |
| --- | --- | --- |
| 2001 年 | 《北京市国民经济和社会发展第十个五年计划纲要》 | 北京继续压缩部分行业过剩产能，有序转移或淘汰不符合首都功能要求、缺乏市场前景和竞争力的行业 |
| 2004 年 | "廊坊共识" | 启动区域发展总体规划和重点专项规划编制工作，统筹协调区域产业布局问题；共建市场体系，促进产业合理分工；协调区域内重大生态建设和环境保护问题 |
| 2006 年 | 《北京市国民经济和社会发展第十一个五年规划纲要》 | 北京走高端产业发展之路，大力发展高新技术产业、适度发展现代制造业 |
| 2006 年 | 《国务院关于推进天津滨海新区开发开放有关问题的意见》 | 走新型工业化道路，努力建设高水平的现代制造业和研发转化基地 |
| 2014 年 | 《北京市新增产业的禁止和限制目录（2014 年版）》 | 对一般性制造业的生产和加工环节加大禁限力度，对高耗能、高耗水、影响城市环境的行业进行从严禁限 |
| 2015 年 | 《京津冀协同发展规划纲要》 | 疏解北京非首都功能，在交通、生态环境、产业等领域率先取得突破 |
| 2015 年 | 《环渤海地区合作发展纲要》 | 有序推动北京非首都功能向外疏解转移，促进天津整合优势资源，加快先进制造业集聚，引导河北对接京津新兴产业 |
| 2016 | 《"十三五"时期京津冀国民经济和社会发展规划》 | 通过转型升级构建现代化产业体系，提升制造业水平 |
| 2016 年 | 《中华人民共和国国民经济和社会发展第十三个五年规划纲要》 | 北京构建高精尖产业结构；天津发展先进制造业；河北积极承接京津产业转移和科技成果转化 |
| 2016 年 | 《京津冀产业转移指南》 | 北京打造具有全球影响力的科技创新中心和战略性新兴产业策源地，以"五区"为引擎，以"五带"为支撑，明确各地区产业发展方向 |

续表

| 年份 | 标志性法规或事件 | 对京津冀污染密集型产业分布的影响 |
|---|---|---|
| 2017年 | 《北京城市总体规划（2016年—2035年）》 | 有序疏解北京非首都功能，持续疏解一般性制造企业，加强环境整治 |
| 2017年 | 《关于加强京津冀产业转移承接重点平台建设的意见》 | 初步明确了"2+4+46"个产业承接平台，引导钢铁、石油化工及上下游企业向曹妃甸集聚 |
| 2019年 | 《进一步加强产业协同发展备忘录》 | 打造产业合作平台，加强产业转移与承接协同联动，促进产业协同发展 |

资料来源：根据公开资料及学者研究整理。

制度是区域能力的重要组成部分，制度创新主要表现在政府通过一系列政策机制改革，增强对产业发展的支持和协调，集中体现在税收政策制定、平台搭建、人才引进、配套基础设施、资源使用预审、环境评估等方面。① 如京津冀地区先后出台的《京津冀协同发展税收合作框架协议》《疏解非首都功能产业的税收支持政策（试行）》等一系列税收政策为京津冀地区产业转移和转型升级、环境治理和生态环境建设提供税收协作机制，减少税收属地机制导致的产业转移障碍，确保京津冀地区产业协同发展工作有序推进。与此同时，京津冀三地都成立了专项工作组负责协调工作，还积极构建产业合作机制、园区共建机制、生态环境共治机制、公共服务共享机制等一系列合作机制，探索创新产业跨区域转移的利益共享、环境共治机制，推动三地产业有序转移。② 针对天津、河北人才紧缺的问题，政府积极出台《京津冀人才一体化发展规划（2017—2030年）》，创新"人才共享"机制，在子女教育、医疗服务、收入奖励和购房等方面提供保障，突破人才流动壁垒，助力迁入企业的转型升级。

（2）重大事件

区域的发展过程中，总会伴随重大事件的发生，这些重大事件将对

---

① 朱向东、贺灿飞、朱晟君：《贸易保护如何改变中国光伏出口目的国格局？》，《地理研究》2019年第11期。

② 张学刚：《FDI影响环境的机理与效应——基于中国制造行业的数据研究》，《国际贸易问题》2011年第6期。

区域产业发展产生长期和深远的影响。北京作为首都，是全国的政治中心、文化中心、国际交往中心和科技创新中心，是中国对外交流的重要门户，北京周边地区的发展必然会受到北京的影响。大型国际赛事和世界博览会的举办对北京城市转型具有重要推动作用，重大事件激发了政府对产业发展的强烈干预，也促进了污染密集型产业空间结构的调整。

奥运会、APEC（亚太经合组织）峰会、"一带一路"国际合作高峰论坛、世界园艺博览会和2022年冬奥会的举办不仅可以提升城市和国家形象，弘扬民族传统文化，还可以美化城市环境、优化城市交通网络、促进城市转型发展。在大型国际赛事和世界博览会筹备期间，地方政府会通过行政手段关闭或者转移重污染企业、限制重污染建设项目进入，减少污染物的排放。

2008年北京奥运会成为首钢搬迁的契机，北京申奥成功后，为实践"绿色奥运、科技奥运、人文奥运"理念，中央政府不断加强环境治理、降低能源消耗、加强土地合理利用、完善交通设施建设以及调整工业结构。[①] 如北京严格的环境规制使首钢的发展受到了极大的限制，一方面，受社会压力和环境规制的影响，首钢投入大量环保资金，严重影响了首钢钢铁产品的竞争力，2003年首钢的成本为935元/吨，而全国钢铁的成本约是850元/吨，相比之下，首钢的生产成本比全国同类企业每吨高出80元左右。另一方面，受北京环境容量的影响，首钢新建冷连轧、热连轧等项目无法得到批准。在环境倒逼之下，高能耗、高污染的首钢选择搬迁至河北，首钢的搬迁调整既是适应北京城市功能定位、顺利举办奥运会的要求，也是首钢转型发展、提高核心竞争力的需要。

2014年APEC峰会举办期间的"APEC蓝"是政府采用高强度的环境治理手段获得的，包括北京及周边地区众多企业的临时停产、限产，众多工地的临时停工及城市道路保洁。尽管"APEC蓝"未能得到长效保持，但也强化了政府加强环境治理、疏解北京非首都功能、调整产业结构、以减量倒逼北京集约高效发展的决心。"一带一路"国际合作高

---

[①] 程登富、崔雪梅：《北京奥运精神遗产的哲学思考与孔子思想解析》，《北京体育大学学报》2010年第12期。

峰论坛和世界园艺博览会举办期间良好的生态环境，是京津冀三地不断调整产业结构、优化产业布局，促进产业和生态协同发展的成果。受2022年北京—张家口冬季奥运会的影响，京津冀三地将张承生态功能区作为产业转移对接合作的重要承接平台，该地区将着力发展生态友好型产业，北京也将携手张家口建设京张文化体育旅游带。

京津冀协同发展上升为重大国家战略，引导三地产业协同发展。根据《京津冀协同发展规划纲要》要求，产业升级转移与生态环境保护是京津冀协同发展的重点突破领域。[①] 国家战略的实施将有助于三地明确发展方向，加快产业对接，北京产业向天津和河北转移，天津整合资源大力发展先进制造业，河北承接北京非首都功能和京津科技成果转化，三地协同发展有助于破除同构性、同质化的产业规划，通过三地的合理分工与协作，发挥区域整体优势，支撑国家构建新发展格局。

（二）环境规制对污染密集型产业分布的影响

环境规制通过"成本增加效应"和"创新补偿效应"两个方面对污染密集型产业分布发挥作用。一方面，环境规制的实施，会增加企业的生产成本、挤占生产性投资，造成企业利润下降，这将会推动企业选择环境规制相对较低的地区；另一方面，合理的环境规制又会促进企业技术创新，先进生产技术、生产设备的研发和使用又会促进企业生产差异化产品、提升生产效率，对企业在该地选址产生正向影响。

本部分基于环境规制对污染密集型产业的"成本增加效应"和"创新补偿效应"两个方面分析认为环境规制是后期推动污染密集型产业转移的重要驱动力。具体来看，"成本增加效应"主要是指环境规制通过增加能源成本、设备更新成本、科研成本、治理成本、监管成本及惩罚费用等影响企业资金流向，进而影响企业是否在该地继续生存。"创新补偿效应"主要是指环境规制通过生产流程创新、产品创新和管理创新等方面促进企业创新，但将需要较长的时间和较好的创新基础。

从京津冀地区各地市的环境规制强度（各地市环境法规数据和信访

---

① 皮建才、赵润之：《京津冀协同发展中的环境治理：单边治理与共同治理的比较》，《经济评论》2017年第5期。

数据的极差标准化后求均值）来看（见图4-14），环境规制强度经历1998—2017年的不断强化过程，各地市差异明显，呈现北京>天津>河北各地市的梯度分布状况。其中，北京环境规制强度最强，特别是2008年后，环境规制强度达到2003年的3.29倍及以上，并逐渐增强，这主要受政府命令控制型环境规制增强的影响，2008年命令控制型环境规制强度是2003年的4.29倍。天津环境规制强度稳步增加，但强度明显弱于北京，这主要是受政府命令控制型环境规制波动、公众参与型环境规制增加缓慢的影响。河北各地市环境规制强度明显弱于北京和天津，河北各地市之间的差异不大，但与北京、天津两地形成较大的差距，石家庄环境规制优于河北其他地市，但环境规制强度仅为北京的10.25%、天津的21.11%。

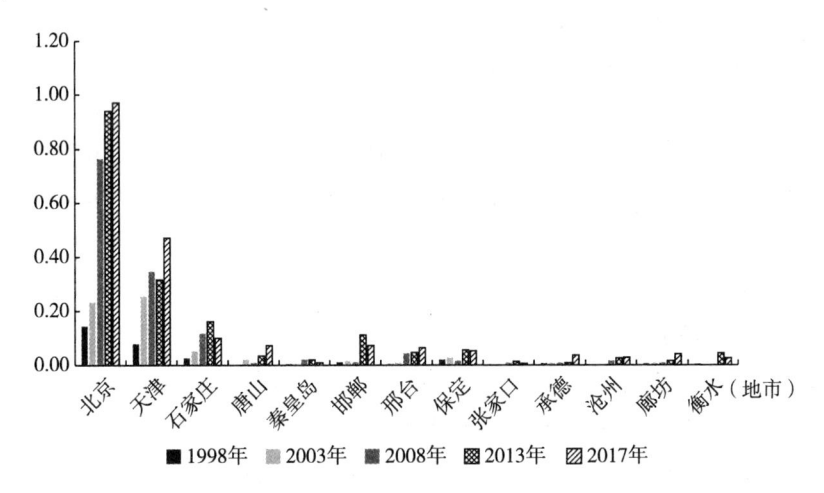

**图 4-14　京津冀各地市环境规制强度指数（1998—2017 年）**

资料来源：万方数据——法律法规全文数据库、各地市统计年鉴和河北省生态环境厅。

结合污染密集型产业时空演变特征来看，1998—2017年北京是污染密集型产业持续迁出地，这与北京环境规制强度不断增强是契合的。天津既是污染密集型产业输出地，也是污染密集型产业输出地，这与天津环境规制强度存在波动性也是契合的。河北为污染密集型产业输入地，其中唐山、邯郸、廊坊、石家庄和秦皇岛等地污染密集型产业移入最多，这与河北整体环境规制强度较弱，且河北区域内部差异不大相吻合。

环境规制在一定程度上影响了京津冀污染密集型产业的空间分布。北京作为环境规制强度较高的地区，政府各部门执法力度高、监管力度大，污染密集型产业虽能增加北京财政收入，但北京水资源短缺、大气污染严重、土地资源有限，高耗能高污染的污染密集型产业并不能获得政府的"网开一面"，严格的环境规制迫使污染密集型产业更新生产设备、创新生产技术、加大治污投入，这一系列生产成本的增加使得北京大部分污染密集型产业不得不另寻他处。天津环境规制强度相对较高，但该地工业基础雄厚、能耗效率较低，部分落后企业因环境成本增加不堪重负而向外迁移，而另一部分企业因经济实力雄厚、管理水平先进、创新基础扎实，环境规制激发了该类企业的创新活力，提升了企业的核心竞争力，该部分污染企业选择维持原址。河北环境规制强度较低，不仅让河北成为北京和天津污染密集型产业的重要承接地，也造成了迁入企业为追求利润而向当地排放大量污染物的状况。

由此可知，环境规制对京津冀污染密集型产业分布的影响以"成本增加效应"为主，"创新补偿效应"为辅。大部分重污染企业因环境成本的增加而选择缩小生产规模或者迁移至新厂址，创新补偿效应因对时间、企业资金、创新基础等有较高的要求，对污染密集型产业空间分布变化起到辅助作用。

## 六 实证分析

以上从资源禀赋特性、区位条件属性、市场导向机制和政府政策调整四个方面对京津冀污染密集型产业空间分布变化的影响进行描述性分析，下面将采用计量模型对各要素的具体影响进行验证。本书引入要素禀赋、运输条件、集聚经济和反映不同类型环境规制在内的相关变量，采用污染密集型产业的分布指数为解释变量，运用计量模型验证各影响因素对污染密集型产业时空演变的驱动作用。

### （一）模型设定

回归模型设置如下：

$$R_{jt} = \beta_0 + \beta_1 Resource_{jt} + \beta_2 Capital_{jt} + \beta_3 Technology_{jt} + \beta_4 Labor_{jt} + \beta_5 Agglomeration_{jt} + \beta_6 CMCER_{jt} + \beta_7 PUBER_{jt} + \beta_8 Transport_{jt} + \beta_9 Globalization_{jt} + \gamma_t + \delta_j + \varepsilon_{jt} \tag{4-17}$$

式中，$j=1, \cdots, 13$；$t=1, \cdots, 20$。$R_{jt}$ 为 $j$ 区域的污染密集型产业空间分布指数（将污染密集型产业产值和所含企业数量代入公式 4-14、4-15 计算可得）；$Resource_{jt}$ 为资源因素；$Capital_{jt}$ 为资本因素；$Technology_{jt}$ 为科技创新水平；$Labor_{jt}$ 为劳动成本；$Agglomeration_{jt}$ 为集聚经济；$CMCER_{jt}$ 为命令—控制型环境规制；$PUBER_{jt}$ 为公众参与型环境规制；$Transport_{jt}$ 为交通条件；$Globalization_{jt}$ 为全球化。$\gamma_t$ 为时间固定效应，$\delta_j$ 为城市固定效应，$\varepsilon_{jt}$ 为随机干扰项。在处理数据时，将经济数据调整为 1998 年的不变价格，方程右侧变量进行对数处理。

（二）变量选择

（1）因变量

选取污染密集型产业分布指数 $R_{jt}$ 为被解释变量，具体计算过程见公式 4-14、4-15。

（2）自变量

根据污染密集型产业空间分布驱动机理分析，模型自变量包含要素禀赋、集聚经济、环境规制和运输成本四个方面。

第一，要素禀赋。污染密集型产业作为制造业的一部分，除了容易受到环境法规的影响外，与其他制造业有着相同的一般规则。[1] 新古典贸易理论强调要素禀赋是指导产业区位的重要因素，因此选取资源因素、资本因素、技术创新水平和劳动力成本来衡量要素禀赋对污染密集型产业布局的影响。变量设置如下：①资源因素。比较优势理论指出，企业为降低生产成本倾向于布局在原材料丰富的地区，尤其是区域开发初期，资源禀赋将直接决定一个地区在传统工业时代的区域职能分工。资源禀赋选择矿业从业人员占当地从业人员总数的比例来反映资源的丰富程度。[2] ②资本因素。国际贸易理论强调当两个国家在资本和劳动力等要素禀赋存在不同时，要素禀赋丰富的地区所生产的产品价格更低，这会使其在国际贸易中更容易获利，这也从侧面解释了资本在产业分布

---

[1] 石敏俊、杨晶、龙文等：《中国制造业分布的地理变迁与驱动因素》，《地理研究》2013 年第 9 期。

[2] 徐康宁、王剑：《自然资源丰裕程度与经济发展水平关系的研究》，《经济研究》2006 年第 1 期。

中的重要作用。资本要素禀赋以企业固定资产净值年平均余额与 GDP 的比值来衡量。① ③科技创新水平。技术水平的提高不仅可以提升企业生产效率,也可以在一定程度上弥补企业治污成本的增加,从而影响企业在空间的布局决策。技术创新水平以专利申请量来表示。④劳动成本。为降低企业生产成本,企业倾向于布局在低工资水平的地区,但也有学者认为在污染密集型产业转移中工资水平并不重要。劳动力因素使用员工的工资水平来衡量地区劳动力成本差异。

第二,集聚经济。传统的集聚理论认为企业在同一地理区域集聚可以使企业获得来源于其外部的经济效益,降低生产成本和运输费用。新的研究发现,地方成为企业创新的场所,是因为该地有创新环境,企业在同一地理区域集聚,可能产生技术溢出效应,从而促进企业的创新,提高产业专业化程度。同时,企业在空间上的集聚分布有利于信息溢出,加强企业间的交流和联系,降低交易成本。② 变量设置如下:⑤集聚经济,用一个城市的工业总产值在京津冀所占的比例来表示。③

第三,环境规制。"污染避难所假说"强调一个地区采取高强度的环境规制将导致污染密集型产业向周边地区转移,因此环境规制成为影响产业空间格局变动的重要因素。④ 关于环境规制,赵玉民等将环境规制分为显性环境规制和隐性环境规制,显性的环境规制是以环保为目标、个人和组织为规制对象、各种有形的法律、规定、协议等为存在形式的一种约束性力量。⑤ 根据约束方式的不同,又可以将其划分为命令—控制

---

① 周沂、贺灿飞、刘颖:《中国污染密集型产业地理分布研究》,《自然资源学报》2015 年第 7 期。

② 王缉慈等:《创新的空间:产业集群与区域发展》,科学出版社 2019 年版,第 21—26 页。

③ Shen, J., Wei, Y. D. and Yang, Z., "The Impact of Environmental Regulations on the Location of Pollution-intensive Industries in China", *Journal of Cleaner Production*, Vol. 148, April 2017.

④ Wu, H., Guo, H. and Zhang, B., et al. "Westward movement of new polluting firms in China: Pollution reduction mandates and location choice", *Journal of Comparative Economics*, Vol. 45, No. 1, February 2016.

⑤ 赵玉民、朱方明、贺立龙:《环境规制的界定、分类与演进研究》,《中国人口·资源与环境》2009 年第 6 期;胡元林、杨雁坤:《环境规制下企业环境战略转型的过程机制研究——基于动态能力视角》,《科技管理研究》2015 年第 3 期;张智楠:《环境规制、工业增长与工业发展质量》,《财经理论研究》2017 年第 6 期。

型环境规制，市场激励型环境规制和自愿性环境规制。① 隐性环境规制是指内在于个体的、无形的环保思想、环保观念、环保意识、环保态度和环保认知等，公众可以通过环境决策、环境信访、环境诉讼等法律渠道参与环境管理和监督，从而影响企业的环境行为。② 结合数据的可获取性，本书选取命令—控制型环境规制和公众参与型环境规制这两种环境规制工具为代表，探究京津冀地区各地市环境规制对污染密集型产业空间分布的影响。变量设置如下：⑥命令—控制型环境规制（CMCER）。命令—控制型环境规制具有执行成本高、改善效果明显、应用广泛的特点，对该变量的测度可以用新实施的环境保护相关法律、法规和规章的数量来表征。③ ⑦公众参与型环境规制（PUBER）。公众参与型环境规制是公众表达环境诉求的重要途径，公众通过监督举报的方式影响污染企业的排污决策，对该变量的测度可以用各地市环境信访数量来衡量。④

第四，交通条件。因工业布局具有明显的运输指向性，高密度基础设施能有效增强地区资源配置能力，加大对投资的吸引力度，所以交通基础设施是影响污染密集型产业布局的重要因素。新经济地理学指出产业区位与运输成本呈倒"U"形关系，随着运输成本的下降，产业的空间布局呈先集中后分散的趋势。交通条件的变量设置如下：⑧我们用交

---

① 王曼曼：《环境规制对制造企业绿色技术创新的影响研究》，博士学位论文，哈尔滨工程大学，2019年。

② 胡元林、杨雁坤：《环境规制下企业环境战略转型的过程机制研究——基于动态能力视角》，《科技管理研究》2015年第3期；Clark, M., "Corporate Environmental Behavior Research: Informing Environmental Policy", Structural Change and Economic Dynamics, Vol. 16, No. 3, September 2005; Zhang, B., Bi, J. and Yuan, Z. W., et al., "Why do Firms Engage in Environmental Management? An Empirical Study in China", Journal of Cleaner Production, Vol. 16, No. 10, July 2008; Wang, H. and Jin, Y. H., "Industrial Ownership and Environmental Performance: Evidence from China", Environmental and Resource Economics, Vol. 36, No. 3, December 2006.

③ Li, R. and Ramanathan, R., "Exploring the Relationships between Different Types of Environmental Regulations and Environmental Performance: Evidence from China", Journal of Cleaner Production, Vol. 196, September 2018; Yang, J., Guo, H. X. and Liu B. B., et al., "Environmental Regulation and the Pollution Haven Hypothesis: Do Environmental Regulation Measures Matter?", Journal of Cleaner Production, Vol. 202, November 2018.

④ 张江雪、蔡宁、杨陈：《环境规制对中国工业绿色增长指数的影响》，《中国人口·资源与环境》2015年第1期。

通密度来代表交通条件,交通密度表示为公路里程与行政区域的比值。

(3) 控制变量

由于不同城市存在异质性,在重点关注要素禀赋、集聚经济、环境规制和运输成本影响的同时,为防止变量之间出现伪回归,需要对区域异质性进行控制。全球化对污染密集型产业的分布也有重要影响。① 变量设置如下:⑨全球化。中国改革开放政策实施以来,东部沿海地区凭借地理区位优势率先吸引大量国外投资。已有研究指出,旨在将廉价劳动力资源集成到全球生产链中的外商直接投资与中国工业污染物排放量密切相关,全球贸易和资本的自由流动将会导致污染密集型产业向落后地区转移。本书用实际利用外资金额来代表全球化(见表4-18)。②

**表4-18　京津冀污染密集型产业分布格局变化影响因素**

| 变量 | 变量名称 | 具体指标 | 代码 | 预期符号 |
| --- | --- | --- | --- | --- |
| 因变量 | PIIs 产业分布指数 | 由 PIIs 产值和企业数量计算得出 | | |
| 自变量 | 资源因素 | 矿业从业人员占比(%) | Resource | + |
| | 资本因素 | 企业固定资产净值年均余额比重 GDP 占(%) | Capital | + |
| | 科技创新水平 | 申请专利数量(个) | Technology | + |
| | 劳动成本 | 员工的工资水平(元) | Labor | +/- |
| | 集聚经济 | 城市工业总产值在京津冀的占比(%) | Agglomeration | + |
| | 命令—控制型环境规制 | 环境保护相关法律、法规和规章数量(个) | CMCER | - |
| | 公众参与型环境规制 | 环境信访数量来衡量(件) | PUBER | - |
| | 交通条件 | 交通密度(Km/Km$^2$) | Transport | + |
| 控制变量 | 全球化 | 实际利用外资金额(万美元) | Globalization | + |

---

① Coughlin, C. C. and Segev, E., "Location Determinants of New Foreign-Owned Manufacturing Plants", *Journal of Regional Science*, Vol. 40, No. 2, December 2002.

② He, J., "Pollution Haven Hypothesis and Environmental Impacts of Foreign Direct Investment: The Case of Industrial Emission of Sulfur Dioxide (SO$_2$) in Chinese Provinces", *Ecological economics*, Vol. 60, No. 1, November 2006.

## (三) 回归结果及分析

根据构建的面板数据模型，利用 Stata 14.0 对样本数据进行异方差、同期相关和组内自相关检验，发现样本数据存在以上问题。为保证结果有效性，采用可行广义最小二乘法（FGLS）进行估计，根据 Hausman 检验选择固定效应回归模型。表 4-19 中第一列验证各影响因素对污染密集型产业时空演变的影响。结果显示：

要素禀赋变量都显著为负，其中劳动力（Labor）系数最高，系数值为-0.477，并通过1%的显著性水平检验，表明大多污染密集型产业企业更多地选择劳动力成本较低的地区，这与传统贸易理论中强调劳动力的重要性具有一致性。[①] 技术（Technology）和资本（Capital）的系数分别为-0.236、-0.034，通过1%和5%的显著性水平检验，表明污染密集型产业在分布过程中对技术和资本的需求并不高。资源（Resource）的系数为-0.011，通过5%的显著性水平检验，表明在污染企业选址过程中并未将靠近原材料地作为首要因素，这可能是与企业需要进口国外原材料相关。从系数大小来看，劳动力的工资水平（Labor）系数明显大于其他系数值，并且显著为负，对比各变量的系数可知，劳动力工资水平是影响污染密集型产业分布的首位因素。

交通条件显著为正，交通密度（Transport）系数是0.364，通过1%的显著性水平检验。表明交通条件与污染密集型产业分布呈正相关性，即污染密集型产业倾向布局在基础设施更好的地区，降低通行时间，加强企业之间的联系，同时也可以降低运输成本、信息交流成本。对比各变量的系数可知，交通条件是影响污染密集型产业分布的第二位因素。

集聚经济与污染密集型产业分布指数呈现显著正相关，集聚经济（Agglomeration）系数为0.190，并且通过1%的显著性水平检验，表明污染密集型产业易受产业集聚的影响。在企业选址过程中，获取更多的企业前后向关联，降低企业生产成本和运输费用，加强企业间信息交流成为污染密集型企业选址考虑的重要因素。

---

[①] 贺灿飞、谢秀珍、潘峰华：《中国制造业省区分布及其影响因素》，《地理研究》2008年第3期。

环境规制变量都显著为正，与预期相反，但影响力相对较小，命令—控制型环境规制（CMCER）系数为 0.001，公众参与型环境规制（PUBER）系数为 0.026，均通过 1% 的显著性水平检验。一方面表明污染密集型产业可能会选择环境规制强度相对较大的地区；另一方面表明当前京津冀地区采取的环境措施多为末端治理，部分地区在招商引资中存在降低环境准入门槛的行为，企业入驻后通过末端治理方式减少环境恶化。但表 4-19 中第二列 $CMCER^2$ 系数为 0.0003 显著为正，表明命令控制型环境规制与污染密集产业空间分布存在 U 形关系，随着命令—控制型环境规制强度的增大，污染密集型产业会先减少后增多，命令—控制型环境规制与污染密集型产业选址具有阈值效应，阈值之前的命令—控制型环境规制对污染密集型产业分布的影响以"成本效应"为主，阈值之后则是以"创新补偿效应"为主。表 4-19 中第三列为加入命令—控制型环境规制与自变量交互项的回归结果，第四列为加入公众参与型环境规制与自变量交互项的回归结果。由此可知，不同环境规制工具对污染密集型产业分布的影响与地区要素禀赋、集聚经济和运输成本有关。综合来看，污染密集型产业倾向于布局在命令—控制型环境规制强度更低、公众参与型环境规制强度更高、技术水平更低、交通更便利的地区。

从控制变量的回归结果来看，全球化与污染密集型产业分布呈负相关性，通过 1% 的显著性水平检验，京津冀地区利用外资较多的地区并未成为污染密集型产业的集中分布区。为防止国外污染向京津冀转移，目前京津冀地区将大力建设的新兴产业先行区和知识经济示范区作为吸引外资的重点地区，该类地区多发展知识密集型产业。

表 4-19　　　　　　　　全面 FGLS 回归计量结果

| 变量 | $R_{jt}$ | $R_{jt}$ | $R_{jt}$ | $R_{jt}$ |
|---|---|---|---|---|
| Resource | −0.011** | | −0.013** | −0.034*** |
| Capital | −0.034** | | −0.042** | 0.155 |
| Technology | −0.236*** | | −0.256*** | −0.156*** |
| Labor | −0.477*** | | −0.404*** | −0.499*** |

续表

| 变量 | $R_{jt}$ | $R_{jt}$ | $R_{jt}$ | $R_{jt}$ |
|---|---|---|---|---|
| $Agglomeration$ | 0.190*** | | 0.193*** | 0.409*** |
| $Transport$ | 0.364*** | | 0.363*** | 0.329*** |
| $CMCER$ | 0.001*** | 0.011** | −0.021*** | |
| $PUBER$ | 0.026*** | −0.002 | | 0.124 |
| $CMCER^2$ | | 0.0003* | | |
| $PUBER^2$ | | −0.002 | | |
| $CMCER×Resource$ | | | 0.00004 | |
| $CMCER×Capital$ | | | −0.0003 | |
| $CMCER×Technology$ | | | −0.001** | |
| $CMCER×Labor$ | | | 0.003*** | |
| $CMCER×Agglomeration$ | | | 0.002*** | |
| $CMCER×Transport$ | | | 0.0004** | |
| $PUBER×Resource$ | | | | 0.003*** |
| $PUBER×Capital$ | | | | −0.032** |
| $PUBER×Technology$ | | | | −0.009 |
| $PUBER×Labor$ | | | | 0.014 |
| $PUBER×Agglomeration$ | | | | −0.028** |
| $PUBER×Transport$ | | | | 0.006** |
| $Globalization$ | −0.067*** | −0.045*** | −0.069*** | −0.062*** |
| _cons | −162.854*** | −0.428 | 6.869*** | 5.583*** |
| 时间效应 | 是 | 是 | 是 | 是 |
| 地区效应 | 是 | 是 | 是 | 是 |
| 观测值 | 260 | 260 | 260 | 260 |

注：***、**、*分别表示1%、5%和10%的显著性水平。

## 第五节　本章小结

本章对京津冀污染密集型产业分布格局的时空演变和影响因素进行

了详细的论述，这是后文探讨污染密集型产业空间分布变化环境效应的前提和基础。首先，从时间和空间两个方面对京津冀污染密集型产业时空演变特征进行分析，了解污染密集型产业发展趋势、地理分布状况和集聚扩散特征，总结各细分行业的分布范围。在此基础上，从要素禀赋特性、区位条件属性、市场导向作用和政府政策调整四个方面解释污染密集型产业时空演变的驱动机理，并通过计量模型验证各影响因素的驱动作用。

（1）从京津冀污染密集型产业时序演变特征来看，京津冀污染密集型产业整体呈倒"U"形增长曲线，占全国比重呈先上升后下降趋势，经历了波动增长期、稳定增长期、较快增长期和快速下降期四个发展阶段。各细分行业产值大致呈先增加后减少的变动趋势，增长最快的是黑色金属冶炼和压延加工业、采矿业、化学原料和化学制品制造业，增长较慢的是化学纤维制造业、造纸及纸制品业与有色金属冶炼和压延加工业。从行业增长潜力来看，黑色金属冶炼和压延加工业属于结构—竞争双优型，在全国具有明显优势，采矿业，农副食品加工业，酒、饮料和精制茶制造业，有色金属冶炼和压延加工业属于结构—竞争落后型产业，需要加快调整产业结构，提升其竞争力。

（2）从京津冀污染密集型产业空间演变特征来看，京津冀污染密集型产业经历了"由内陆向沿海""由中部向南部"的空间布局过程，最终在沿海地区、冀中南地区集中分布。基尼系数测算结果显示京津冀污染密集型产业基尼系数呈"N"形变动曲线，各细分行业存在明显差异，纺织业、造纸及纸制品业、化学原料及化学制品制造业、化学纤维制造业、黑色金属冶炼及压延加工业和有色金属冶炼和压延加工业的空间集聚程度逐年增强；农副食品加工业，酒、饮料和精制茶制造业，石油、煤炭及其他燃料加工业，非金属矿物制品业扩散趋势明显；采矿业的空间集聚程度较高且相对稳定。

核密度分析结果显示，企业集聚格局由北京—天津两地高度集聚格局转变为北京—天津—石家庄多地低集聚格局，集聚趋势有所减弱，企业集聚度明显降低的地区集中在北京东城区—海淀区—朝阳区—丰台区、天津中心区—北辰区—西青区、石家庄长安区—新华区—桥东区、唐山路南区—路北区，企业集聚度明显增加的地区为北京通州区、天津滨海新区—津南区—静海县—宁海县、石家庄藁城区—元氏县—井陉矿区、沧州泊头市—河间市、唐山迁安市—迁西县、邯郸磁县—大名县—峰峰矿区。

  从空间分布变化的测度结果来看，1998—2017 年转出污染密集型产业最多的地市是北京、衡水和张家口，转出最多的行业是采矿业、纺织业、造纸及纸制品业、化学原料和化学制品制造业。承接污染密集型产业最多的地市是邯郸、唐山和廊坊，承接的行业主要是农副食品加工业、非金属矿物制品业，黑色金属冶炼和压延加工业。污染密集型产业变动趋势最不明显的地区是承德。分行业的空间分布变化趋势来看，北京各细分行业均向外转出，天津既有行业转出又有行业转入，转出明显的行业是纺织业、化学原料和化学制品制造业、化学纤维制造业，转入明显的行业是黑色金属冶炼和压延加工业、有色金属冶炼和压延加工业。河北各地市多为产业转入地，环京津地区（保定、廊坊）：纺织业、造纸及纸制品业转入量多于其他行业，多集中在保定。河北沿海地区（唐山、沧州、秦皇岛）：农副食品加工业，石油、煤炭及其他燃料加工业，非金属矿物制品业，黑色金属冶炼和压延加工业转入量多于其他行业。冀中南地区（石家庄、邯郸、邢台、衡水）：农副食品加工业、纺织业、化学原料和化学制品制造业、非金属矿物制品业转入量多于其他行业。冀西北地区（张家口、承德）：采矿业、农副食品加工业转入趋势高于其他行业，但强度明显低于河北其他地区。

  京津冀污染密集型产业空间分布变化表现为明显的"倒 U+O+√"的组合式空间格局，由北京—廊坊—保定所构成的"O"字形地区是京津冀的中部核心绿色发展区，以北京产业转出为主，廊坊、保定少量承接为辅，由石家庄—邢台—邯郸—衡水—沧州—天津—唐山所构成的"√"字形外围地区则为京津冀污染密集型产业的集中迁入区，由张家口—承德—秦皇岛所构成的倒"U"字形地区作为京津冀地区重要的生态屏障，除秦皇岛东部沿海部分地区外，其他地区为污染密集型产业承接最少的地区。

  （3）从京津冀污染密集型产业空间分布变化的驱动机理来看，要素禀赋是影响污染密集型产业地理分布的基础条件，为降低生产成本，污染密集型产业倾向于布局在劳动力工资低、矿产资源丰富、地租便宜的地区；区位条件的差异通过各地区基础设施、运输成本和邻近性影响污染密集型产业的分布，完善的交通基础设施、重要的交通枢纽能大幅减少运输成本和时间成本，加快要素的自由流动，地理、制度和认知等方面的邻近性将有效促进经济主体之间的交流，减少污染企业跨地区转移的障碍；市场通过利润最大化下的择优选址与集聚的规模效应、知识溢出效应影响污染企业的选址决策；政府通过政策引导、制度创新和环境规制等方面影响污染密集型产业的分布，环境规制对京津冀污染密集型产业分布的影响以"成本增加效应"为主，"创新补偿效应"为辅。影响因素的实证结果显示：劳动力工资水平、交通条件、集聚经济是推动污染密集型产业转移的重要因素，命令—控制型环境规制与污染密集型产业分布呈 U 形关系，阈值效应明显。污染密集型产业在分布过程中对资源、资本和技术的需求并不高，国外投资与污染密集型产业分布脱钩效应明显。

# 第五章　京津冀污染密集型产业空间布局变化的环境效应分析

污染密集型产业向承接地转移有利于承接地经济和社会发展，但也有可能将污染扩散到承接地，降低产业转移的经济和社会贡献。污染密集型产业转移的环境效应已经成为人们关注的焦点。

本章内容将按照"相关性分析—因果关系验证—环境效应测度"的逻辑框架展开，将依次探讨京津冀污染密集型产业转移与环境污染之间是否具有空间相关性？验证污染密集型产业转移是否会给承接地带来环境污染？计算污染密集型产业转移引起多少污染转移量？以及探究污染密集型产业转移对地区工业污染物排放的影响程度如何？本书所研究的环境效应为污染密集型产业空间分布发生变化（隶属于人类的生产和生活活动范畴）对转出地和承接地环境所造成的影响。本章首先运用区域重心分析法初步观察两者在空间上是否具有相关性，其次运用双重差分模型验证产业转移与污染转移之间的因果关系，最后通过污染转移测算法计算产业转移带来的污染转移，并且测算其对地区工业污染物排放的影响程度。

## 第一节　研究方法与数据来源

对本章研究方法的介绍将按照各部分研究内容所涉及的研究方法进行详细介绍。在分析污染密集型产业分布变化与环境污染状况变动的空间相关性时，用到了区域重心分析法；在验证两者的因果关系时，用到了双重差分模型；在计算污染密集型产业空间分布变化的环境效应时，用到了污染转移测算及环境效应分解法。下面将依次介绍这几种方法。

## 一 研究方法

### (一) 区域重心分析法

区域重心分析方法主要用于分析污染密集型产业分布变化与环境污染状况变动的空间相关性。区域重心分析法用于计算各方向属性所产生"力量"的均衡点，经济重心即在该点各方向经济属性产生的"力量"能够维持相对均衡。[①] 污染重心指在区域污染空间上存在某一点，在各个方向上某些污染属性所产生的"力量"能够维持相对均衡。[②] 重心坐标计算如下[③]：

设区域有 n 个次级区域（或称质点），第 i 个次级区域的中心坐标为 $(X_i, Y_i)$，$M_i$ 为 i 次级区域某属性的量值（或称质量），则该属性意义下的区域重心坐标为[④]：

$$\begin{cases} \bar{x} = \dfrac{\sum\limits_{i=1}^{n} M_i X_i}{\sum\limits_{i=1}^{n} M_i} \\ \bar{y} = \dfrac{\sum\limits_{i=1}^{n} M_i Y_i}{\sum\limits_{i=1}^{n} M_i} \end{cases} \quad (5-1)$$

显然，若属性值 $M_i$ 为次级区域的面积，则重心坐标 $(\bar{x}, \bar{y})$ 就是

---

[①] 冯宗宪、黄建山：《重心研究方法在我国产业与经济空间演变及特征中的实证应用》，《社会科学家》2005 年第 2 期。

[②] 刘娟：《福建省人口重心移动路径及其影响因素的人口学分析》，《人口学刊》2007 年第 1 期；赵坤荣、林奎、许振成等：《中国城镇生活源污染与社会经济发展重心演变对比分析》，《中国环境科学》2013 年第 S1 期。

[③] 徐建华、岳文泽：《近 20 年来中国人口重心与经济中心的演变及其对比分析》，《地理科学》2001 年第 5 期。

[④] 杨蕾、杜鹏、夏斌：《1979—2007 年广东经济重心与产业重心迁移对比研究》，《科技管理研究》2009 年第 7 期。

区域的几何中心。① 在本书的研究中，将次级区域的中心坐标（$X_i$，$Y_i$）取为各次级区域政府所在地。② 在研究期间各次级区域政府地理坐标保持不变（乔谷阳等，2017），坐标数据来自 Google Earth。③

在此基础上可以进一步计算重心移动方向、距离及速度等，因该方法已相对成熟，具体计算过程可参照相关参考文献。④

（二）双重差分模型

区域重心分析方法虽能在一定程度上反映污染密集型产业和环境污染在地理空间上的变动相关，但该方法相对比较粗略，无法直接确定两者的因果关系。在运用产业转移量测算污染转移量之前，必须要验证产业转移与污染转移之间的因果关系。验证的方法是双重差分法（Differences-in-Differences，简称 DID）。

双重差分法是通过比较实验组和对照组在事件发生前后的差别来评估政策和项目实施的因果效应。⑤ 根据双重差分法的基本思想，本书将石家庄、秦皇岛、唐山、沧州、邢台和邯郸定为实验组，将承德、张家口、廊坊、保定和衡水定为对照组（具体分析见第三节），计算产业转移政策前后实验组和对照组的工业污染物排放指标变化，最后计算出两组变化之间的差异。

本书构建产业转移对河北各主要承接地的影响模型⑥：

$$Pollution_{it} = \beta_0 + \beta_1 (region_{it} \times year_{it}) + \beta CON_{it} + u_i + \gamma_t + \varepsilon_{it} \tag{5-2}$$

---

① 柴鹏飞：《鄞州区 2005—2008 年肺结核病疫情的空间统计分析》，硕士学位论文，浙江大学，2009 年。

② 樊杰：《中国农村工业化的经济分析及省际发展水平差异》，《地理学报》1996 年第 5 期。

③ 乔谷阳、潘少奇、乔家军：《环境污染重心与社会经济重心的演变对比分析——以河南省为例》，《地域研究与开发》2017 年第 5 期。

④ Wei, S. J., "Attracting Foreign Direct Investment: Has China Reached Its Potential", *China Review*, Vol. 6, No. 2, Autumn 1995；李秀彬：《地区发展均衡性的可视化测度》，《地理科学》1999 年第 3 期；冯宗宪、黄建山：《1978—2003 年中国经济重心与产业重心的动态轨迹及其对比研究》，《经济地理》2006 年第 2 期；关伟、王春明：《沈阳经济区经济重心的演变及其轨迹分析》，《人文地理》2014 年第 3 期。

⑤ 周朝波、覃云：《碳排放交易试点政策促进了中国低碳经济转型吗？——基于双重差分模型的实证研究》，《软科学》2020 年第 10 期。

⑥ Zhang, Y. and Zhang, J. K., "Estimating the Impacts of Emissions Trading Scheme on Low-carbon Development", *Journal of Cleaner Production*, Vol. 238, November 2019.

公式（5-2）中，$Pollution_{it}$ 代表 $i$ 城市第 $t$ 年的工业污染排放状况，包括工业污染指数、工业废水排放量（强度）、工业 $SO_2$ 排放量（强度）和工业烟（粉）尘排放量（强度）。$region_{it}$ 是政策虚拟变量，0 代表产业承接较少的城市即对照组各市，1 代表产业承接较多的城市即实验组各市。$year_{it}$ 是产业转移政策实施的时间虚拟变量，鉴于《河北省人民政府关于进一步扩大开放承接产业转移的实施》颁布时间为 2010 年 12 月 22 日，本书以政策颁布后的下一年 2011 年为政策落实节点，$year_{it}=0$ 表示政策实施前（$year_{it}<2011$），$year_{it}=1$ 表示政策实施后（$year_{it}\geqslant 2011$）。$CON_{it}$ 表示工业污染排放的控制变量。$u_i$ 和 $\gamma_t$ 分别表示地市固定效应和时间固定效应，$\varepsilon_{it}$ 表示随机误差项。$\beta_1$ 为区域和时间的相互作用项系数，反映污染转移效应。如果该系数通过显著性水平检验，则可以得出产业转移给河北各市带来污染转移的结论。①

在此基础上，可以将包含各因变量、自变量（政策变量）和控制变量的模型构建如下：

$$LnPlu_{it}=\beta_0+\beta_1(region_{it}\times year_{it})+\beta_2 lngdp_{it}+\beta_3 lnpop_{it}+\beta_4 lnopen_{it}+\beta_5 lner_{it}+u_i+\gamma_t+\varepsilon_{it} \tag{5-3}$$

$$LnT_{waterit}=\beta_0+\beta_1(region_{it}\times year_{it})+\beta_2 lngdp_{it}+\beta_3 lnpop_{it}+\beta_4 lnopen_{it}+\beta_5 lner_{it}+u_i+\gamma_t+\varepsilon_{it} \tag{5-4}$$

$$LnT_{SO_2 it}=\beta_0+\beta_1(region_{it}\times year_{it})+\beta_2 lngdp_{it}+\beta_3 lnpop_{it}+\beta_4 lnopen_{it}+\beta_5 lner_{it}+u_i+\gamma_t+\varepsilon_{it} \tag{5-5}$$

$$LnT_{sootit}=\beta_0+\beta_1(region_{it}\times year_{it})+\beta_2 lngdp_{it}+\beta_3 lnpop_{it}+\beta_4 lnopen_{it}+\beta_5 lner_{it}+u_i+\gamma_t+\varepsilon_{it} \tag{5-6}$$

公式中，$Plu_{it}$ 是工业污染指数，$T_{waterit}$、$T_{SO_2 it}$、$T_{sootit}$ 代表工业污染物的排放量，分别是工业废水排放量、工业 $SO_2$ 排放量和工业烟（粉）尘排放量。$gdp_{it}$、$pop_{it}$、$open_{it}$ 和 $er_{it}$ 分别代表控制变量：经济发展水平、人口密度、外资利用水平和环境规制强度。

---

① Wei, D. X., Liu, Y. and Zhang, N., et al., "Does Industry Upgrade Transfer Pollution: Evidence from a Natural Experiment of Guangdong Province in China", *Journal of Cleaner Production*, Vol. 229, August 2019.

### (三) 污染转移测算方法

当前学者们对产业转移环境效应的测算方法主要有两类，一类是通过计量经济模型实证检验产业转移与环境污染之间的关系，另一类则是在控制区域自身产业增长带来的污染后，通过产业转移量计算污染转移量。基于前文产业转移与环境污染之间的因果关系验证，本书将两种方法结合起来，先用后一种方法计算污染转移量，测算污染密集型产业空间分布变化的环境效应，并且计算规模效应、结构效应和技术效应。在此基础上，运用计量经济模型进行实证检验。

(1) 产业污染强度

假设同类型产业内的企业技术效率与全国平均水平相同，各地市某行业的污染产生强度与全国该行业的污染产生强度相等，行业增长率与全国该行业的平均水平相等。设研究基期为 $t-1$ 期，城市 $i$ 产业 $j$ 在 $t-1$ 期的产出为 $Y_{t-1,ij}$，在 $t$ 期的产出为 $Y_{t,ij}$。因在计算产业转移引起的环境污染时，需要排除区域产业自身增长所产生的污染，假设地区 $i$ 未发生产业转移时的产业总产值为：$Y(0)_{t,i} = \sum_j Y(0)_{t,ij} = \sum_j (Y_{t-1,ij} + Y_{t-1,ij} \cdot \dot{Y}_{t,j})$，其中 $\dot{Y}_{t,j}$ 表示此时的增长率。①

产业 $j$ 在 $t$ 期的污染产生强度为：

$$\tau_{t,j} = P_{t,j}/Y_{t,j} \tag{5-7}$$

式（5-7）中，$P_{t,j}$ 和 $Y_{t,j}$ 分别为产业 $j$ 在 $t$ 期的污染产生量和总产值。

(2) 产业转移总量

在不考虑外资流入的前提下，产业转移量为各市产业实际产出值与不发生产业转移时的理论产出之差。城市 $i$ 产业 $j$ 从 $t-1$ 期到 $t$ 期的产业转移量为：

$$v_{t,ij} = Y_{t,ij} - Y(0)_{t,ij} = Y_{t,ij} - Y_{t-1,ij} - Y_{t-1,ij} \cdot \dot{Y}_{t,j} \tag{5-8}$$

当 $v_{t,ij} > 0$ 时，地区 $i$ 转入产业 $j$，当 $v_{t,ij} < 0$ 时地区 $i$ 转出产业 $j$，地区 $i$ 的产业转移量为 $v_{t,i} = \sum_j v_{t,ij}$。

---

① 贺灿飞、周沂、张腾：《中国产业转移及其环境效应研究》，《城市与环境研究》2014 年第 1 期。

### (3) 产业转移的污染量

通过产业转移量和产业污染强度便可以计算产业转移带来的污染转移量：

$$\rho_{t,ij} = v_{t,ij} \cdot \tau_{t,j} \tag{5-9}$$

其中，$v_{t,ij}$ 是产业转移量，$\tau_{t,j}$ 是产业 $j$ 在 $t$ 时期的污染强度。则 $t$ 期地区 $i$ 产业转移的污染总量为：

$$\Delta P(indfix)_{t,i} = \sum \rho_{t,ij} \tag{5-10}$$

通过产业转移的转入量和转出量可以测度污染的转入量：

$$\Delta P(indfix, in)_{t,i} = \sum_j v_{t,ij} \cdot \tau_{t,j}, \ (v_{t,ij} > 0) \tag{5-11}$$

污染的转出量：

$$\Delta P(indfix, out)_{t,i} = \sum_j |v_{t,ij}| \cdot \tau_{t,j}, \ (v_{t,ij} < 0) \tag{5-12}$$

### (4) 环境效应分解

产业转移发生后，地区 $i$ 排除产业增长引起的污染量后实际污染产生量为：

$$\Delta P(tran)_{t,i} = P_{t,i} - P_{t-1,i} - \Delta P(0)_{t,i} \tag{5-13}$$

其中 $\Delta P(0)_{t,i}$ 为区域 $i$ 产业自身增长所引发的环境效应，$\Delta P(0)_{t,i}$ 的计算公式为：

$$\Delta P(0)_{t,i} = \sum_j \tau_{t,j} \cdot Y(0)_{t,ij} - \sum_j (\tau_{t-1,j} \cdot Y_{t-1,ij}) \tag{5-14}$$

可以按照 Gene·Grossman 和 Alan·krueger 提出的公式[①]将 $\Delta P(tran)_{t,i}$ 粗略分解为：

$$\Delta P(tran)_{t,i} \approx \left[ \sum_j \tau_{t,j} \cdot Y_{t,ij} - \sum_j (\tau_{t-1,j} \cdot Y_{t-1,ij}) \right]$$
$$- \left[ \sum_j \tau_{t,j} \cdot Y(0)_{t,ij} - \sum_j (\tau_{t-1,j} \cdot Y_{t-1,ij}) \right]$$
$$= \left[ (Y_{t,i} - Y_{t-1,i}) \sum_j \tau_{t,j} \cdot \frac{Y_{t,ij}}{Y_{t,i}} + Y_{t,i} \right] \cdot$$
$$\left[ \sum_j \tau_{t,j} \left( \frac{Y_{t,ij}}{Y_{t,i}} - \frac{Y_{t-1,ij}}{Y_{t-1,i}} \right) + Y_{t,i} \sum_j (\tau_{t,j} - \tau_{t-1,j}) \cdot \frac{Y_{t,ij}}{Y_{t,i}} \right] -$$

---

[①] Grossman, G., Krueger, A., "Environmental Impacts of North American Free Agreement", National Bureau of Economic Research Working paper Series, No. 3914, November 1991.

$$\left[ (Y(0)_{t,i} - Y_{t-1,i}) \sum_j \tau_{t,j} \cdot \frac{Y(0)_{t,ij}}{Y(0)_{t,i}} + Y(0)_{t,i} \right]$$

$$\left[ \sum_j \tau_{t,j} \cdot \left( \frac{Y(0)_{t,ij}}{Y(0)_{t,i}} - \frac{Y_{t-1,ij}}{Y_{t-1,i}} \right) + Y(0)_{t,i} \right]$$

$$\left[ \sum_j (\tau_{t,j} - \tau_{t-1,j}) \cdot \left( \frac{Y(0)_{t,ij}}{Y(0)_{t,i}} \right) \right]$$

$$= (\Delta P_l + \Delta P_s + \Delta P_t) - (\Delta P(0)_l + \Delta P(0)_s + \Delta P(0)_t)$$

$$= (\Delta P_l - \Delta P(0)_l) + (\Delta P_s - \Delta P(0)_s) + (\Delta P_t - \Delta P(0)_t)$$

$$= \Delta P(tran)_l + \Delta P(tran)_s + \Delta P(tran)_t \qquad (5-15)$$

上式中 $\Delta P(tran)_l$、$\Delta P(tran)_s$ 和 $\Delta P(tran)_t$ 分别代表排除产业增长引起的污染量以后，产业转移给环境带来的规模效应、结构效应和技术效应；$\Delta P_l$、$\Delta P_s$ 和 $\Delta P_t$ 分别代表地区产业发展的环境规模效应、结构效应和技术效应；$\Delta P(0)_l$、$\Delta P(0)_s$ 和 $\Delta P(0)_t$ 分别代表产业增长引发对环境的规模效应、结构效应和技术效应。

**二 数据来源**

相关数据主要来源于《中国环境年鉴》《中国生态环境状况公报》《中国城市统计年鉴》《中国工业统计年鉴》、相关省份地市统计年鉴及环境统计公报，信访数据来自统计年鉴和河北省生态环境厅。2011年前为工业总产值数据，2012—2018年为工业销售产值数据，为消除价格波动影响，将产值数据修正到1998年不变价格，个别缺失的数据采用插值法进行补充。

## 第二节 污染密集型产业重心与污染重心演变对比分析

**一 污染密集型产业重心空间演变轨迹**

运用区域重心分析方法，计算京津冀污染密集型产业分布指数 $R_j$ 的重心坐标，将其在地图中标注，并依次将各个坐标点连接起来，便可得到1998—2017年京津冀地区污染密集型产业重心演变轨迹。

从污染密集型产业分布指数重心的移动方向来看,1998年以来,京津冀地区污染密集型产业分布指数重心变动方向大致呈现从"第四象→限第三象限→第一象限→第四象限"的演变轨迹,研究期间京津冀地区污染密集型产业分布指数重心整体向西南方向移动,重心主要分布在沧州和廊坊境内。污染密集型产业分布指数重心顺时针旋转的年份占比为68.42%,逆时针旋转仅占31.58%,即有较多年份出现向南移动的趋势(见表5-1)。

表5-1 京津冀地区污染密集型产业分布指数重心移动方向和距离
(1998—2017年)

| 年份 | 空间位置(度) | | 移动方向(度) | 移动距离(km) | 年份 | 空间位置(度) | | 移动方向(度) | 移动距离(km) |
| --- | --- | --- | --- | --- | --- | --- | --- | --- | --- |
| | 经度(E) | 纬度(N) | | | | 经度(E) | 纬度(N) | | |
| 1998 | 116.30 | 38.85 | — | — | 2008 | 115.99 | 38.45 | -154.71 | 41.39 |
| 1999 | 116.31 | 38.83 | -44.64 | 1.62 | 2009 | 116.24 | 38.66 | 40.65 | 36.62 |
| 2000 | 116.32 | 38.82 | -44.64 | 1.65 | 2010 | 116.25 | 38.65 | -53.13 | 1.69 |
| 2001 | 116.28 | 38.73 | -113.91 | 11.06 | 2011 | 116.28 | 38.70 | 55.75 | 6.50 |
| 2002 | 116.41 | 38.86 | 45.53 | 19.70 | 2012 | 116.24 | 38.69 | -165.55 | 4.78 |
| 2003 | 116.31 | 38.74 | -128.86 | 16.66 | 2013 | 116.24 | 38.69 | 7.75 | 0.54 |
| 2004 | 116.29 | 38.73 | -147.30 | 3.16 | 2014 | 116.21 | 38.68 | -169.14 | 4.28 |
| 2005 | 116.27 | 38.75 | 131.70 | 3.00 | 2015 | 116.23 | 38.68 | -5.73 | 2.09 |
| 2006 | 116.04 | 38.50 | -132.85 | 36.94 | 2016 | 116.23 | 38.67 | -70.60 | 1.19 |
| 2007 | 116.33 | 38.61 | 19.79 | 33.26 | 2017 | 116.29 | 38.65 | -15.18 | 7.22 |

分阶段来看,1998—2007年京津冀地区污染密集型产业分布指数重心顺时针方向旋转的年份占比为66.67%,即有66.67%的年份出现向南移动的趋势,其中旋转角度大于90°(位于第三象限)的年份有4个,表明有44.44%的年份污染密集型产业分布指数重心向西南方向移动。2008—2013年京津冀地区污染密集型产业分布指数重心顺时针方向旋转和逆时针方向旋转的年份占比各为50.00%。2014—2017年京津

冀地区污染密集型产业分布指数重心均为逆时针方向旋转，并且角度小于90°（位于第一象限）的年份占比为75.00%，表明该阶段污染密集型产业分布指数重心向东南方向移动的趋势明显。

从污染密集型产业分布指数重心移动的距离和速度来看，京津冀地区污染密集型产业分布指数重心由剧烈变动走向平稳变动。1998—2009年，污染密集型产业分布指数重心移动距离为205.06km，占移动总距离的87.88%。说明污染密集型产业分布指数重心在2009年前移动距离较大，这与地区间污染密集型行业跨地区转移密切相关，这与前文中污染密集型产业的空间分布状况相对应。移动距离最大的年份出现在2008年，向西偏南25.29°、移动41.39km，移动距离最小的年份为2013年，向东偏北7.75°、移动0.54km。此外，污染密集型产业分布指数重心移动方向角度在（-45°，45°）、（135°，180°）、（-135°，-180°）范围内，即<1的年份共有11年，占比为57.89%，总体上来看京津冀地区污染密集型产业分布指数重心在经度上的变化速度比纬度上快，反映出京津冀地区东西方向上污染密集型行业动态变化相对于南北方向上污染密集型行业动态变化来说更剧烈。

## 二 环境污染重心空间演变轨迹

运用区域重心分析法，计算京津冀地区工业污染指数、工业废水排放、工业$SO_2$排放和工业烟（粉）尘排放的重心坐标，将其在地图中标注，并依次将各个坐标点连接起来，便可得到1998—2017年京津冀地区工业污染重心演变轨迹。

（一）工业污染指数重心演变

工业污染指数计算方法如下：本书采用熵值法确定各污染物的指标权重，熵值法因能有效反映指标信息的效应价值并降低评价者的主观性而被学者们广泛应用。[①] 采用极差标准化方法对指标进行标准化处理，计算1998—2018年各污染物的指标权重，省级尺度工业废水、工业废气和工业固体废物的权重分别是0.267、0.338、0.395，考虑到数据的

---

① 李花、赵雪雁、王伟军等：《基于多尺度的中国城市工业污染时空分异及影响因素》，《地理研究》2019年第8期。

可获取性（工业固体废物综合利用率无法代替其产生情况），地市尺度工业废水、工业二氧化硫、工业烟（粉）尘的权重分别是 0.237、0.241、0.522。最后采用加权的方法得到各城市的工业污染综合指数 $P_{ij}$，计算公式如下：

$$P_{ij} = \sum_{j=1}^{3} Z_{ij} \times w_{ij} \tag{5-16}$$

式中，$P_{ij}$ 为城市 $i$ 的工业污染指数，$Z_{ij}$ 为 $i$ 城市第 $j$ 类工业污染物的标准化值 $[Z_{ij} = (x_{ij} - x_{jmin}) / (x_{jmax} - x_{jmin})]$，$w_{ij}$ 为 $j$ 类工业污染物的权重，$P_{ij}$ 值越大表明工业污染程度越严重，反之污染程度越低。

从工业污染指数重心的移动方向来看。1998年以来，京津冀地区工业污染指数重心变动方向大致呈现从"第三象限→第四象限→第一象限"的演变轨迹，研究期间京津冀地区工业污染指数重心整体向东北方向移动，重心主要分布在廊坊、沧州和天津境内。工业污染指数重心顺时针旋转的年份占比为 63.68%，逆时针方向旋转的年份仅占 36.32%，即有较多年份出现向南移动的趋势，但移动幅度相对 2014 年后较小（见表 5-2）。

分阶段来看，1998—2006 年京津冀地区工业污染指数重心顺时针方向旋转的年份占比为 75%，即有 75% 的年份出现向南移动的趋势，其中旋转角度大于 90°（位于第三象限）的年份有 4 个，表明有 50.00% 的年份工业污染指数重心向西南方向移动；2007—2014 年京津冀地区工业污染指数重心顺时针方向旋转的年份占比为 62.50%，即有 62.50% 的年份继续向南移动。2015—2017 年京津冀地区工业污染指数重心均为逆时针方向旋转，并且角度都小于 90°（位于第一象限），表明该阶段工业污染指数重心向东北方向移动。

从工业污染指数重心移动的距离和速度来看，京津冀地区工业污染指数重心由稳步变动走向剧烈变动。2008—2017 年，工业污染指数重心移动距离为 88.14km，占移动总距离的 67.22%。说明工业污染指数重心在近年来移动距离较大，区域间差距明显加大。移动距离最大的年份出现在 2016 年，向东偏北 28.23°、移动 25.23km；移动距离最小的年份为 2014 年，向东偏南 21.48°、移动 0.76km。此外，工业污染指数

表 5-2　　京津冀地区工业污染指数重心移动方向和距离
（1998—2017 年）

| 年份 | 空间位置（度） | | 移动方向（度） | 移动距离（km） | 年份 | 空间位置（度） | | 移动方向（度） | 移动距离（km） |
| --- | --- | --- | --- | --- | --- | --- | --- | --- | --- |
| | 经度（E） | 纬度（N） | | | | 经度（E） | 纬度（N） | | |
| 1998 | 116.26 | 38.86 | — | — | 2008 | 116.36 | 38.87 | 24.07 | 10.07 |
| 1999 | 116.22 | 38.84 | -160.80 | 4.41 | 2009 | 116.34 | 38.90 | 114.32 | 4.19 |
| 2000 | 116.30 | 38.85 | 1.69 | 8.89 | 2010 | 116.32 | 38.87 | -124.52 | 4.19 |
| 2001 | 116.32 | 38.90 | 70.16 | 6.01 | 2011 | 116.44 | 38.78 | -39.79 | 16.49 |
| 2002 | 116.31 | 38.88 | -106.62 | 2.28 | 2012 | 116.40 | 38.76 | -147.11 | 4.70 |
| 2003 | 116.32 | 38.85 | -60.60 | 3.09 | 2013 | 116.39 | 38.75 | -133.41 | 1.42 |
| 2004 | 116.27 | 38.85 | -174.90 | 5.65 | 2014 | 116.40 | 38.74 | -21.48 | 0.76 |
| 2005 | 116.31 | 38.82 | -35.74 | 4.90 | 2015 | 116.45 | 38.77 | 32.66 | 6.29 |
| 2006 | 116.26 | 38.82 | -171.82 | 5.24 | 2016 | 116.65 | 38.88 | 28.23 | 25.23 |
| 2007 | 116.28 | 38.83 | 49.94 | 2.51 | 2017 | 116.74 | 38.98 | 45.68 | 14.80 |

重心移动方向角度在（-45°，45°）、（135°，180°）、（-135°，-180°）范围内，即<1 的年份共有 11 年，占比为 57.89%，总体上来看京津冀地区工业污染指数在经度上的变化速度比纬度上快，反映出京津冀地区东西方向上污染动态变化相对于南北方向上污染变化来说更剧烈。

（二）工业废水排放重心演变

从工业污染废水排放重心的移动方向来看。1998 年以来，京津冀地区工业废水排放重心变动方向大致呈现"第三象限→第四象限→第一象限"的演变轨迹，研究期间京津冀地区工业废水排放重心整体向东南方向移动；重心主要分布在保定、廊坊和沧州境内。工业废水排放重心顺时针方向旋转的年份占比为 52.63%，逆时针方向旋转的年份占比为 47.37%，即向南移动趋势稍大于向北移动趋势（见表 5-3）。

表5-3　　京津冀地区工业废水排放重心移动方向和距离
（1998—2017年）

| 年份 | 空间位置（度） | | 移动方向（度） | 移动距离（km） | 年份 | 空间位置（度） | | 移动方向（度） | 移动距离（km） |
| --- | --- | --- | --- | --- | --- | --- | --- | --- | --- |
| | 经度（E） | 纬度（N） | | | | 经度（E） | 纬度（N） | | |
| 1998 | 116.30 | 38.97 | — | — | 2008 | 116.41 | 38.91 | 36.65 | 11.13 |
| 1999 | 116.22 | 38.94 | -158.33 | 9.63 | 2009 | 116.31 | 38.94 | 161.03 | 11.35 |
| 2000 | 116.25 | 38.91 | -44.49 | 4.51 | 2010 | 116.28 | 38.89 | -116.74 | 6.66 |
| 2001 | 116.34 | 38.96 | 28.92 | 11.87 | 2011 | 116.15 | 38.71 | -127.19 | 24.87 |
| 2002 | 116.34 | 38.93 | -90.43 | 3.90 | 2012 | 116.11 | 38.71 | 175.64 | 4.06 |
| 2003 | 116.32 | 38.87 | -109.70 | 6.72 | 2013 | 116.03 | 38.67 | -151.37 | 10.16 |
| 2004 | 116.36 | 38.92 | 48.29 | 6.62 | 2014 | 116.11 | 38.71 | 28.10 | 10.02 |
| 2005 | 116.40 | 38.89 | -31.97 | 4.71 | 2015 | 116.19 | 38.72 | 3.80 | 8.74 |
| 2006 | 116.33 | 38.87 | -162.35 | 7.07 | 2016 | 116.34 | 38.83 | 37.49 | 20.82 |
| 2007 | 116.33 | 38.85 | -111.06 | 2.92 | 2017 | 116.46 | 38.93 | 39.64 | 17.42 |

分阶段来看，1998—2007年京津冀地区工业废水排放重心顺时针方向移动的年份占比为77.78%，即有77.78%的年份出现向南移动的趋势，其中旋转角度大于90°（位于第三象限）的年份有4个，表明有44.44%的年份工业废水排放重心向西南方向移动；旋转角度小于90°（位于第四象限）的年份有3个，表明有33.33%的年份工业废水排放重心向东南方向移动。2008—2013年京津冀地区工业废水排放重心顺时针方向旋转和逆时针方向旋转的年份各占50.00%，顺时针方向角度均大于90°（位于第三象限），表明有50.00%的年份工业废水排放重心向西南方向移动；逆时针方向角度大于90°（位于第二象限）的年份有两个，表明有33.33%的年份工业废水排放重心向西北移动。由此可知，该阶段工业废水排放重心向西移动趋势明显。2014—2017年京津冀地区工业废水排放重心均为逆时针方向移动，并且角度都小于90°（位于第一象限），表明该阶段工业废水排放重心向东北方向稳步移动。

从工业废水排放重心移动的距离和速度来看，京津冀地区工业废水排放重心变动强度逐步加强。2008—2017 年，工业废水排放重心移动距离为 125.24km，占移动总距离的 68.37%。说明工业废水排放重心在近年来移动距离较大，区域间差距明显加大。移动距离最大的年份出现在 2011 年，向南偏西 37.19°、移动 24.87km，移动距离最小的年份为 2007 年，向南偏西 21.06°移动、2.92km。此外，工业废水排放重心移动方向角度在（-45°，45°）、（135°，180°）、（-135°，-180°）范围内，即<1 的年份共有 13 年，占比为 68.42%，总体上来看京津冀地区工业废水排放重心在经度上的变化速度比纬度上快，反映出京津冀地区东西方向上工业废水排放动态变化相对于南北方向上工业废水排放变化来说更剧烈。

（三）工业 $SO_2$ 排放重心演变

从工业 $SO_2$ 排放重心的移动方向来看，1998 年以来，京津冀地区工业 $SO_2$ 排放重心变动方向大致呈现"第三象限→第一象限→第四象限→第三象限→第一象限"的演变轨迹，研究期间京津冀地区工业 $SO_2$ 排放重心整体向东南方向移动，重心主要分布在保定、廊坊、沧州和天津境内。工业 $SO_2$ 排放重心顺时针旋转的年份占比为 57.89%，逆时针旋转的年份占比为 42.11%，即向南移动趋势稍大于向北移动趋势（见表 5-4）。

分阶段来看，1998—2007 年京津冀地区工业 $SO_2$ 排放重心顺时针方向移动的年份占比为 55.56%，即有 55.56% 的年份出现向南移动的趋势，其中旋转角度大于 90°（位于第三象限）的年份有 4 个，表明有 44.44% 的年份工业 $SO_2$ 排放重心向西南方向移动。逆时针方向移动的年份有 4 个，旋转角均小于 90°（位于第一象限），表明有 44.44% 的年份工业 $SO_2$ 排放重心向东北方向移动。2008—2013 年京津冀地区工业 $SO_2$ 排放重心顺时针方向移动的年份占比为 83.33%，表明有 83.33% 的年份工业 $SO_2$ 排放重心向南移动。顺时针方向小于 90°（位于第四象限）的年份占比为 50.00%，表明有 50.00% 的年份工业 $SO_2$ 排放重心向东南方向移动。由此可知，该阶段工业 $SO_2$ 排放重心向南移动趋势明显。2014—2017 年京津冀地区工业 $SO_2$ 排放重心逆时针方向移

表 5-4　京津冀地区工业 $SO_2$ 排放重心移动方向和距离
（1998—2017 年）

| 年份 | 空间位置（度） | | 移动方向（度） | 移动距离（km） | 年份 | 空间位置（度） | | 移动方向（度） | 移动距离（km） |
| --- | --- | --- | --- | --- | --- | --- | --- | --- | --- |
| | 经度（E） | 纬度（N） | | | | 经度（E） | 纬度（N） | | |
| 1998 | 116.26 | 38.96 | — | — | 2008 | 116.29 | 38.89 | -4.15 | 5.03 |
| 1999 | 116.22 | 38.94 | -152.30 | 5.26 | 2009 | 116.29 | 38.88 | -94.57 | 1.08 |
| 2000 | 116.34 | 38.95 | 3.63 | 13.40 | 2010 | 116.35 | 38.85 | -27.09 | 7.06 |
| 2001 | 116.34 | 39.00 | 89.38 | 5.36 | 2011 | 116.39 | 38.83 | -30.38 | 5.19 |
| 2002 | 116.34 | 38.99 | -131.14 | 1.25 | 2012 | 116.41 | 38.83 | 12.77 | 2.96 |
| 2003 | 116.21 | 38.89 | -143.76 | 17.51 | 2013 | 116.39 | 38.82 | -155.08 | 2.44 |
| 2004 | 116.22 | 38.90 | 34.48 | 1.96 | 2014 | 116.43 | 38.86 | 50.03 | 5.58 |
| 2005 | 116.26 | 38.87 | -35.26 | 5.64 | 2015 | 116.45 | 38.87 | 15.97 | 2.95 |
| 2006 | 116.21 | 38.84 | -150.58 | 7.09 | 2016 | 116.34 | 38.76 | -134.25 | 17.39 |
| 2007 | 116.25 | 38.89 | 53.54 | 6.99 | 2017 | 116.70 | 38.92 | 24.00 | 44.16 |

年份占比为 75.00%（除 2016 年以外的其他年份），并且角度小于 90°（位于第一象限），表明该阶段工业 $SO_2$ 排放重心向东北方向移动趋势明显。

从工业 $SO_2$ 排放重心移动的距离和速度来看，京津冀地区工业 $SO_2$ 排放重心变动强度由稳定到剧烈。2008—2017 年，工业 $SO_2$ 排放重心移动距离为 93.84km，占移动总距离的 59.28%。说明工业 $SO_2$ 排放重心在近年来移动距离较大，区域间差距加大。移动距离最大的年份出现在 2017 年，向东偏北 24.00°、移动 44.16km，移动距离最小的年份为 2009 年，向南偏西 4.57°、移动 1.08km。此外，工业 $SO_2$ 排放重心移动方向角度在（-45°，45°）、（135°，180°）、（-135°，-180°）范围内，即<1 的年份共有 13 年，占比为 68.42%。总体上来看京津冀地区工业 $SO_2$ 排放重心在经度上的变化速度比纬度上快，反映出京津冀地区东西方向上工业 $SO_2$ 排放动态变化相对于南北方向上工业 $SO_2$ 排放变化来说更剧烈。

## (四) 工业烟(粉)尘排放重心演变

从工业烟(粉)尘排放重心的移动方向来看,1998年以来,京津冀地区工业烟(粉)尘排放重心变动方向大致呈现"各象限交替进行"整体向"第一象限"移动演变的轨迹,研究期间京津冀地区工业烟(粉)尘排放重心整体向东北方向移动,重心主要分布在沧州、廊坊和天津境内。工业烟(粉)尘排放重心逆时针旋转的年份占比为63.16%,顺时针方向旋转的年份占比为36.85%,即向北移动趋势明显大于向南移动趋势(见表5-5)。

表5-5 京津冀地区工业烟(粉)尘排放重心移动方向和距离(1998—2017年)

| 年份 | 空间位置(度) 经度(E) | 空间位置(度) 纬度(N) | 移动方向(度) | 移动距离(km) | 年份 | 空间位置(度) 经度(E) | 空间位置(度) 纬度(N) | 移动方向(度) | 移动距离(km) |
|---|---|---|---|---|---|---|---|---|---|
| 1998 | 116.21 | 38.61 | — | — | 2008 | 116.41 | 38.76 | 23.41 | 17.24 |
| 1999 | 116.24 | 38.61 | -8.56 | 3.03 | 2009 | 116.57 | 38.88 | 39.26 | 21.92 |
| 2000 | 116.31 | 38.64 | 24.41 | 8.57 | 2010 | 116.39 | 38.92 | 169.07 | 19.65 |
| 2001 | 116.25 | 38.65 | 170.63 | 6.88 | 2011 | 116.71 | 38.81 | -19.41 | 37.35 |
| 2002 | 116.24 | 38.64 | -133.20 | 2.02 | 2012 | 116.66 | 38.74 | -125.20 | 8.79 |
| 2003 | 116.51 | 38.78 | 27.85 | 34.90 | 2013 | 116.67 | 38.76 | 64.73 | 2.58 |
| 2004 | 116.23 | 38.65 | -154.56 | 35.30 | 2014 | 116.56 | 38.71 | -154.83 | 14.00 |
| 2005 | 116.25 | 38.62 | -52.02 | 3.55 | 2015 | 116.63 | 38.78 | 44.37 | 10.70 |
| 2006 | 116.26 | 38.68 | 81.31 | 6.91 | 2016 | 116.97 | 38.99 | 31.41 | 44.52 |
| 2007 | 116.27 | 38.70 | 43.73 | 2.16 | 2017 | 116.92 | 39.04 | 128.98 | 8.18 |

分阶段来看,1998—2007年京津冀地区工业烟(粉)尘排放重心逆时针方向移动的年份占比为55.56%,即有55.56%的年份出现向北移动的趋势,其中旋转角度小于90°(位于第一象限)的年份有4个,表明有44.44%的年份工业烟(粉)尘排放重心向东北方向移动。顺时针方向移动的年份有4个,旋转角大于90°(位于第三象

限）和小于90°（位于第四象限）各有两个年份，这4个年份工业烟（粉）尘排放重心向南移动。2008—2014年京津冀地区工业烟（粉）尘排放重心逆时针方向移动的年份占比为57.14%，表明该阶段有57.14%的年份工业烟（粉）尘排放重心向北移动。逆时针方向旋转小于90°（位于第一象限）的年份占比为42.86%，表明该阶段有42.86%的年份工业烟（粉）尘排放重心向东北方向移动。2015—2017年京津冀地区工业烟（粉）尘排放重心均为逆时针方向，并且角度小于90°（位于第一象限）有2个年份，表明该阶段工业烟（粉）尘排放重心向东北方向移动趋势明显。

从工业烟（粉）尘排放重心移动的距离和速度来看，京津冀地区工业烟（粉）尘排放重心变动幅度大，变动强度逐步加大。2008—2017年，工业烟（粉）尘排放重心移动距离为184.92km，占移动总距离的64.15%。说明工业烟（粉）尘排放重心在近年来移动距离较大，区域间差距加大。移动距离最大的年份出现在2016年，向东偏北31.41°移动44.52km；移动距离最小的年份为2002年，向南偏西43.20°移动2.02km。此外，工业烟（粉）尘排放重心移动方向角度在（-45°，45°）、（135°，180°）、（-135°，-180°）范围内，即<1的年份共有13年，占比为68.42%，总体上来看京津冀地区工业烟（粉）尘排放重心在经度上的变化速度比纬度上快，反映出京津冀地区东西方向上工业烟（粉）尘排放动态变化相对于南北方向上工业烟（粉）尘排放变化来说更剧烈。

通过不同污染物排放的重心移动轨迹可知，不同污染物的重心移动存在明显差异。首先，从重心位置来看，工业废水排放重心、工业 $SO_2$ 排放重心多集中在廊坊境内（占比分别为68.42%、78.95%），工业烟（粉）尘重心多集中在沧州境内（占比为50.00%）。其次，从重心移动方向上来看，1998—2017年工业废水排放重心、工业 $SO_2$ 排放重心向东南方向移动，工业烟（粉）尘重心向东北方向移动。从重心移动距离上看，工业烟（粉）尘排放重心变动幅度>工业废水排放重心变动幅度>工业 $SO_2$ 排放重心变动幅度（见表5-6）。

表 5-6　京津冀地区主要污染物排放重心移动方向和距离对比
（1998—2017 年）

| 污染物类型 | 起始空间位置（度） | | 结束空间位置（度） | | 移动方向 | 移动距离（km） | | |
|---|---|---|---|---|---|---|---|---|
| | 经度（E） | 纬度（N） | 经度（E） | 纬度（N） | | 最长距离 | 最短距离 | 最短距离 |
| 工业废水 | 116.30 | 38.97 | 116.46 | 38.93 | 东南 | 183.19 | 24.87 | 2.92 |
| 工业 $SO_2$ | 116.26 | 38.96 | 116.70 | 38.92 | 东南 | 158.30 | 44.16 | 1.08 |
| 工业烟（粉）尘 | 116.21 | 38.61 | 116.92 | 39.04 | 东北 | 288.25 | 44.52 | 2.02 |

### 三　污染密集型产业重心与环境污染重心的关联性分析

对比 1998—2017 年京津冀污染密集型产业分布指数重心、工业污染指数重心、工业废水排放重心、工业 $SO_2$ 排放重心和工业烟（粉）尘排放重心的演变轨迹（见图 5-1、图 5-2、图 5-3），可以发现：

（1）从整体上来看，污染密集型产业分布指数重心与区域污染重心［工业污染指数重心、工业废水排放重心、工业 $SO_2$ 排放重心和工业烟（粉）尘排放重心］并不重合。污染密集型产业重心位于西南的位置，变化幅度较大。工业污染指数重心位于污染密集型产业重心的东北方向，表明相对于污染密集型产业重心来说，工业污染重心偏向于京津冀东北部各地市。工业废水重心位于污染密集型产业重心的北方，表明工业废水重心偏向于京津冀北部城市，两者变动趋势具有一定的相似性。工业 $SO_2$ 排放重心由位于污染密集型产业重心的北方逐步转变为东北方向，表明工业 $SO_2$ 排放重心由京津冀北部城市向东北部城市转变。工业烟（粉）尘排放重心由位于污染密集型产业重心的西南方向逐步转变为东北方向，表明工业烟（粉）排放尘重心由京津冀南部城市向东北部城市转变。从重心变动格局可知，京津冀北部城市在工业废物排放中占有较大比重，并且东北部城市工业废物排放占比有进一步增大的趋势。

（2）从整体移动方向来看，污染密集型产业重心呈现向西南方向移动的趋势，而污染重心呈现向东北方向移动的趋势，逐步偏离污染密集型产业重心。这与预想存在一定的差异，考虑可能是不同污染物的移动方向不同而导致的，因此有必要对不同污染物的移动方向进行仔细分析。此外，污染密集型产业重心和各污染物重心在移动距离上差异明显，表现为：工业烟（粉）尘排放重心（288.25km）＞污染密集型产业重心（205.06km）＞工业废水排放重心（183.19km）＞工业 $SO_2$ 排放重心（158.30km）。

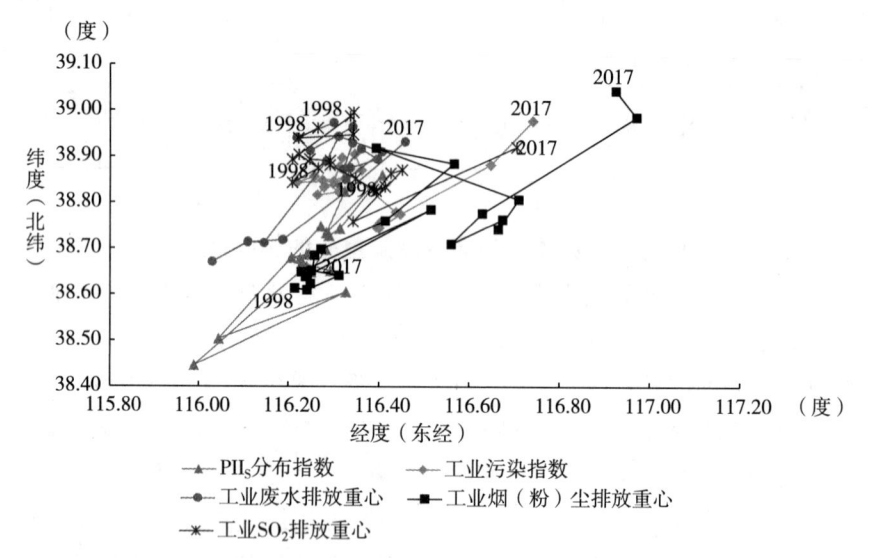

图 5-1　京津冀污染密集型产业重心与污染重心的演变路径对比

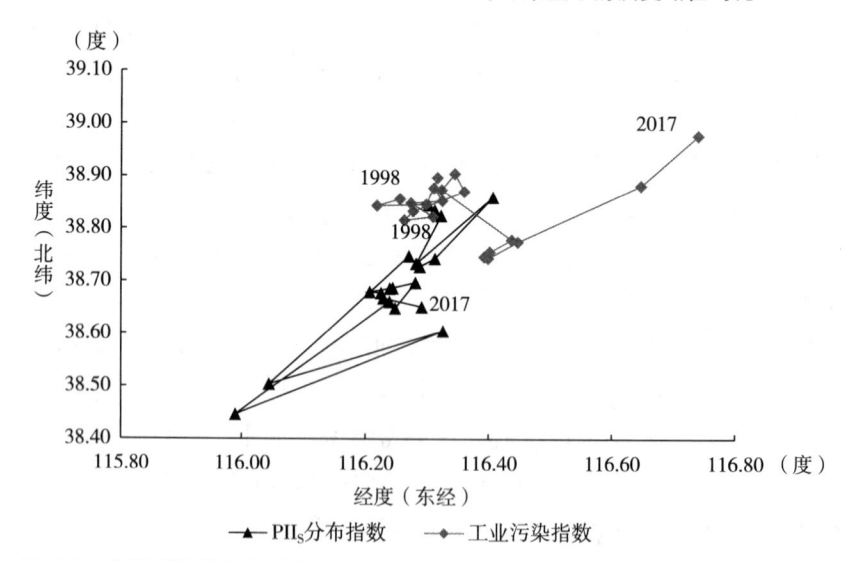

图 5-2　京津冀污染密集型产业重心与工业污染指数重心、工业废水排放重心对比

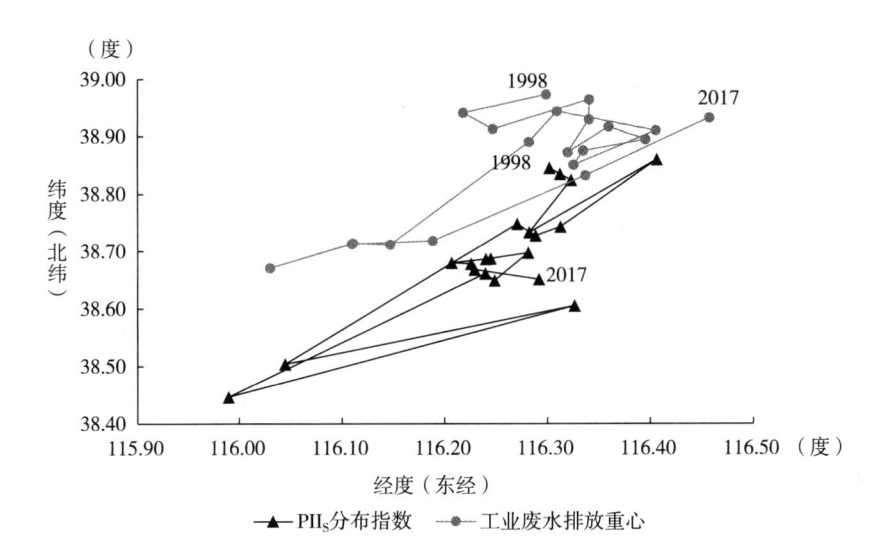

**图 5-2　京津冀污染密集型产业重心与工业污染指数重心、
工业废水排放重心对比（续）**

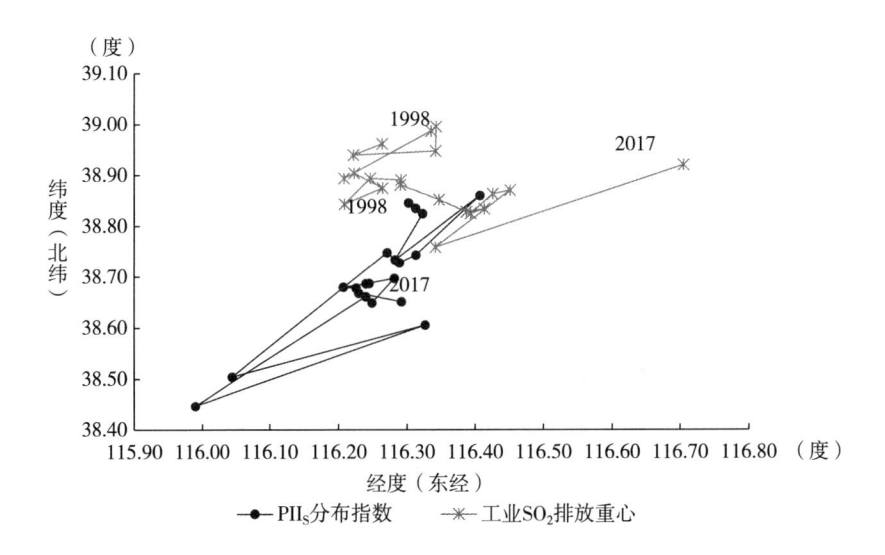

**图 5-3　京津冀污染密集型产业重心与工业 $SO_2$ 排放重心、
工业烟（粉）尘排放重心对比**

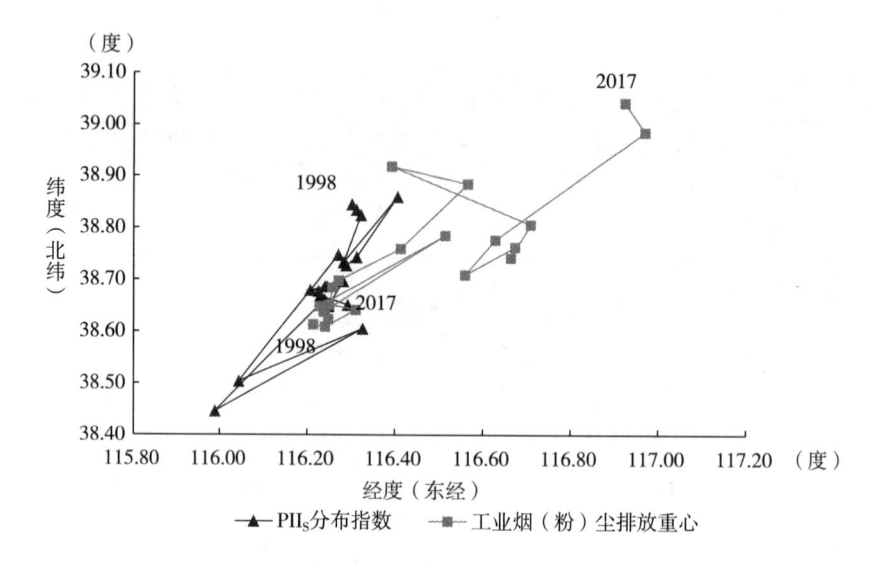

**图 5-3　京津冀污染密集型产业重心与工业 $SO_2$ 排放重心、工业烟（粉）尘排放重心对比（续）**

（3）从经度上看，1998—2005 年污染密集型产业重心向西缓慢移动，2006—2009 年污染密集型产业重心空间布局调整强度大，2010 年后污染密集型产业重心缓慢向东移动。说明除 2006—2009 年外，京津冀地区污染密集型产业在各地市的发展基本稳定，西部城市和东部城市污染密集型产业发展稳步提升（见图 5-4）。工业 $SO_2$ 排放重心由西向东稳步移动，其中 2016 年是重心变化最剧烈的一年。工业废水排放重心、工业烟（粉）尘排放重心在经度方向变化幅度较大，1998—2007 年工业废水排放重心、工业烟（粉）尘排放重心缓慢向东移动，2008 年后工业废水排放重心迅速向西移动，2013 年到达东经 116.03°，随后工业废水重心出现逆转，大幅度向东转移。与此相反，2008 年后工业烟（粉）尘排放重心大幅向东移动，2016 年到达最东处（东经 116.97°），随后工业烟（粉）尘排放重心出现小幅回落至 2017 年的东经 116.92°。2017 年重心经度值顺序为：工业烟（粉）尘排放重心（东经 116.92°）＞工业 $SO_2$ 排放重心（东经 116.70°）＞工业废水排放重心（东经 116.46°）＞污染密集型产业重心（东经 116.29°）。2008 年后，与污染密集型产业重心相比，环境污染重心偏东，表明京津冀东部地区污染物日益增多，环境污染逐步加重。

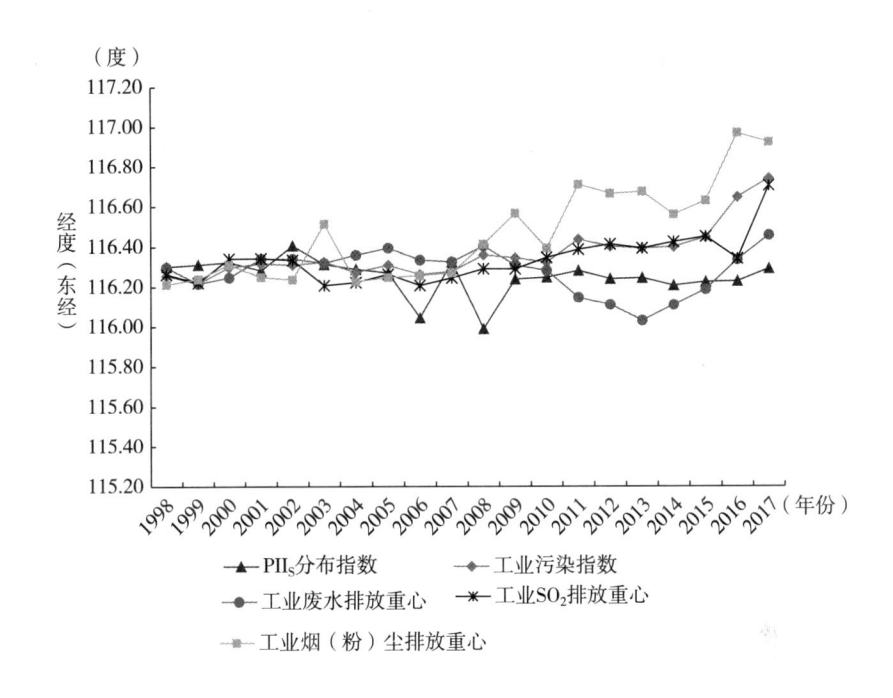

**图 5-4　京津冀污染密集型产业重心与工业污染物排放重心经度对比**

（4）从纬度上看，1998—2005 年污染密集型产业重心向低纬度缓慢移动，2006—2009 年污染密集型产业重心在纬度上的波动与在经度上的波动趋势相似，表明该阶段污染密集型产业空间布局调整强度大，2010 年后污染密集型产业重心继续缓慢向低纬度移动（见图 5-5）。说明除 2006—2009 年外，京津冀地区污染密集型产业在南部地区实力逐步增强，比重逐渐加大。1998—2010 年工业废水排放重心缓慢向低纬度移动，2011—2015 年工业废水排放重心处于最低纬度处，随后工业废水排放重心迅速向高纬度地区移动。工业 $SO_2$ 排放重心变动趋势相对稳定，1998—2016 年重心逐步向低纬度移动，2016 年降低至纬度最低点后迅速上升至北纬 38.92°。工业烟（粉）尘排放重心变动幅度明显高于其他污染物，1998—2010年工业烟（粉）尘排放重心迅速向高纬度地区移动，随后迅速向低纬度地区移动，2014年后工业烟（粉）尘排放重心再次出现逆转，迅速向高纬度地区移动。表明研究期间京津冀地区环境污染经历了北部加重→南部加重→北部加重的变化过程。2017年重心纬度值顺序为：工业烟（粉）尘排放重心（北纬39.04°）>工业废水排放重心（北纬38.93°）>工业$SO_2$排放重心（北纬38.92°）>污染密集型产业重心（北纬38.65°）。2008年后，总体来看，与污染密集型产业重心相比，环境污染重心偏北，表明京津冀北部地区污染物日益增多，环境污染逐步加重。

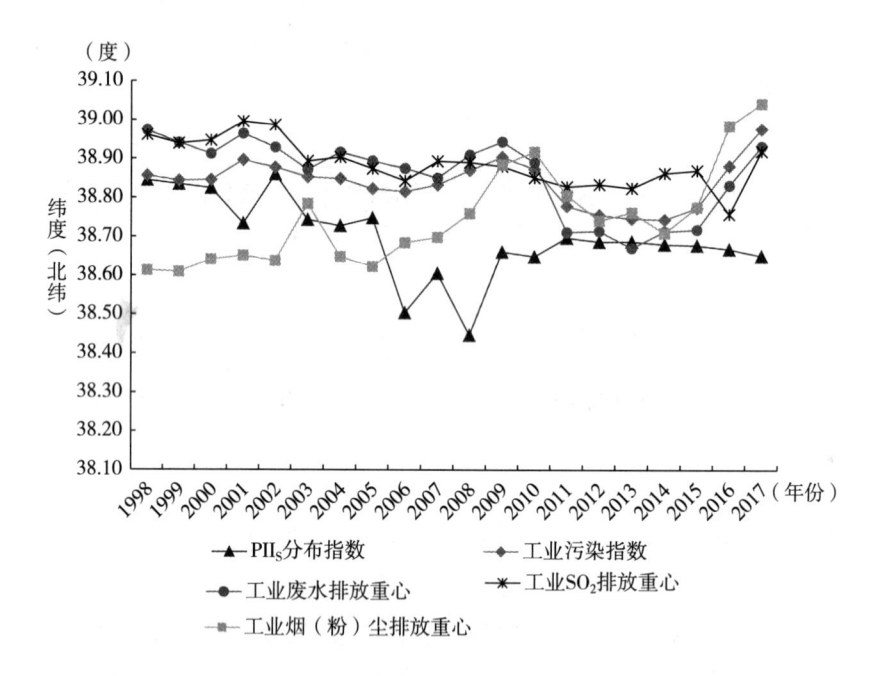

**图 5-5 京津冀污染密集型产业重心与工业污染物排放重心纬度对比**

通过计算京津冀污染密集型产业重心与工业污染物排放重心在经度和纬度上的相关系数（见表5-7），可以发现在经度空间联系上，污染密集型产业重心与工业废水排放（-0.061）和工业烟（粉）尘排放（-0.109）呈负相关关系，与工业$SO_2$排放（0.081）呈正相关关系，但都未通过显著性水平检验。在纬度空间联系上，污染密集型产业重心与工业废水排放（0.211）和工业 $SO_2$ 排放（0.508）呈正相关关系，与工业烟（粉）尘排放（-0.407）呈负相关关系，工业 $SO_2$ 排放与工业烟（粉）尘排放分别通过5%和10%的显著性水平检验。

表5-7　京津冀污染密集型产业重心与污染物排放重心在经纬度上的相关性

| 经纬度 | 指标 | $PII_S$ 分布指数 | 工业废水排放重心 | 工业 $SO_2$ 排放重心 | 工业烟（粉）尘排放重心 |
| --- | --- | --- | --- | --- | --- |
| 经度 | $PII_S$ 分布指数 | 1 | -0.061 | 0.081 | -0.109 |
|  | 工业污染指数 | -0.058 | 0.086 | 0.808*** | 0.905*** |
|  | 工业废水排放重心 | -0.061 | 1 | -0.118 | -0.232 |
|  | 工业 $SO_2$ 排放重心 | 0.081 | -0.118 | 1 | 0.686*** |
|  | 工业烟（粉）尘排放重心 | -0.109 | -0.232 | 0.686*** | 1 |
| 纬度 | $PII_S$ 分布指数 | 1 | 0.211 | 0.508** | -0.407* |
|  | 工业污染指数 | 0.023 | 0.826*** | 0.426* | 0.378 |
|  | 工业废水排放重心 | 0.211 | 1 | 0.666*** | -0.158 |
|  | 工业 $SO_2$ 排放重心 | 0.508** | 0.666*** | 1 | -0.524** |
|  | 工业烟（粉）尘排放重心 | -0.407* | -0.158 | -0.524** | 1 |

注：***、**、*分别表示1%、5%、10%的显著性水平。

## 第三节　污染密集型产业转移与污染转移之间的因果关系验证

通过污染密集型产业重心和污染物排放重心的空间变动轨迹分析可知，污染密集型产业重心与工业污染物排放重心之间存在一定的相关性。为使研究更加严谨，下面本书将对污染密集型产业转移与污染转移之间的因果关系进行探讨。

## 一 模型设定

本部分主要论述模型设定的背景，具体双重差分模型设置见前文研究方法部分的式 5-2 至式 5-6。当前学者们对污染密集型产业转移的研究多关注环境规制对污染密集型产业选址的影响，而污染密集型产业的转移会给移入地带来污染的增加往往被认为是非常明显的因果关系，鲜有学者关注污染密集型产业转移是否会带来污染的转移。[①] 通过对京津冀地区的研究，本书拟探讨污染密集型产业的转移是否会引起污染的转移，引起何种污染物的转移？

改革开放以来，中国工业总体经历了内陆扩散→沿海地区集聚→内陆分散的过程。进入 21 世纪，特别是 2004 年后，受市场和全球力量驱动的产业由东部沿海工业发达省份向中西部内陆省份转移趋势明显。[②] 京津冀城市群作为东部沿海三大城市群之一，是中国产业转移政策的先行者，并取得了显著的成果。京津冀地区经过多年的快速发展，面临一系列亟待解决的问题。一是京津冀三地发展差距大，区域发展不平衡问题日益突出。二是北京作为全国重要的政治中心、文化中心、国际交往中心和科技创新中心，在其市中心仍存在一些扰民、高能耗、低附加值、技术含量低的工业企业，这些企业影响市区环境状况和资源的有效利用。如北京市"十一五"时期工业发展规划显示：黑色金属冶炼及压延业、化学原料及化学品制造业、非金属矿物制造业、电蒸汽热水生产和供应业、石油加工及炼焦业等五大行业在 2005 年以 28% 的工业总产值占比消耗了 84% 的工业总能耗和 77% 的工业总取水量。三是随着北京建设用地日益缺乏、环境监管力度不断加大、劳动力成本不断上升、产业升级压力不断增大。比如受"绿色奥运"的影响，北京不断加大四环内污染企业的搬迁力度，坚决淘汰落后产能，加快产业布局调整。

---

[①] Wei, D. X., Liu, Y. and Zhang, N., et al., "Does industry upgrade transfer pollution: Evidence from a natural experiment of Guangdong province in China", *Journal of Cleaner Production*, Vol. 229, August 2019.

[②] 贺灿飞、胡绪千：《1978 年改革开放以来中国工业地理格局演变》，《地理学报》2019 年第 10 期。

《北京城市总体规划（2004年—2020年）》（以下简称《总体规划》）明确提出："坚持走科技含量高、资源消耗低、环境污染少、人力资源优势得到充分发挥的新型工业化道路，大力发展循环经济"，同时要"加快实施首钢、通惠河南化工区及垡头等地区的传统工业搬迁及产业结构调整"[①]。根据《总体规划》要求，北京加强环境规制，加大重点污染企业整治力度。对污染扰民企业和"五小"企业进行了搬迁和整顿，将部分小水泥企业、小煤矿及各类小型矿山采取关停措施。对重点污染企业如造纸一厂、北京木材防腐厂等进行了关停处理，结合首钢搬迁，积极优化产品结构，实现传统产业的调整和改造。由此，京津冀三地产业转移拉开帷幕，京津冀三地不断加大各领域合作力度，帮助产业精准对接，推进产业顺利跨地区转移。

《北京市"十一五"时期工业发展规划》提出"十一五"时期，北京工业将进一步从城区向郊区转移，促进城乡协调发展，同时加快建立京津冀地区的协调机制，引导产业（特别是跨区域的大企业集团）跨区域转移，逐步形成布局合理、相互促进、协同发展的区域产业新格局。[②]"十五"时期，北京累计完成搬迁企业142户，腾退工业用地面积878.2万平方米。同时，北京启动了首钢搬迁工作，截至2005年底，首钢已陆续将第一炼钢厂、特钢公司17座电炉、初轧厂、冷轧带钢厂、铁合金厂等一些工厂和重型机器厂3座电炉及2座平炉、焦化厂洗煤工序、特钢白灰窑、五号高炉等一些工厂设备关停。到2007年底，首钢进一步压缩了400万吨钢铁生产能力，到2010年底，石景山地区冶炼、热轧能力已全部停产。与此同时，在河北唐山曹妃甸积极筹建具有国际先进水平（高品质、高技术含量、高附加值、高经济效益）的大型钢铁联合企业，截至2018年，曹妃甸协同发展示范区承接平台累计签约京津产业项目400多个，协议总投资超过4400亿元。[③] 据统计，截至

---

[①] 于忠江：《加快转型升级推进中部地区新型工业化进程》，《宏观经济管理》2012年第8期。

[②] 孙磊、张晓平：《北京制造业空间布局演化及重心变动分解分析》，《地理科学进展》2012年第4期。

[③] 闫起磊、王民：《河北省承接京津产业更精准有序》，《国际商报》2019年4月10日。

2019年11月，北京市已累计退出一般制造业企业3047家，疏解提升计划内市场630个，疏解关停物流中心122个。① 河北因紧邻京津，海陆交通便利，要素成本低，与京津产业互补性强等优势成为京津产业转移的首选地和主要承接地。

产业转移无疑对京津冀地区的经济和环境产生深远影响，河北作为主要的产业承接地，产业转移对该地的影响不言而喻。2010年12月河北省人民政府出台了《关于进一步扩大开放承接产业转移的实施意见》（下文简称为《意见》），《意见》强调各地市要依托自身优势，积极构建产业承接平台，主动承接产业转移，以企业为主体，多形式、多渠道、大规模承接产业转移。同时，《意见》要求各级地方政府部门要严格准入制度，加强产业转移中的环境监测，制定承接产业转移目录，避免低水平重复建设和产能过剩项目的引进，将承接产业转移与生态环境保护结合起来。大规模承接产业转移在促进京津冀经济一体化发展中发挥了重要作用，但不可否认的是河北各市在招商引资过程中曾存在"捡到篮里就是菜"的思想，产业转移可能会对各承接地的环境产生负面影响。

对比2004年以后北京、天津和河北污染密集型产业变化情况可知，2004年以后（与2017年相比），北京和天津污染密集型产业分布指数下降48.99%和7.19%，河北各市污染密集型产业分布指数平均下降7.87%，河北和天津的下降速度明显慢于北京。河北作为北京非首都功能疏解的重要承接地，各地市污染密集型产业变化趋势与北京、天津存在明显差异。同时，2004年以后北京、天津和河北的工业污染物变化情况存在明显差异，2004年以后北京主要工业污染物：工业废水、工业$SO_2$、工业烟（粉）尘的排放量分别下降32.68%、96.96%和85.23%，天津主要工业污染物：工业废水、工业$SO_2$、工业烟（粉）尘的排放量分别下降19.98%、78.94%和35.54%，河北各市的主要工业污染物：工业废水、工业$SO_2$、工业烟（粉）尘的排放量分别下降

---

① 陶凤、刘瀚琳：《京津冀协同显效北京累计退出一般制造业企业3047家》，《北京商报》2019年12月30日。赵莉：《企业疏解提升尚有难题待破解》，《北京日报》2020年3月2日。

65.20%、71.70%和3.56%（见图5-6）。2004年以后，河北的工业废水排放量下降速度较快，但工业$SO_2$、工业烟（粉）尘排放量的下降速度明显低于北京和天津。通过以上分析可知，河北承接产业转移以来，工业污染物排放量变化明显区别于北京和天津，产业转移可能会给河北带来环境污染，尤其是产业转移承接的重点集中区域。

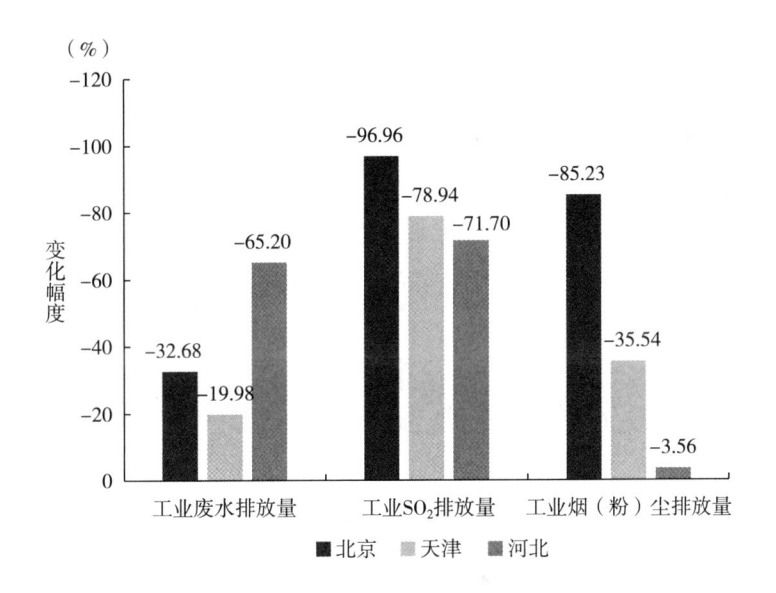

**图5-6　2004年后京津冀主要工业污染物排放量变化**

资料来源：各省份2004年的统计年鉴。

以疏解北京非首都功能为出发点的京津冀地区城市空间布局优化政策为本书提供了一个自然实验，可以将产业转移的主要承接地河北各地市作为该部分的研究主体[①]，运用双重差分模型（广义DID）探讨产业转移行为是否给河北重点承接地市带来了污染转移。本书选取构建模型的时间段为2003—2017年，共计15年。依据河北省颁布的《意见》中对产业转移向重点区域（沿海地区和冀中南）集聚的要求，将河北11

---

① 对照组和实验组满足"平行趋势"是使用双重差分模型的假设条件，北京、天津无论是发展阶段、工业污染物排放量都与河北有较大差异，无法作为对照组。

地市划分为对照组（5个城市）和实验组（6个城市），对照组主要是指受《意见》影响较小的城市：承德、张家口、廊坊、保定和衡水，实验组主要是指受《意见》影响较大的城市（沿海地区和冀中南）：石家庄、秦皇岛、唐山、沧州、邢台和邯郸。该划分结果与第四章中污染密集型产业空间分布变化结果相吻合。上述问题的研究，不仅对京津冀协同发展具有重要意义，而且对转型期中国各地正在进行的产业转移具有重要借鉴意义。

**二 指标选取**

（1）因变量

本书选取工业污染排放相关指标作为因变量。主要包含工业污染指数、工业废水排放量、工业 $SO_2$ 排放量和工业烟（粉）尘排放量（具体符号见式5-3至式5-6），以探究产业转移是否对地区工业污染物排放量产生影响。

（2）自变量

根据双重差分模型构造原理，选取政策虚拟变量（$region_{it}$）和时间虚拟变量（$year_{it}$）的乘积 $region_{it} \times year_{it}$ 为自变量（具体构建方法见公式5-2），通过区域和时间的相互作用项系数判断产业转移是否给河北各重要承接地市带来污染转移。

（3）控制变量

为保证双重差分模型的稳健性，有必要在模型中加入一些控制变量。参考现有研究，从区域影响因素来看，地区经济发展水平、人口密度是影响区域污染物排放的基础因素。[①] 就外部因素而言，外资利用水平和环境规制强度对工业污染物的排放起着重要作用。[②]

①经济发展水平（$gdp$）：根据环境库兹涅茨曲线（$EKC$），经济发展与污染物排放呈倒 U 形曲线关系，地区所处发展阶段不同，其污染

---

[①] Asongum, S. A. and Odhiambo, N. M., "Environmental Degradation and Inclusive Human Development in sub-saharan Africa", Sustainable Dovelopment, Vol. 27, No. 1, January 2019.

[②] 李花、赵雪雁、王伟军等：《基于多尺度的中国城市工业污染时空分异及影响因素》，《地理研究》2019年第8期；胡志强、苗健铭、苗长虹：《中国地市尺度工业污染的集聚特征与影响因素》，《地理研究》2016年第8期。

物排放将呈现不同的状态，采用人均 GDP 来衡量地区经济发展水平，为验证是否具有曲线关系，在模型中加入其平方项；②人口密度（$pop$）：人口密度越大，带来的资源消耗越多，产生的污染物也就越多，采用单位国土面积上年末总人口数衡量；③外资利用水平（$open$）：外资企业的引入有可能会将当地变为污染避难所，加重当地的环境污染，但也有可能会给当地带来技术外溢，提高当地的生产技术水平。我国利用的外资中，也有大量的第二产业，特别是金属制造、化工、造纸和印染等都会对当地的环境污染产生重要影响，本书采用实际利用外资金额来表示外资利用水平。④环境规制强度（$er$）：环境规制对当地污染物的排放具有不确定性，"污染避难所假说"强调污染企业在选址过程中会倾向将企业布局在环境标准相对较低的地区，会给该地带来更大的污染，进而形成"污染避难所"。相反，"波特假说"则提出严格的环境规制可以激励企业不断创新，先进的生产技术会给企业带来新的竞争优势。考虑到环境规制的不同方式，以及各种方式数据的可获取性，选取信访数量来表示非正式环境规制。具体指标如表 5-8。

表 5-8　　　　　　　　DID 模型变量选取和具体指标

| 变量类型 | 变量名称 | 具体指标 | 定义 | 代码 |
| --- | --- | --- | --- | --- |
| 因变量 | 工业污染排放 | 工业污染指数 | 工业废水、工业 $SO_2$ 及工业烟（粉）尘排放量加权得出 | $Plu$ |
| | 工业废水排放量 | 工业废水排放总量 | 工业废水排放总量（万 t） | $T_{water}$ |
| | 工业 $SO_2$ 排放量 | 工业 $SO_2$ 排放总量 | 工业 $SO_2$ 排放总量（t） | $T_{SO_2}$ |
| | 工业烟（粉）尘排放量 | 工业烟（粉）尘排放总量 | 工业烟（粉）尘排放总量（t） | $T_{soot}$ |

续表

| 变量类型 | 变量名称 | 具体指标 | 定义 | 代码 |
|---|---|---|---|---|
| 控制变量 | 经济发展水平 | 人均GDP | 人均GDP（元） | gdp |
|  | 人口密度 | 区域人口密度 | 年末总人口/国土面积（人/km$^2$） | pop |
|  | 外资利用水平 | 利用外资额 | 实际利用外资金额（万美元） | open |
|  | 环境规制强度 | 非正式环境规制 | 信访数量（件） | er |

注：除以上所列变量外，该模型还包含自变量：政策虚拟变量（$region_{it}$）和时间虚拟变量（$year_{it}$）的乘积 $region_{it} \times year_{it}$（年份、地区选择见公式5-2说明部分）。

## 三 结果与讨论

### （一）描述性统计

表5-9为模型所需变量的描述性统计结果。对比2011年以后（与2017年相比）实验组和对照组的产业分布指数可知，两者的污染密集型产业分布指数分别下降6.08%和下降17.63%，实验组的污染密集型产业产值和数量呈缓慢减少态势，对照组的污染密集型产业产值和数量呈较快减少态势，由此可知2011年后实验组和对照组的污染密集型产业承接情况存在明显差异。同时，本书探讨了河北扩大承接产业转移政策实施当年与前一年的实验组和对照组的工业污染物变化情况。如图5-7所示，2011年（与2010年相比）实验组主要工业污染物工业废水、工业$SO_2$、工业烟（粉）尘排放量的变化率为23.72%、38.34%和375.59%，对照组主要工业污染物工业废水、工业$SO_2$、工业烟（粉）尘排放量的变化率为−19.29%、18.24%和73.12%。2011年实验组工业污染物排放量变化率明显大于对照组，且工业烟（粉）尘排放量的差距最大。

表5-9　　　　　DID模型主要变量描述性统计值

| 变量 | Obs | Mean | Std. Dev. | Min | Max |
|---|---|---|---|---|---|
| 工业污染指数 | 165 | 0.197 | 0.164 | 0.001 | 0.852 |

续表

| 变量 | Obs | Mean | Std. Dev. | Min | Max |
|---|---|---|---|---|---|
| 工业废水排放量 | 165 | 9807.267 | 6841.754 | 615.000 | 31058.000 |
| 工业 $SO_2$ 排放量 | 165 | 96654.310 | 74312.440 | 2040.000 | 331863.000 |
| 工业烟（粉）尘排放量 | 165 | 67936.890 | 93968.420 | 4846.000 | 536092.000 |
| 经济发展水平 | 165 | 28916.740 | 16752.140 | 6555.000 | 82972.000 |
| 人口密度 | 165 | 489.296 | 209.275 | 90.790 | 872.773 |
| 外资利用水平 | 165 | 41591.860 | 35410.560 | 1110.000 | 160669.000 |
| 环境规制强度 | 165 | 1167.321 | 1095.980 | 63.000 | 5088.000 |

注：表中为因变量和控制变量原始数据值展示，与模型中数据会有不同。

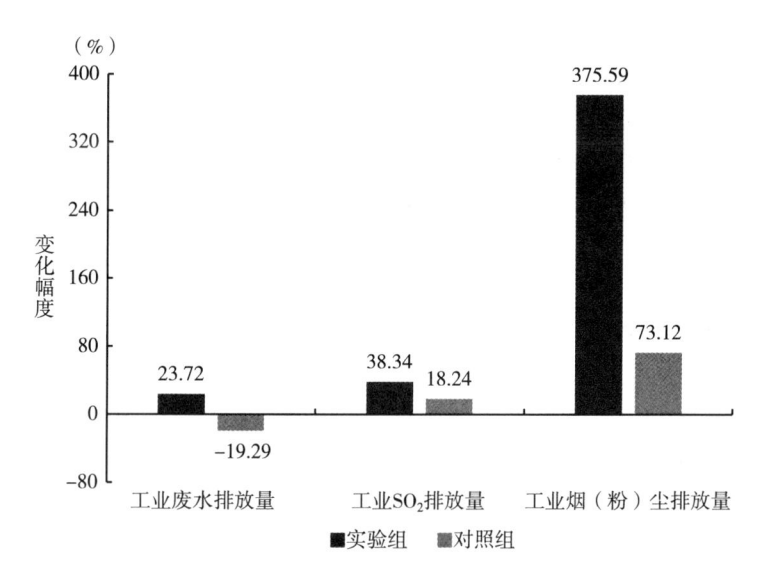

**图 5-7　2011 年实验组和对照组主要工业污染物排放量变化情况**

资料来源：各地市 2011 年的统计年鉴。

（二）回归结果分析

基于公式 5-3 至公式 5-6，本书运用双重差分模型（DID）估算了扩大产业转移承接行为对产业转移重点承接城市的工业污染指数、工业废水排放量、工业 $SO_2$ 排放量和工业烟（粉）尘排放量的净影响。基于霍斯曼检验选取了固定效应模型进行回归。

(1) 基准回归结果

基准回归结果如表5-10所示。表中给出河北加大产业承接规模政策实施对重点承接城市的污染转移效应。第1、3、5、7列为无控制变量的回归结果,第2、4、6、8列为加入控制变量(经济发展水平、人口密度、外资利用水平和环境规制强度)时的回归结果。

如表5-10所示,在未加入控制变量时,扩大承接产业转移政策实施对承接地工业污染指数和各类工业污染物排放量产生正向影响,这表明产业转移会给产业承接地带来污染,该结果均通过1%的显著性水平检验。当加入控制变量(经济发展水平、人口密度、外资利用水平和环境规制强度)时,各污染物排放的DID模型解释力度均有所提高。此时,产业转移对承接地工业废水排放、工业$SO_2$排放和工业烟(粉)尘排放的增加量分别为45.40%、26.20%和81.20%,均通过1%的显著性水平检验,这表明承接更大规模产业转移特别是北京、天津地区的污染密集型产业转移会增加当地工业污染物的排放量,而且对各污染物的影响程度呈现工业烟(粉)尘排放量>工业废水排放量>工业$SO_2$排放量。

此外,第2、4、6、8列的回归结果表明,这些控制变量会因工业污染物的不同而产生不同的影响。①经济发展水平(人均GDP)对工业废水排放、工业$SO_2$排放和工业烟(粉)尘排放的影响存在明显差异,对工业废水排放的影响呈开口向下的抛物线形式,随着河北经济发展水平不断提高,工业废水排放量呈先增加后减少的变动趋势,表明河北西北部地区作为北京的重要水源地,加大水污染治理力度促使当地水环境质量状况明显提升,河北的东部沿海地区和南部地区利用先进生产技术不断减少水污染物的排放,推动河北整体水环境质量提升。对工业$SO_2$排放和工业烟(粉)尘排放的影响呈开口向上的抛物线形式,随着河北经济发展,$SO_2$和工业烟(粉)尘排放量不但没有减少,反而呈现快速上升的增长趋势,考虑这一方面受承接污染密集型产业转入的影响,有来自其他地区污染密集型产业的转入,也有河北省内污染密集型产业布局调整带来的污染转入;另一方面受地区经济规模扩大的影响,大气环境状况出现恶化，这也是 2016 年《河北省大气污染防治条例》颁布的重要原因，未来应进一步落实大气污染防治各项工作，强化公民环境保护意识，促进经济与生态环境协调发展。但经济发展水平对工业烟（粉）尘排放量的影响未通过显著性水平检验。②人口密度对工业废水排放和工业 $SO_2$ 排放呈负向影响，对工业烟（粉）尘排放呈正向影响，但均未通过显著性水平检验，影响不明显。③外资的利用会增加工业废水和工业烟（粉）尘的排放量，但对工业 $SO_2$ 排放呈负向影响，均未通过显著性水平检验，影响不明显。④环境规制能有效减少工业 $SO_2$ 的排放量，对比各变量系数可知，环境规制是减少地区工业 $SO_2$ 排放的重要因素，但对工业废水排放和工业烟（粉）尘排放的影响不明显。

表 5-10　　产业转移对承接地环境影响的回归结果

| 变量 | 工业污染指数 $\ln Plu$ | | 废水排放量 $\ln T_{water}$ | | $SO_2$ 排放量 $\ln T_{SO_2}$ | | 烟（粉）尘排放量 $\ln T_{soot}$ | |
| --- | --- | --- | --- | --- | --- | --- | --- | --- |
| $region \times year$ | 0.624*** (5.650) | 0.626*** (5.030) | 0.400*** (4.400) | 0.454*** (4.460) | 0.289*** (3.730) | 0.262*** (3.110) | 0.711*** (5.740) | 0.812*** (6.110) |
| $\ln gdp^2$ | | 0.101 (0.960) | | -0.236*** (-2.860) | | 0.185** (2.600) | | 0.053 (0.470) |
| $\ln gdp$ | | -1.738 (-0.800) | | 4.175** (2.450) | | -3.337** (-2.270) | | 0.199 (0.090) |
| $\ln pop$ | | -0.022 (-0.280) | | -0.002 (-0.040) | | -0.039 (-0.730) | | 0.236 (0.280) |
| $\ln open$ | | 0.021 (0.310) | | 0.043 (0.810) | | -0.008 (-0.730) | | 0.104 (1.430) |
| $\ln er$ | | -0.088 (-1.340) | | 0.054 (1.040) | | -1.118*** (-2.650) | | -0.032 (-0.460) |
| 常数项 | -2.088*** (-53.100) | 5.618 (0.480) | 8.855*** (274.300) | -9.943 (-1.090) | 11.105*** (402.900) | 26.992*** (3.430) | 10.415*** (236.460) | 1.979 (0.160) |
| 时间效应 | Yes | Yes | Yes | Yes | Yes | Yes | Yes | Yes |

续表

| 变量 | 工业污染指数 $\ln Plu$ | | 废水排放量 $\ln T_{water}$ | | $SO_2$ 排放量 $\ln T_{SO_2}$ | | 烟（粉）尘排放量 $\ln T_{soot}$ | |
|---|---|---|---|---|---|---|---|---|
| 地区效应 | Yes | Yes | Yes | Yes | Yes | Yes | Yes | Yes |
| 观测值 | 165 | 165 | 165 | 165 | 165 | 165 | 165 | 165 |
| $R^2$ | 0.854 | 0.857 | 0.861 | 0.876 | 0.924 | 0.931 | 0.860 | 0.876 |

注：括号内 t 值，\*\*\*、\*\*、\* 分别表示1%、5%和10%的显著性水平。

(2) 稳健性检验

①平行趋势检验

Bertrand 等认为运用双重差分模型的前提是实验组和对照组在接受外界刺激之前是符合平行趋势假设的，即发展趋势应该一致。① 关于平行趋势检验的方法主要有两种，一种是观测对照组和实验组因变量均值的变动趋势，另一种是在回归模型中加入政策实施之前的实验组与时间虚拟变量的交互项，若政策实施前交互项系数不显著即能满足平行趋势假设。

在运用回归模型检验前，首先运用对照组和实验组因变量——工业污染指数、工业废水排放量、工业 $SO_2$ 排放量和工业烟（粉）尘排放量的均值考察平行趋势线。从图5-8中可以看出工业污染指数和"工业三废"排放量在《意见》实施前具有基本一致的变动趋势。该图只能粗略显示《意见》实施前的实验组和控制组的变动趋势，下面将运用回归模型进一步检验平行趋势假设。

本书借鉴已有研究，在模型中加入《意见》实施前3年实验组和时间的交互项，以验证数据是否符合平行趋势假设，若这些虚拟变量系数不显著，表明实验组和控制组在《意见》实施前并没有明显差异，符合平行趋势假设。设置《意见》实施前的第 $k$ 年的虚拟变量为 $region \times year\_k$，本书选取 $k=1, 2, 3$，即 $region \times year\_1$ 代表比实际实施年份早1年（虚拟政策实施年份为2009年），以此类推，将这些虚拟变量代

---

① Bertrand, M., Duflo, E. and Mullainathan, S., "How Much Should We Trust Differences-in-differences Estimates", *Social Science Electronic Publishing*, Vol.119, No.1, February 2004.

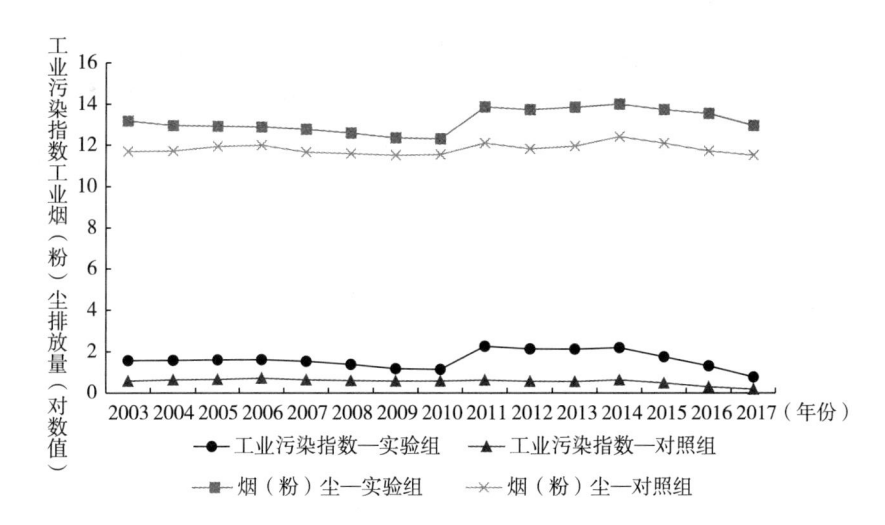

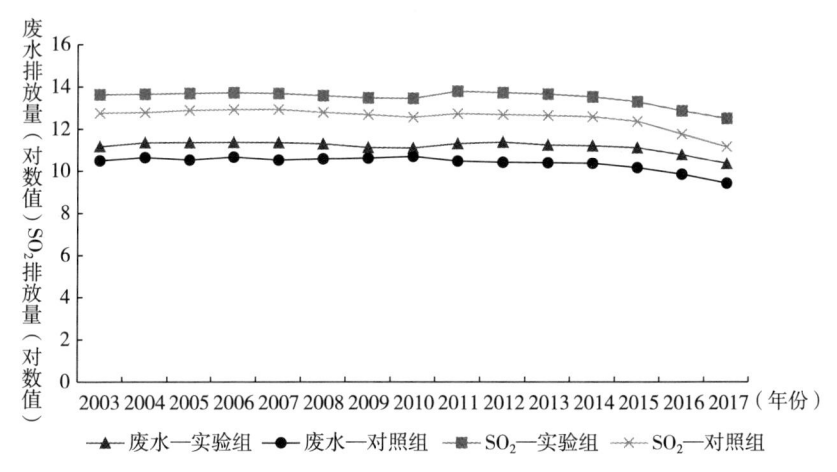

第五章　京津冀污染密集型产业空间布局变化的环境效应分析 | 167

图 5-8　平行趋势线

入公式 5-3 至公式 5-6 中进行回归。所得交互项系数如表 5-11 所示。[①]

---

[①] Chen, S., Shi, A. and Wang, X., "Carbon Emission Curbing Effects and Influencing Mechanisms of China's Emission Trading Scheme: The mediating Roles of Technique Effect, Composition Effect and Allocation Effect-ScienceDirect", *Journal of Cleaner Production*, Vol. 264, August 2020; 强永昌、杨航英：《长三角区域一体化扩容对企业出口影响的准自然实验研究》,《世界经济研究》2020 年第 6 期；余明桂、范蕊、钟慧洁：《中国产业政策与企业技术创新》,《中国工业经济》2016 年第 12 期。

工业污染指数、工业废水排放量、工业 $SO_2$ 排放量和工业烟（粉）尘的交互项（region×year_1、region×year_2、region×year_3）在政策实施之前 3 年是不显著的，这说明实验组和对照组之间没有明显的差异，所以工业污染指数及三类污染物均能通过平行趋势假设检验。

表 5-11　　　　　　　　平行趋势假设检验结果

| 交互项 | 工业污染指数 $\ln Plu$ | 废水排放量 $\ln T_{water}$ | 二氧化硫排放量 $\ln T_{SO_2}$ | 烟（粉）尘排放量 $\ln T_{soot}$ |
|---|---|---|---|---|
| region×year | 0.710\*\*\*<br>(3.020) | 0.630\*\*\*<br>(3.430) | 0.243\*\*<br>(2.020) | 1.008\*\*\*<br>(4.050) |
| region×year_1 | −0.016<br>(−0.050) | −0.054<br>(−0.230) | −0.129<br>(−0.770) | −0.033<br>(−0.100) |
| region×year_2 | −0.028<br>(−0.090) | −0.169<br>(−0.700) | −0.007<br>(−0.030) | −0.129<br>(−0.390) |
| region×year_3 | −0.095<br>(−0.400) | −0.028<br>(−0.150) | 0.112<br>(0.620) | −0.146<br>(−0.570) |
| cons | 7.224<br>(0.600) | −7.685<br>(−0.820) | 27.735\*\*\*<br>(3.430) | 5.301<br>(0.420) |
| 控制变量 | Yes | Yes | Yes | Yes |
| 固定效应 | Yes | Yes | Yes | Yes |
| N | 165 | 165 | 165 | 165 |
| $R^2$ | 0.857 | 0.878 | 0.931 | 0.878 |

注：括号内 t 值，\*\*\*、\*\*、\* 分别表示 1%、5% 和 10% 的显著性水平，此处 region×year 的政策颁布年为 2010 年。

②安慰剂检验

本书构建虚拟《意见》实施时间进行安慰剂检验。借鉴已有研究，将《意见》实施前 3 年和 5 年作为政策的虚拟实施时间，即检验模型遗漏变量的问题。假设《意见》实施前的任何一年都有可能产生环境效应，将《意见》实施的年份定的更早些，构建的虚拟交互项为 region×year_3 和 region×year_5，将其带入式 5-3 至式 5-6 中进行回归，如果结果通过显著性检验则表明有其他重要影响因素未被考虑，但影响地区污染物排放，此时基准回归结果具有一定偏差，否则，基准回归结果稳健。① 回归结果如表5-12和表5-13所示。region×year_3 和 region×year_5 的回归系数不显著，说明《意见》实施前3年和前5年环境效应不显著，遗漏变量问题不显著，该项安慰剂检验通过，基准回归结果具有稳健性。

表5-12　　虚拟时间为3年的安慰剂检验结果

| 变量 | 工业污染指数 $\ln Plu$ | | 废水排放量 $\ln T_{water}$ | | $SO_2$ 排放量 $\ln T_{SO_2}$ | | 烟（粉）尘排放量 $\ln T_{soot}$ | |
| --- | --- | --- | --- | --- | --- | --- | --- | --- |
| region× year_3 | -0.267 (-1.090) | -0.209 (-0.850) | -0.059 (-0.300) | -0.003 (-0.020) | -0.231 (-1.430) | -0.207 (-1.310) | -0.225 (-0.820) | -0.197 (-0.720) |
| cons | -1.919*** (-60.750) | 28.649** (2.470) | 8.959*** (375.280) | 7.490 (0.830) | 11.187*** (535.630) | 36.033*** (4.850) | 10.604*** (298.120) | 32.226** (2.510) |
| 控制变量 | No | Yes | No | Yes | No | Yes | No | Yes |
| 时间效应 | Yes | Yes | Yes | Yes | Yes | Yes | Yes | Yes |
| 地区效应 | Yes | Yes | Yes | Yes | Yes | Yes | Yes | Yes |
| 观测值 | 165 | 165 | 165 | 165 | 165 | 165 | 165 | 165 |
| $R^2$ | 0.822 | 0.831 | 0.842 | 0.856 | 0.918 | 0.927 | 0.828 | 0.842 |

注：括号内t值，***、**、*分别表示1%、5%和10%的显著性水平。

表5-13　　虚拟时间为5年的安慰剂检验结果

| 变量 | 工业污染指数 $\ln Plu$ | | 废水排放量 $\ln T_{water}$ | | $SO_2$ 排放量 $\ln T_{SO_2}$ | | 烟（粉）尘排放量 $\ln T_{soot}$ | |
| --- | --- | --- | --- | --- | --- | --- | --- | --- |
| region× year_5 | -0.265 (-1.090) | -0.179 (-0.720) | -0.020 (-0.100) | 0.014 (0.070) | -0.158 (-0.980) | -0.090 (-0.680) | -0.366 (-1.340) | -0.343 (-1.250) |
| cons | -1.919*** (-60.750) | 28.324** (2.420) | 8.957*** (357.110) | 7.614 (0.840) | 11.184*** (533.440) | 36.228*** (4.820) | 10.609*** (299.450) | 30.607** (2.370) |
| 控制变量 | No | Yes | No | Yes | No | Yes | No | Yes |

---

① 孔祥贞、张华、田佳禾：《国有企业混合所有制改革的出口效应研究》，《世界经济研究》2021年第4期。

续表

| 变量 | 工业污染指数 $\ln Plu$ | | 废水排放量 $\ln T_{water}$ | | $SO_2$ 排放量 $\ln T_{SO_2}$ | | 烟（粉）尘排放量 $\ln T_{soot}$ | |
|---|---|---|---|---|---|---|---|---|
| 时间效应 | Yes | Yes | Yes | Yes | Yes | Yes | Yes | Yes |
| 地区效应 | Yes | Yes | Yes | Yes | Yes | Yes | Yes | Yes |
| 观测值 | 165 | 165 | 165 | 165 | 165 | 165 | 165 | 165 |
| $R^2$ | 0.822 | 0.830 | 0.920 | 0.856 | 0.917 | 0.926 | 0.829 | 0.843 |

注：括号内 t 值，\*\*\*、\*\*、\* 分别表示 1%、5%和 10%的显著性水平。

③增加控制变量检验

为进一步降低遗漏变量偏差，本书运用增加控制变量方法检验基准回归结果的稳健性。将资源因素（Resource：用矿业从业人员占比来衡量）、技术水平（tech：用专利申请量来衡量）、产业结构（sstr：用二产占比来衡量）、能耗强度（energy：用万元工业总产值电耗来衡量）和命令—控制型环境规制（EMCER：用新实施的环境保护相关法律、法规和规章的数量来衡量），与原有控制变量一起加入回归模型中，进一步检验模型的稳健性。回归结果如表 5-14 所示。工业污染指数、工业废水排放量、工业 $SO_2$ 排放量和工业烟（粉）尘排放量的交互项系数均为正值，且有所增大，分别为 0.802、0.627、0.424 和 1.013，均通过 1%的显著性检验。由此可知，产业转移给承接地带来环境污染的结论不因控制变量的增加而改变，进一步支持了基准回归结果。

新添加的控制变量中矿产资源丰富度与各工业污染物排放量呈负向影响，均通过 5%显著性水平检验。技术水平对三种工业污染物排放的影响存在明显差异，技术水平的提高会带来水污染的增加，通过 1%的显著性水平检验，这主要是受水源地强化水污染治理的影响，虽然水源地的技术水平不占优势，但水源保护任务促进河北西北部地区水环境质量持续改善。科学技术会减少工业废气排放量，特别是工业烟（粉）尘的排放量（通过 1%显著性水平检验），这表明当前京津冀地区的先进生产技术为当地雾霾天气治理不断提供原动力。对比"工业三废"的治理来说，科学技术对水污染防治方面的作用有待进一步加强，未来应加大科学技术对水污染治理和水环境改善的支撑力度。产业结构对"工业三废"排放呈正向影响,对工业 $SO_2$ 排放的影响通过1%的显著性水平检验,对比系数值可知产业结构是影响工业 $SO_2$ 排放的重要因素。能耗强度的加大则会明显增加大气污染物的排放,对工业 $SO_2$ 排放的影响通过1%的显著性水平检验,对工业烟(粉)尘排放的影响通过10%的显著性水平检验,高耗能产业增加了资源消耗,同时也带来了更多的大气污染,但对工业废水排放的影响不明显。

表 5-14　　　　　　　　增加控制变量稳健性检验结果

| 变量 | 工业污染指数 $\ln Plu$ | 废水排放量 $\ln T_{water}$ | $SO_2$ 排放量 $\ln T_{SO_2}$ | 烟(粉)尘排放量 $\ln T_{soot}$ |
| --- | --- | --- | --- | --- |
| region×year | 0.802*** (5.580) | 0.627*** (6.560) | 0.424*** (4.710) | 1.013*** (6.760) |
| lnResource | −0.065** (−2.260) | −0.049** (−2.540) | −0.045** (−2.490) | −0.071** (−0.2360) |
| lntech | −0.112 (−1.19) | 0.412*** (6.570) | −0.086 (−1.450) | −0.246** (−2.510) |
| lnsstr | −0.084 (−0.140) | 0.136 (0.330) | 1.218*** (3.190) | 0.073 (0.120) |
| lnenergy | 0.082 (0.840) | −0.044 (−0.670) | 0.203*** (3.310) | 0.172* (1.680) |
| lnEMCER | 0.000 (0.040) | 0.001 (0.370) | 0.001 (0.550) | 0.001 (0.300) |
| cons | −8.594 (−0.610) | −23.545** (−2.510) | 15.435* (1.750) | −12.225 (−0.830) |
| 原控制变量 | Yes | Yes | Yes | Yes |
| 时间效应 | Yes | Yes | Yes | Yes |
| 地区效应 | Yes | Yes | Yes | Yes |
| 观测值 | 165 | 165 | 165 | 165 |
| $R^2$ | 0.866 | 0.917 | 0.945 | 0.889 |

注:括号内 t 值,***、**、*分别表示1%、5%和10%的显著性水平。

④基于倾向得分匹配检验（PSM-DID）

基准回归模型中虽加入了控制变量（经济发展水平、人口密度、外资利用水平和环境规制强度），但因控制组和实验组的城市初始条件存在差异，模型仍可能存在内生性问题。河北沿海地区和冀中南地区可能因具备一定的产业基础、较高的经济发展水平、较高的技术创新能力而成为北京、天津产业转移的集中承接地，即可能存在"自选择效应"，由此带来"样本选择性偏差"。倾向得分匹配法（PSM）能有效缓解"自选择效应"，本书采用倾向得分匹配法（PSM）为实验组寻找可比较的控制组城市，再运用匹配后的样本进行回归分析。①

在运用匹配后样本回归之前，首先要进行匹配后样本的平衡性检验。倾向得分匹配平衡性检验结果如表5-15所示。样本匹配前，对照组和实验组的控制变量（经济发展水平、人口密度、外资利用水平和环境规制强度）的P值均在5%及以上水平上显著，说明对照组和实验组有明显差异。在样本匹配后，对照组和实验组的控制变量的P值未通过显著性水平检验，表明此时的对照组和实验组的控制变量不存在明显差异，倾向得分匹配修正了倾向得分值的分布偏差。匹配后的数据具有一定的可信性和有效性。

表5-15 倾向得分匹配平衡性检验

| 变量名 | 样本 | 均值 | | 偏差 | 偏差降低率（%） | $t$值 | $P>\|t\|$ |
|---|---|---|---|---|---|---|---|
| | | 实验组 | 控制组 | | | | |
| $\ln gdp^2$ | 匹配前 | 105.330 | 99.381 | 53.600 | 49.200 | 3.410 | 0.001 |
| | 匹配后 | 104.620 | 101.600 | 27.200 | | 1.300 | 0.198 |
| $\ln gdp$ | 匹配前 | 10.247 | 9.955 | 53.100 | 48.400 | 3.380 | 0.001 |
| | 匹配后 | 10.215 | 10.065 | 27.400 | | 1.310 | 0.194 |
| $\ln pop$ | 匹配前 | 6.311 | 5.698 | 99.800 | 97.500 | 6.610 | 0 |
| | 匹配后 | 6.344 | 6.359 | -2.500 | | -0.220 | 0.828 |

---

① 支宇鹏、黄立群、陈乔：《自由贸易试验区建设与地区产业结构转型升级——基于中国286个城市面板数据的实证分析》，《南方经济》2021年第4期。

续表

| 变量名 | 样本 | 均值 | | 偏差 | 偏差降低率（%） | t 值 | P>\|t\| |
|---|---|---|---|---|---|---|---|
| | | 实验组 | 控制组 | | | | |
| ln*open* | 匹配前 | 9.802 | 10.694 | -96.700 | 84.200 | -6.090 | 0 |
| | 匹配后 | 10.069 | 9.928 | 15.300 | | 0.990 | 0.323 |
| ln*er* | 匹配前 | 6.811 | 6.474 | 36.600 | 13.500 | 2.330 | 0.021 |
| | 匹配后 | 6.664 | 6.955 | -31.600 | | -1.610 | 0.111 |

注：表中 t 检验的原假设 H0：处理组和控制组的样本均值均相等。

为更清晰地反映产业转移对地区工业污染物排放的影响，本书利用倾向得分匹配后的数据代入式 5-3 至式 5-6 中进行回归，并将该回归结果与表 5-10 的基准回归结果比较，以进一步检验基准回归的稳健性。基于倾向得分匹配的双重差分模型（PSM-DID）估计结果如表 5-16 所示，第 1、3、5、7 列为未加入控制变量的估计结果，第 2、4、6、8 列为加入控制变量的估计结果。表 5-16 中未加入控制变量前 *region*×*year* 的回归系数均为正值，且通过 1% 的显著性水平检验；加入控制变量后 *region*×*year* 的回归系数分别在 1%、1%、5% 和 1% 的水平上显著，再次表明产业转移能明显增加承接地工业污染物的排放量。此外，匹配前后控制变量的显著性具有一定的吻合性，进一步验证了基准回归模型的稳健性。

表 5-16 基于倾向得分匹配的产业转移对承接地环境影响的估计结果

| 变量 | 工业污染指数 ln*Plu* | | 废水排放量 $\ln T_{water}$ | | 二氧化硫排放量 $\ln T_{SO_2}$ | | 烟（粉）尘排放量 $\ln T_{soot}$ | |
|---|---|---|---|---|---|---|---|---|
| *region*× *year* | 0.539*** (2.990) | 0.554*** (2.980) | 0.410*** (3.040) | 0.440*** (3.310) | 0.320*** (2.620) | 0.281** (2.400) | 0.501*** (2.630) | 0.662*** (3.640) |
| ln*gdp*² | | 0.192 (1.200) | | -0.214* (-1.860) | | 0.341*** (3.380) | | 0.051 (0.330) |
| ln*gdp* | | -3.384 (-1.050) | | 3.359 (1.450) | | -6.133*** (-3.010) | | 0.512 (0.160) |
| ln*pop* | | 0.033 (0.290) | | -0.085 (-1.040) | | 0.033 (0.460) | | 0.070 (0.640) |

续表

| 变量 | 工业污染指数 ln$Plu$ | | 废水排放量 ln$T_{water}$ | | 二氧化硫排放量 ln$T_{SO_2}$ | | 烟（粉）尘排放量 ln$T_{soot}$ | |
|---|---|---|---|---|---|---|---|---|
| ln$open$ | | 0.242<br>(1.430) | | 0.290**<br>(2.390) | | 0.009<br>(0.080) | | 0.421**<br>(2.540) |
| ln$er$ | | −0.190**<br>(−2.080) | | 0.075<br>(1.150) | | −1.189***<br>(−3.290) | | −0.124<br>(−1.390) |
| 常数项 | −2.088***<br>(−53.100) | 10.964<br>(0.660) | 8.812***<br>(249.000) | −6.332<br>(−0.540) | 11.010***<br>(343.650) | 39.088***<br>(3.760) | 10.340***<br>(206.130) | −4.022<br>(−0.250) |
| 时间效应 | Yes | Yes | Yes | Yes | Yes | Yes | Yes | Yes |
| 地区效应 | Yes | Yes | Yes | Yes | Yes | Yes | Yes | Yes |
| 观测值 | 119 | 119 | 119 | 119 | 119 | 119 | 119 | 119 |
| $R^2$ | 0.813 | 0.828 | 0.869 | 0.890 | 0.912 | 0.930 | 0.789 | 0.833 |

注：括号内 t 值，***、**、*分别表示1%、5%和10%的显著性水平。

## 第四节　污染密集型产业空间分布变化的环境效应测度

通过以上章节的分析可知，产业转移伴随着污染的转移，天津是北京污染密集型产业转移的重要承接地，河北是北京和天津污染密集型产业的重要承接地。总体上来看，北京移出污染密集型产业会减少当地污染物排放，河北承接污染密集型产业会增加当地的工业污染物排放量，天津既有污染密集型产业的转入又有污染密集型产业的转出，污染转移情况需要进一步测算。接下来，本书将利用污染转移测算方法对各地市具体污染物的转移量进行测算，探究污染密集型产业分布变化所引起的污染转移量对当地工业污染物排放的影响程度，并具体测算规模效应、结构效应和技术效应。

## 一 产业转移对地区"工业三废"排放的影响

### (一) 产业转移对地区工业废水排放的影响

从1998—2017年京津冀地区各地市污染密集型产业转移引起的工业废水变化量上来看，转出量明显大于转入量的城市有8个，分别是：北京、天津、石家庄、张家口、秦皇岛、保定、衡水和邢台，以上城市产业转移带走工业废水排放，这有利于当地工业废水排放总量的减少。其中工业废水转出量较大的地市是北京和天津，其转出量分别为1.86亿吨和1.01亿吨（图5-9）。承德、唐山、廊坊、沧州和邯郸的工业废水转入量明显大于转出量，该类城市产业转移带来的工业废水排放增加将不利于当地工业废水排放的减少，该类城市均分布在河北境内，其中唐山的工业废水转入量最大，转入量为0.36亿吨。

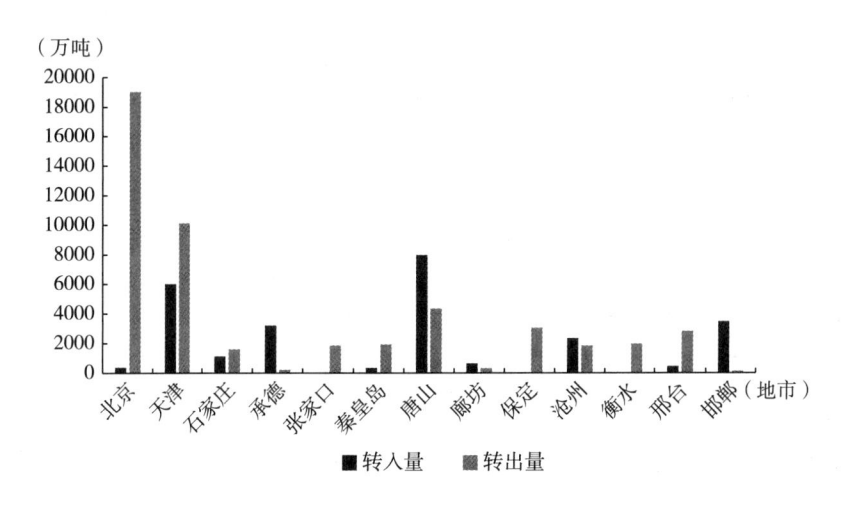

**图5-9　1998—2017年各地市污染密集型产业转移引起的工业废水转移量**

将转入量减去转出量可以得到1998—2017年污染密集型产业转移带来的工业废水净转移量，根据转移总量的大小可以将其分为高转出区、低转出区、低转入区和高转入区（见表5-17），其中属于高转出区的是北京、天津、保定和邢台，工业废水净转出量大于0.24亿吨。属于低转出区的是衡水、张家口、秦皇岛和石家庄，工业废水净转出量介于 0.05 亿—0.20 亿吨之间。属于低转入区的是廊坊和沧州，工业废水净转入量分别为 0.03 亿吨和 0.04 亿吨。属于高转入区的是唐山、邯郸和承德，工业废水净转入量分别为 0.36 亿吨、0.33 亿吨和 0.30 亿吨。

表 5-17　　　　　　　　各地市工业废水转移类型划分

| 类型 | 城市 |
| --- | --- |
| 高转出区 | 北京、天津、保定、邢台（4 个） |
| 低转出区 | 石家庄、张家口、秦皇岛、衡水（4 个） |
| 低转入区 | 廊坊、沧州（2 个） |
| 高转入区 | 承德、唐山、邯郸（3 个） |

在了解各地市污染密集型产业空间分布变化引起的工业废水转移量的基础上，本书将进一步分析工业废水转移量对当地工业废水排放总量的影响程度。通过对比 1998—2017 年各地工业废水排放变化量，各地工业废水排放量减少较多的地市为北京、石家庄、唐山、保定和邯郸，工业废水排放量明显增多的地市为廊坊和邢台，其他地市均为工业废水排放少量减少地区。本书用污染密集型产业带来的工业废水转移量占地区工业废水变化量的比重表示污染密集型产业转移对当地工业废水排放的影响程度。从图 5-10 中可知，京津冀地区各地市污染密集型产业转移对当地工业废水排放的影响状况可以分为以下 4 种：

第一，污染密集型产业转出与地区环境治理政策共同促进当地工业废水排放减少。属于该情况的城市有：北京、石家庄、张家口、保定和衡水。北京作为污染密集型产业的主要移出地，产业转移带走的工业废水排放量占北京总工业废水排放减少量的 72.97%，表明产业转移是北京减少工业废水污染的重要途径，污染密集型产业移出对改善当地工业废水污染作用明显，同时也表明北京对工业废水治理力度较大，各行业的工业废水排放量均有所减少，最终促使北京工业废水排放总量的大幅降低。与此情况类似的地市还有石家庄、张家口、保定和衡水，产业转移带走的工业废水排放量占各地市总工业废水排放减少量的比重分别为 3.39%、68.24%、24.26%、54.74%，污染密集型产业移出促进当地工业废水排放量减少，改善当地生态环境。

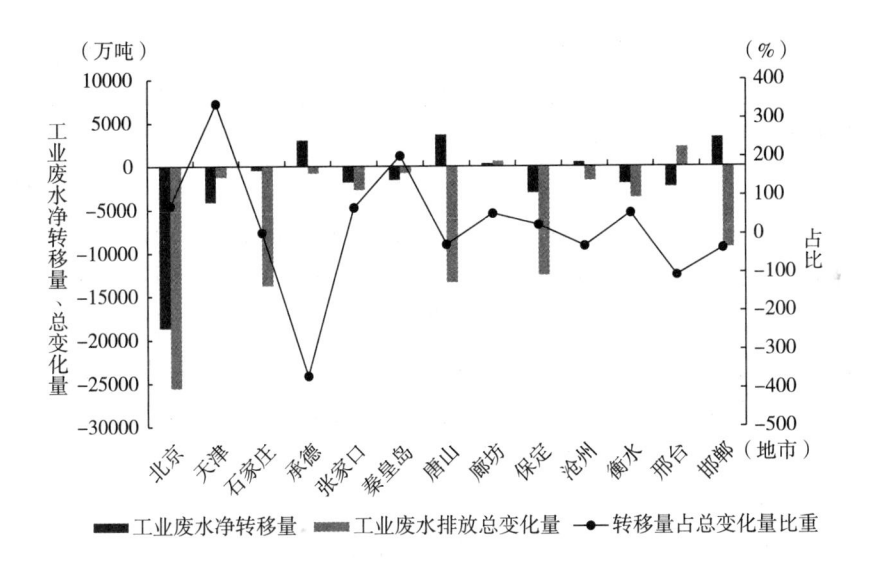

**图 5-10　1998—2017 年各地市工业废水转移量占总变化量比重**

资料来源：各地市工业废水排放数据来源于相应年份的《中国城市统计年鉴》。

第二，地区环境治理滞后，工业废水排放的减少依靠污染密集型产业转出。属于该情况的城市有：天津、秦皇岛和邢台。天津作为污染密集型产业既有转入也有转出的地区，污染密集型产业转移带走的工业废水排放量是天津总工业废水排放减少量的 3.37 倍，这一方面表明，纺织业、化学原料和化学制品制造业、化学纤维制造业等行业向外转移对减少天津工业废水排放量意义重大；另一方面也说明天津对工业废水治理力度有待提高，当前对工业废水的治理依靠"简单、粗暴"地将排放废水较多的污染行业向外转移，要想改善天津工业废水污染状况，政府应督促企业改善生产流程、提高生产技术，实现工业废水的"源头治理"。类似这种情况的地市还有河北的秦皇岛和邢台，秦皇岛污染密集型产业转移带走的工业废水排放量是天津总工业废水排放减少量的 2.02 倍，邢台工业废水净转移量为-0.24 亿吨，而工业废水排放总量增加了 0.22 亿吨，由第四章中细分行业空间分布变化测度结果可知，邢台工业废水的移出得益于造纸及纸制品业（污染排放量居首位）的移出，而当地工业废水治理力度并不大，污染密集型产业向外转移带走的工业废水排放量并未带动整个地区工业废水排放量的减少，未来应加强环境治理力度，激发企业减排积极性，该地工业废水排放的减少需要各行业共同努力。

第三，工业废水转入导致当地工业废水排放量增加。属于该情况的城市是廊坊。廊坊作为工业废水的转入地，污染密集型产业转入带来的工业废水排放量占总工业废水排放增加量的52.96%，表明污染密集型产业转移是廊坊工业废水的重要来源。2017年廊坊工业废水排放总量为0.20亿吨，居京津冀地区各地市工业废水排放总量的第10位，虽然排放总量不大，但1998—2017年变化量为正值，并且工业废水对人类健康威胁较大，未来应进一步提高环境准入门槛，加强环境管制，防止该地工业废水排放量的持续增加。

第四，严格的环境规制政策减轻工业废水转入对当地工业废水排放的影响。属于该种情况的城市有：承德、唐山、沧州和邯郸。承德是污染密集型产业转移对工业废水排放量影响最大的地市，污染密集型产业转移带来的工业废水排放量是承德总工业废水排放减少量的3.69倍，这主要是因为2017年承德工业废水排放量较少（仅为0.14亿吨），居京津冀地区各地市工业废水排放总量的第12位，由第四章中细分行业空间分布变化测度结果可知，承德工业废水的移入主要受采矿业的影响，该地作为京津冀水源涵养功能区，不断加大污水治理力度，采矿业转移所带来的污水排放并未影响当地水环境质量的改善。唐山、沧州和邯郸作为污染密集型产业重要的承接地，承接产业转移给当地带来大量的工业废水排放，工业废水转入量分别为0.36亿吨、0.05亿吨和0.33亿吨，占各地市总工业废水排放减少量的比重分别为-27.12%、-30.77%和-36.06%（负号代指作用相反），即1998—2017年三地工业废水排放总量呈下降趋势，由此可知，以上三地在提高环境准入门槛的同时，不断加大工业污水治理力度，促进了当地工业污水排放总量的减少。以上地区加大涉水工业企业整治力度，充分利用园区废水集中处理设施，发挥媒体曝光作用，切实改善水生态环境质量、保障水环境安全，该类地区治理工业废水的成功经验将对其他承接地有重要借鉴意义。

由于各阶段污染密集型产业转移对工业废水转移量的影响可能存在

差异，有必要分阶段探究不同地市的影响强度。本书选取 1998—2003 年、2003—2008 年、2008—2013 年和 2013—2017 年京津冀各市污染密集型产业转移对当地工业废水排放的影响。根据污染密集型产业转移对工业废水排放的影响情况，可以将其划分为五个档次，分别为高转出区、较高转出区、低转出区、低转入区和高转入区。从表 5-18 中可以明显看出，转出区集中分布在北京及其周边地区，转入区集中分布在沿海地区。整体来看，工业废水转出区数量逐渐增多，转出力度呈先减弱后增强的趋势，转入区的数量呈先增加后减少的趋势，转入强度明显减弱。

表 5-18　分阶段污染密集型产业转移对工业废水排放的影响

| 年份 | 高转出区 | 较高转出区 | 低转出区 | 低转入区 | 高转入区 |
| --- | --- | --- | --- | --- | --- |
| 1998—2003 年 | 北京、天津、石家庄、张家口、秦皇岛、邢台 | 沧州 | 保定 | 衡水 | 承德、唐山、廊坊、邯郸 |
| 2003—2008 年 | 北京、天津、保定、衡水 | — | 承德、张家口、邢台 | 石家庄、唐山、廊坊、沧州 | 秦皇岛、邯郸 |
| 2008—2013 年 | 北京、邯郸 | — | 承德、张家口、秦皇岛、沧州、邢台 | 石家庄、唐山、衡水 | 天津、廊坊、保定 |
| 2013—2017 年 | 北京、廊坊、保定 | 张家口、衡水、邢台 | 石家庄、秦皇岛、沧州 | 天津、邯郸 | 承德、唐山 |

分阶段来看，1998—2003 年污染密集型产业转移带来工业废水排放量增加的地区有 5 个，分别是天津、承德、廊坊、衡水和邯郸，其他地市均为工业废水移出地区，其中转入量最大的城市为邯郸（0.29 亿吨），主要受黑色金属冶炼和压延加工业（0.17 亿吨）转入的影响，转出量最大的城市为秦皇岛（-0.34 亿吨），主要受造纸及纸制品业、化学原料和化学制品制造业转出的影响。2003—2008 年污染密集型产业转移对工业废水排放的影响在东部沿海地区和河北南部地区不断加强，

该阶段污染密集型产业转移带来工业废水排放量增加的地区有6个，分别是石家庄、秦皇岛、唐山、廊坊、沧州和邯郸，其他地市均为工业废水移出地区，其中转入量最大的城市为秦皇岛（0.23亿吨），主要受到农副食品加工业、黑色金属冶炼和压延加工业转入的影响，转出量较大的城市为北京和天津，北京工业废水转出量为-1.30亿吨，主要受化学原料和化学制品制造业（-0.61亿吨）、黑色金属冶炼和压延加工业（-0.35亿吨）转出的影响，天津工业废水转出量为-1.01亿吨，主要受造纸及纸制品业（-0.27亿吨）、化学原料和化学制品制造业（-0.51亿吨）转出的影响。2008—2013年污染密集型产业转移对工业废水排放的影响在东部沿海地区和石家庄周边地区进一步强化，污染密集型产业转移带来工业废水排放量增加的地区有6个，分别是天津、石家庄、唐山、廊坊、保定和衡水，其他地市均为工业废水移出地区，其中转入量最大的城市为天津（0.56亿吨），主要受采矿业、造纸及纸制品业转入的影响，转出量较大的城市为北京（-0.48亿吨），主要受造纸及纸制品业（-0.12亿吨），化学原料和化学制品制造业（-0.12亿吨），石油、煤炭及其他燃料加工业（-0.11亿吨）转出的影响。2013—2017年污染密集型产业转移带来工业废水排放量增加的地区仅有4个，分别是天津、承德、唐山和邯郸，其他地市均为工业废水移出地区，其中转入量最大的城市为承德（0.30亿吨），主要受采矿业（0.11亿吨）转入的影响，转出量最大的城市为保定（-0.30亿吨），主要受造纸及纸制品业（-0.15亿吨）、纺织业（-0.11亿吨）转出的影响。

根据四个阶段污染密集型产业转移对当地工业废水排放的影响，可以将13个地市归为4种类型：持续转出型、波动转出型、波动转入型、持续转入型。属于持续转出型的是北京和邢台，属于波动转出型的是天津、石家庄、张家口、秦皇岛、保定和衡水，属于波动转入型的是承德、廊坊、沧州和邯郸，属于持续转入型的是唐山。整体来看，污染密集型产业转移对各地市工业废水排放的影响存在区域差异性和波动性，较稳定城市仅有3个，其他地市波动较大（见表5-19）。

**表 5-19　污染密集型产业转移对工业废水排放影响类型**

| 类型 | 城市 |
| --- | --- |
| 持续转出型 | 北京、邢台（2个） |
| 波动转出型 | 天津、石家庄、张家口、秦皇岛、保定、衡水（6个） |
| 波动转入型 | 承德、廊坊、沧州、邯郸（4个） |
| 持续转入型 | 唐山（1个） |

（二）产业转移对地区工业废气排放的影响

该部分主要包含两个部分，首先本书将污染密集型产业空间分布变化对工业废气排放的影响进行概述，在此基础上，结合数据的可获取性，本书对各地市工业废气中的主要污染物［工业$SO_2$和工业烟（尘）］排放总量受污染密集型产业转移的影响程度进行详细分析，以探究污染密集型产业转移对地区工业废气排放的影响程度。

（1）污染密集型产业空间分布变化对工业废气排放总量的影响

从1998—2017年京津冀地区各地市污染密集型产业转移引起的工业废气转移量来看，转出量明显大于转入量的城市有6个，分别是北京、张家口、秦皇岛、保定、衡水和邢台，其中工业废气转出量最大的地市是北京，其转出量为10829.00亿立方米（见图5-11）。其他7个地市为转入量明显大于转出量，分布在天津和河北境内，其中工业废气转入量较大的地市为唐山、天津和邯郸，转入量分别为11563.24亿立方米、7358.55亿立方米、3723.68亿立方米。将转入量减去转出量可以得到1998—2017年污染密集型产业转移带来的工业废气净转移量，根据工业废气净转移量的大小可以将其分为高转出区、低转出区、低转入区和高转入区，其中属于高转出区的是北京、张家口和保定，工业废气净转出量大于951.03亿立方米。属于低转出区的是衡水、邢台和秦皇岛，工业废气净转出量介于241.15亿—611.81亿立方米之间。属于低转入区的是石家庄、沧州、承德和廊坊，工业废气净转入量介于299.39亿—1111.09亿立方米之间。属于高转入区的是天津、唐山和邯郸，工业废气净转入量分别为3717.845亿立方米、5888.48亿立方米和10066.92亿立方米（见表5-20）。

(亿立方米)

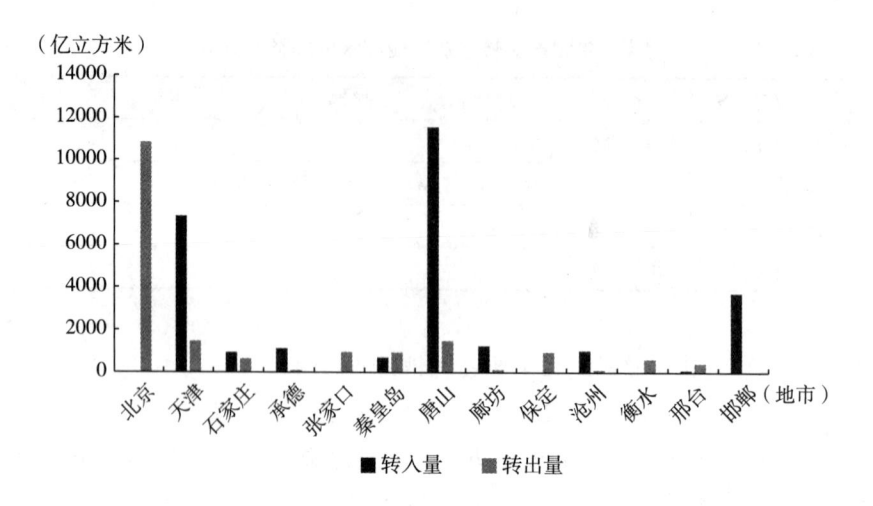

**图 5-11　1998—2017 年各地市污染密集型产业转移引起的工业废气转移量**

表 5-20　　　　　　　　各地市工业废气转移类型划分

| 类型 | 城市 |
| --- | --- |
| 高转出区 | 北京、张家口、保定（3 个） |
| 低转出区 | 秦皇岛、衡水、邢台（3 个） |
| 低转入区 | 石家庄、承德、廊坊、沧州（4 个） |
| 高转入区 | 天津、唐山、邯郸（3 个） |

　　本书选取 1998—2003 年、2003—2008 年、2008—2013 年和 2013—2017 年探讨各阶段京津冀地区污染密集型产业转移对各地市工业废气排放的影响。根据污染密集型产业转移对工业废气排放的影响情况，可以将其划分为四个档次，分别为高转出区、低转出区、低转入区和高转入区。从表 5-21 中可以明显看出，各阶段分异特征明显。

　　1998—2003 年污染密集型产业转移对工业废气排放的影响强度并不强，工业废气转移类型仅包含低转出区和低转入区这两种类型，转出区主要分布在北京、天津及周边地区，其中工业废气转出量最大的城市是北京（-487.60 亿立方米），主要受非金属矿物制品业（-245.35 亿立方米）、黑色金属冶炼和压延加工业（-192.63 亿立方米）转出的影响。该阶段工业废气转入量最大的城市是唐山（945.08亿立方米），主要受黑色金属冶炼和压延加工业（910.21亿立方米）转入的影响。

2003—2008年污染密集型产业转移对工业废气排放的影响进一步加强，在空间上表现出明显的集聚趋势，北京成为工业废气高转出区（-3788.68亿立方米），主要受黑色金属冶炼和压延加工业（-2681.67亿立方米）转出的影响，低转出区集中分布在"西北地区"。邯郸成为工业废气高转入区（1178.31亿立方米），主要受黑色金属冶炼和压延加工业（1150.06亿立方米）转入的影响，较高转入区集中分布在沿海地区和南部地区。

2008—2013年污染密集型产业转移进一步加重沿海地区工业废气污染，属于工业废气转入区的有3个地市。沧州为高转入区（1268.26亿立方米），主要受黑色金属冶炼和压延加工业（1082.03亿立方米）转入的影响。该阶段属于工业废气转出区的地市有10个，高转出区城市有4个，分别是北京、秦皇岛、石家庄和邯郸，其中工业废气转出量最高的城市是北京（-3040.73亿立方米），这主要是受黑色金属冶炼和压延加工业（-1946.60亿立方米）转出的影响。

2013—2017年污染密集型产业转移对工业废气排放影响集聚趋势明显，转入区集中分布在东部沿海地区和南部地区，属于高转入区的地市有3个，分别是天津、唐山和邯郸，其中天津和唐山的工业废气转入量高达5562.12亿立方米和6368.99亿立方米，两市均受黑色金属冶炼和压延加工业转入的影响，带来的工业废气转入量分别为5387.332亿立方米和6993.06亿立方米。属于转出区的地市有7个，其中属于高转出区的是沧州（-513.46亿立方米）。整体来看，污染密集型产业转移对工业废气排放的影响逐渐加强，转入区和转出区集聚趋势明显，东部沿海地区和南部地区成为工业废气的集中转入区。并且，黑色金属冶炼和压延加工业是影响各地市工业废气排放量变化的重要行业。

表 5-21　分阶段污染密集型产业转移对工业废气排放的影响

| 年份 | 高转出区 | 低转出区 | 低转入区 | 高转入区 |
|---|---|---|---|---|
| 1998—2003年 | — | 北京、天津、张家口、秦皇岛、保定、邢台 | 石家庄、承德、唐山、廊坊、沧州、衡水、邯郸 | — |
| 2003—2008年 | 北京 | 承德、张家口、保定、衡水 | 天津、石家庄、秦皇岛、唐山、廊坊、沧州、邢台 | 邯郸 |
| 2008—2013年 | 北京、石家庄、唐山、邯郸 | 承德、张家口、秦皇岛、保定、衡水、邢台 | 天津、廊坊 | 沧州 |
| 2013—2017年 | 沧州 | 北京、张家口、廊坊、保定、衡水、邢台 | 石家庄、承德、秦皇岛 | 天津、唐山、邯郸 |

根据四个阶段污染密集型产业转移对当地工业废气排放的影响，可以将 13 个地市归为 3 种类型：持续转出型、波动转出型、波动转入型。属于持续转出型的是北京、张家口和保定，属于波动转出型的是秦皇岛、衡水和邢台，属于波动转入型的是天津、石家庄、承德、唐山、邯郸、廊坊和沧州。整体来看，污染密集型产业转移对各地市工业废气排放的影响的波动性大，持续转出的城市仅有 3 个，其他 10 个地市均为波动区（见表 5-22）。

表 5-22　污染密集型产业转移对工业废气排放影响类型

| 类型 | 城市 |
|---|---|
| 持续转出型 | 北京、张家口、保定（3个） |
| 波动转出型 | 秦皇岛、衡水、邢台（3个） |
| 波动转入型 | 天津、石家庄、承德、唐山、邯郸、廊坊、沧州（7个） |

（2）污染密集型产业空间分布变化对工业 $SO_2$ 排放的影响

以上分析虽在一定程度上反映污染密集型产业空间分布变化对地区工业废气排放的影响，但并未给出影响程度的判断，接下来本书分析污染密集型产业转移对地区工业 $SO_2$ 排放的具体影响程度。

从 1998—2017 年京津冀地区各地市污染密集型产业分布变化引起的工业 $SO_2$ 转移量上来看，净转移量为负值（污染转出量大于转入量）的城市有 7 个，分别是：北京、石家庄、张家口、秦皇岛、保定、衡水和邢台，其中工业 $SO_2$ 净转出量最大的地市是北京，净转出量为 14.53 万吨。其他 7 个地市的净转移量均为正值（污染转入量大于转出量），其中工业 $SO_2$ 净转入量较大的地市为天津、唐山和邯郸，工业 $SO_2$ 净转移量分别为 1.77 万吨、5.94 万吨和 3.32 万吨。通过对比 1998—2017 年各地工业 $SO_2$ 排放变化量来看，各地工业 $SO_2$ 排放量均呈下降趋势，减少较多的地市为北京、天津、石家庄、张家口、唐山和邯郸。

从图 5-12 中可知，京津冀地区各地市污染密集型产业转移对当地工业 $SO_2$ 排放的影响状况将分为以下 2 种：

第一，工业 $SO_2$ 转出与地区环境治理政策共同促进当地工业 $SO_2$ 排放减少。属于该情况的城市有 7 个：北京、石家庄、张家口、秦皇岛、保定、衡水和邢台。大量污染密集型产业从北京移出，产业转移带走的工业 $SO_2$ 排放量占北京工业 $SO_2$ 排放减少量的 76.81%，产业转移成为北京解决"大城市病"的重要方式，非金属矿物制品业（-4.48 万吨）、黑色金属冶炼和压延加工业（-4.58 万吨）等重污染行业移出对改善当地工业废气污染作用显著，同时当地政府加大工业废气治理力度，促进了北京工业 $SO_2$ 排放量下降，提升了当地生态环境质量。与此情况类似，并且产业转移对当地工业 $SO_2$ 排放影响程度较大的地市是保定，化学原料和化学制品制造业（-0.56 万吨）、非金属矿物制品业（-0.56 万吨）、有色金属冶炼和压延加工业（-0.90 万吨）等行业转移带走的工业 $SO_2$ 排放量占该市工业 $SO_2$ 排放减少量的比重高达 66.64%，污染密集型产业移出对保定减少工业 $SO_2$ 排放具有重要作用。石家庄、张家口、秦皇岛、保定、衡水和邢台，产业转移带走的工业 $SO_2$ 排放量占各地市工业 $SO_2$ 排放减少量的比重分别为 4.55%、8.00%、34.55%、66.64%、36.65%、10.93%，工业 $SO_2$ 移出有效促进了当地工业 $SO_2$ 污染状况的改善。

第二，严格的环境治理减小工业 $SO_2$ 转入对当地生态环境的影响。属于该种情况的城市有 6 个：天津、承德、唐山、廊坊、沧州和邯郸。

天津作为既有污染密集型产业转入又有污染密集型产业转出地区，污染密集型产业转移带来的工业 $SO_2$ 排放量占天津工业 $SO_2$ 排放减少量的-11.19%（负号代指作用相反），工业 $SO_2$ 的转入主要来自石油、煤炭及其他燃料加工业（0.88 万吨）、黑色金属冶炼和压延加工业（5.03 万吨）的转入，而天津工业 $SO_2$ 总排放量的大幅减少得益于多项环境治理政策的实施，如改造取暖设备、整治"散乱污"企业、严控高能耗高污染行业产能等。2017 年作为《大气污染防治行动计划》（简称"大气十条"）第一阶段的收官之年，天津一级优良天数达 24 天，重度污染天数降至 23 天，$SO_2$ 年均浓度降至 20μg/立方米以下，大气环境质量明显改善。① 唐山、邯郸作为黑色金属冶炼和压延加工业的重要承接地，该行业的转入带来工业 $SO_2$ 排放量分别为 8.16 万吨、2.41 万吨，占两地工业 $SO_2$ 排放减少量的-42.37%、-22.24%（负号代指作用相反）。此外，承德、廊坊和沧州三地工业 $SO_2$ 的转入分别受采矿业（0.23 万吨）、黑色金属冶炼和压延加工业（0.89 万吨）、石油、煤炭及其他燃料加工业（0.88 万吨）的影响。由此可知，污染密集型产业转移虽给以上各地带来工业 $SO_2$ 的转入，但各地坚决打赢"蓝天保卫战"，不断提高高耗能、高污染和资源型行业准入门槛，提高能源使用效率，促进地区工业 $SO_2$ 排放总量不断减少，改善当地大气环境质量，该类地区治理工业 $SO_2$ 的经验将对其他承接地具有重要借鉴意义。

（3）污染密集型产业空间分布变化对工业烟（粉）尘排放的影响

从 1998—2017 年京津冀地区各地市污染密集型产业分布变化引起的工业烟（粉）尘的转移量上来看，净转移量为负值（污染转出量大于转入量）的城市有 5 个，分别是北京、张家口、保定、衡水和邢台，其中工业烟（粉）尘的净转出量最大的地市是北京，净转出量为 23.74 万吨。其他 8 个地市的净转移量均为正值（污染转入量大于转出量），其中工业烟（粉）尘的净转入量较大的地市为天津、唐山和邯郸，工业烟（粉）尘的净转入量分别为 16.18 万吨、27.27 万吨和 9.28 万吨。通过对比 1998—2017 年各地工业烟（粉）尘排放变化量来看，各地工

---

① 朱虹：《天津完成"大气十条"任务目标》，《人民日报》2018 年 1 月 10 日。

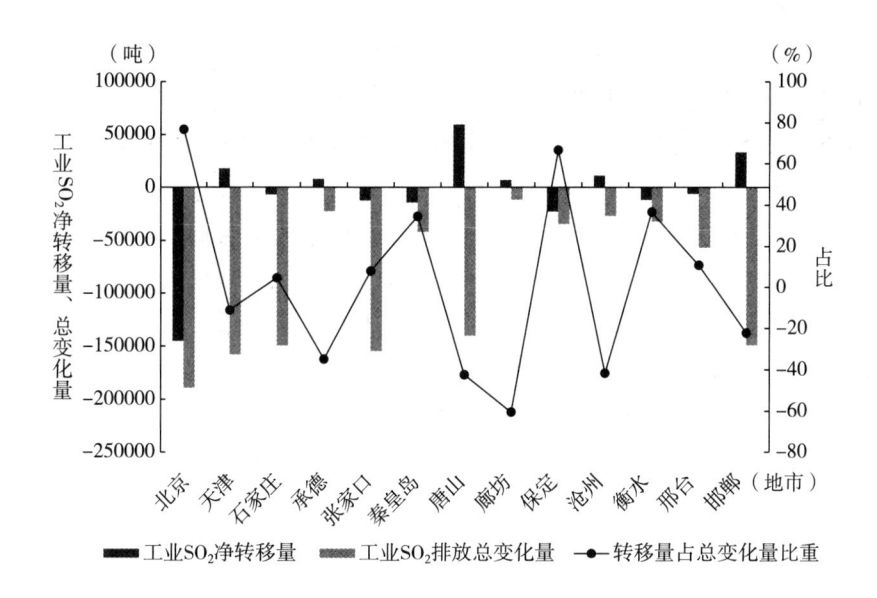

**图 5-12　1998—2017 年各地市工业 $SO_2$ 转移量占总变化量比重**

资料来源：各地市工业 $SO_2$ 排放数据来源于《中国城市统计年鉴》。

业烟（粉）尘排放总量呈减少趋势的地市有 10 个：北京、天津、石家庄、承德、秦皇岛、唐山、廊坊、衡水、邢台和邯郸，各地工业烟（粉）尘排放总量呈增加趋势的地市有 3 个：张家口、保定和沧州。

从图 5-13 中可知，京津冀地区各地市污染密集型产业转移对当地工业烟（粉）尘排放的影响状况将分为以下 3 种：

第一，工业烟（粉）尘转出促进当地工业烟（粉）尘排放减少。属于该情况的城市有 5 个：北京、张家口、保定、衡水和邢台。北京污染密集型产业移出带走的工业烟（粉）尘排放量是北京工业烟（粉）尘排放减少量的 3.00 倍，非金属矿物制品业（-4.56 万吨）、黑色金属冶炼和压延加工业（-16.49 万吨）等重污染行业的移出对减少当地工业烟（粉）尘排放也具有重要作用，需要注意的是重污染行业的转出虽大幅促进当地工业烟（粉）尘排放量的降低，但工业烟（粉）尘排放总量小于工业烟（粉）尘移出量，表明当地工业生产过程中工业烟（粉）尘排放量仍较为严重，如电力、热力生产和供应业产值增加的同时也会排放大量的工业烟（粉）尘，导致冬季雾霾天气频发。与此情况类似的地市有衡水和邢台，污染密集型产业移出带走的工业烟（粉）尘排放量是各地市工业烟（粉）尘排放减少量的1.24倍和9.06倍，分别受黑色金属冶炼和压延加工业（-0.48万吨）、非金属矿物制品业（-0.47万吨）的转出影响最大。张家口和保定污染密集型产业移出带走的工业烟（粉）尘排放量是当地工业烟（粉）尘排放增加量的-3.26倍、-2.86倍（负号代指作用相反），两地工业烟（粉）尘转出量最大的行业分别是黑色金属冶炼和压延加工业（-1.76万吨）、非金属矿物制品业（-0.57万吨），虽然污染密集型产业转移对当地工业烟（粉）尘排放具有一定的促进作用，但较1998年两地工业烟（粉）尘排放总量呈增加趋势，未来应进一步加大两地环境治理力度，加强"源头治理"，防止大气质量恶化。

第二，严格的环境治理减小工业烟（粉）尘转入对当地生态环境的影响。属于该种情况的城市有7个：天津、石家庄、承德、秦皇岛、唐山、廊坊和邯郸。天津、唐山和邯郸的工业烟（粉）尘转入量明显多于其他地市，三地污染密集型产业转移带来的工业烟（粉）尘排放量分别占三地工业烟（粉）尘排放减少量的-4.56倍、-10.10倍、-3.03倍（负号代指作用相反），工业烟（粉）尘的转入均主要来自黑色金属冶炼和压延加工业的转入，该行业的工业烟（粉）尘转入量分别为18.12万吨、29.36万吨和8.66万吨。石家庄、承德、秦皇岛、廊坊的工业烟（粉）尘转入量相对较低，四地污染密集型产业转移带来的工业烟（粉）尘排放量分别占四地工业烟（粉）尘排放减少量的-0.11倍、-2.65倍、-0.05倍、-1.21倍（负号代指作用相反），四地工业烟（粉）尘的转入均主要来自黑色金属冶炼和压延加工业的转入，该行业的工业烟（粉）尘转入量分别为2.42万吨、2.61万吨、1.83万吨和3.19万吨。由此可知，黑色金属冶炼和压延加工业的空间分布变化是影响地区工业烟（粉）尘排放量的重要原因，受《打赢蓝天保卫战三年行动计划》的影响，各地市强化工业污染的深度治理、"源头治理"，不断压缩钢铁、煤炭、平板玻璃、焦炭、火电等行业的产能，优化地区能源结构，针对高污染行业（如：钢铁、焦化、水泥、玻璃和陶瓷等）出台超低排放标准，并给予超低排放改造项目资金支持，激发企业减排动力，不断减少各地工业烟（粉）尘的排放。

第三，工业烟（粉）尘转入导致当地工业烟（粉）尘排放量增加。属于该情况的城市是沧州。沧州作为工业烟（粉）尘的转入地，污染密集型产业转入带来的工业烟（粉）尘排放量占工业烟（粉）尘排放增加量的69.08%，表明污染密集型产业移入是沧州工业烟（粉）尘的重要来源。主要受黑色金属冶炼和压延加工业（1.21万吨）转入的影响。2017年工业烟（粉）尘排放总量为1.22万吨，居京津冀地区各地市工业烟（粉）尘排放总量的第10位，虽然排放总量较其他地市来说并不大，但1998—2017年的变化量为正值，该地区应加强环境管制，防止该地工业烟（粉）尘排放量的持续增加。

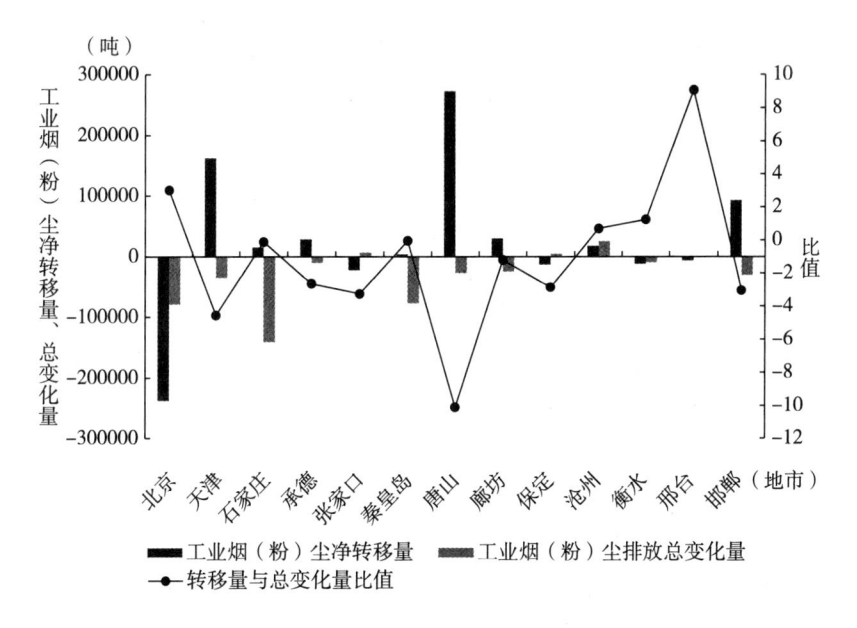

**图 5-13　1998—2017 年各地市工业烟（粉）尘转移量占总变化量比重**

资料来源：各地市工业烟（粉）尘排放数据来源于《中国城市统计年鉴》。

（三）产业转移对地区工业固体废物排放的影响

从1998—2017年京津冀地区各地市污染密集型产业转移引起的工

业固体废物转移量来看（图5-14），转出量明显大于转入量的城市有6个，分别是：北京、张家口、秦皇岛、保定、衡水和邢台，其中工业固废转出量最大的地市是北京，其转出量为2633.14吨，主要受黑色金属冶炼和压延加工业（-1504.88吨）转出的影响。其他6个地市为转入量明显大于转出量，分布在天津和河北境内，其中工业固体废物转入量较大的是天津、承德和唐山，转入量分别为2352.62吨、1855.83吨和2960.55吨，分别受黑色金属冶炼和压延加工业（1653.61吨）、采矿业（1612.78吨）、黑色金属冶炼和压延加工业（2679.71吨）转入的影响。石家庄污染密集型产业转移引起工业固废转出量和转入量基本相等，即污染密集型产业转移未对当地工业固废的产生量起到作用。将转入量减去转出量可以得到1998—2017年污染密集型产业转移引起的工业固体废物净转移量，根据转移总量的大小可以将其分为高转出区、低转出区、低转入区和高转入区（表5-23），其中属于高转出区的是北京，工业固废的净转出量为2388.98吨，属于低转出区的是邢台、张家口、保定、衡水、秦皇岛、石家庄，工业固废的净转出量介于0.19—485.24吨之间，属于低转入区的是廊坊、沧州和邯郸，工业固废的净转出量介于281.70—791.00吨之间，属于高转入区的是天津、唐山和承德，工业固废的净转出量分别是1554.69吨、2688.46吨和1829.4吨。

本书选取1998—2003年、2003—2008年、2008—2013年和2013—2017年探讨各阶段京津冀地区污染密集型产业转移对各市工业固体废物产生量的影响。根据污染密集型产业转移对工业固体废物产生量的影响情况，可以将其划分为四个档次，分别为高转出区、低转出区、低转入区和高转入区。从表5-24中可以明显看出，各阶段分异特征明显。

1998—2003年污染密集型产业转移对工业固体废物产生量的影响以转入为主，该阶段转入区有9个，主要分布在东部沿海地区和南部的邯郸，属于高转入区的是天津、唐山、承德和邯郸，其中天津工业固体废物转入主要受采矿业（382.20吨）转入的影响，而唐山、承德和邯郸的工业固体废物转入均主要受黑色金属冶炼和压延加工业的影响，该

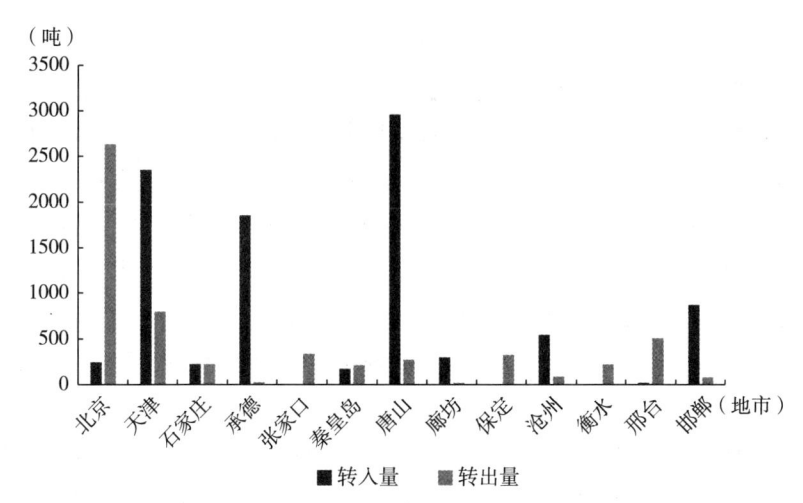

图 5-14　1998—2017 年各地市污染密集型产业转移带来的工业固废转移量

表 5-23　各地市工业固体废物转移类型划分

| 类型 | 城市 |
| --- | --- |
| 高转出区 | 北京（1 个） |
| 低转出区 | 石家庄、张家口、秦皇岛、保定、衡水、邢台（6 个） |
| 低转入区 | 廊坊、沧州、邯郸（3 个） |
| 高转入区 | 天津、承德、唐山（3 个） |

行业在三地的工业固体废物转入量分别为 411.98 吨、125.67 吨、125.67 吨。该阶段的转出区有 4 个：张家口、秦皇岛、保定和邢台，均为低转出区，秦皇岛是工业固体废物转出量最大的地区，其工业固体废物转移量为 -113.41 吨（负值为转出）。

2003—2008 年污染密集型产业转移对工业固体废物产生的影响仍以转入为主，该阶段转入区增加到 10 个，属于高转入区的是秦皇岛、唐山、沧州和邯郸，其中秦皇岛和邯郸工业固体废物转入主要受黑色金属冶炼和压延加工业转入的影响，该行业在两地的工业固体废物转入量分别为 129.45 吨和 327.14 吨，唐山和沧州工业固体废物转入主要受采矿业转入的影响，该行业在两地的工业固体废物转入量分别为 567.37 吨和 394.02 吨。转出区仅剩 3 个，北京成为首个高转出区，工业固体废物净转移量为-879.89吨，主要受黑色金属冶炼和压延加工业（-762.82吨）转出的影响。

2008—2013年工业固体废物转出区和转入区的比例为4∶9，其中邯郸为高转出区，工业固体废物净转移量为-775.62吨，主要受采矿业（-470.72吨）转出的影响。天津、唐山和廊坊为高转入区，三地工业固体废物分别受采矿业（1588.55吨）、采矿业（1297.92吨）、黑色金属冶炼和压延加工业（212.00吨）转入的影响。

2013—2017年污染密集型产业转移对工业固体废物产生量的影响出现明显变化，该阶段转出区和转入区的比例变为11∶2，北京、天津、石家庄、唐山、张家口和邢台为高转出区，其中北京工业固体废物转出量最高，为-1255.42吨，主要受采矿业（-1193.12）转出的影响。承德和邯郸为高转入区，两地的工业固体废物转入量分别为845.21吨、333.01吨，分别受采矿业（694.96吨）、黑色金属冶炼和压延加工业（314.50吨）转入的影响。

表5-24 分阶段污染密集型产业转移对工业固体废物产生量的影响

| 时间 | 类型 | | | |
|---|---|---|---|---|
| | 高转出区 | 低转出区 | 低转入区 | 高转入区 |
| 1998—2003年 | — | 张家口、秦皇岛、保定、邢台 | 北京、石家庄、廊坊、沧州、衡水 | 天津、承德、唐山、邯郸 |
| 2003—2008年 | 北京 | 保定、衡水 | 天津、石家庄、承德、张家口、廊坊、邢台 | 秦皇岛、唐山、沧州、邯郸 |
| 2008—2013年 | 邯郸 | 承德、沧州、衡水 | 北京、石家庄、张家口、秦皇岛、保定、邢台 | 天津、唐山、廊坊 |
| 2013—2017年 | 北京、天津、石家庄、张家口、唐山、邢台 | 秦皇岛、廊坊、保定、沧州、衡水 | — | 承德、邯郸 |

根据四个阶段污染密集型产业转移对当地工业固体废物产生量的影响，可以将13个地市归为2种类型：波动转出型和波动转入型。属于波动转出型的是北京、石家庄、张家口、秦皇岛、保定、衡水和邢台，

其他地区均为波动转入型地区。整体来看，污染密集型产业转移对各地市工业固体废弃物产生量的影响波动性较大（表5-25）。

**表 5-25　污染密集型产业转移对工业固体废物产生的影响类型**

| 类型 | 城市 |
| --- | --- |
| 波动转出型 | 北京、石家庄、张家口、秦皇岛、保定、衡水、邢台（7个） |
| 波动转入型 | 天津、承德、唐山、廊坊、沧州、邯郸（6个） |

综合污染密集型产业转移对相关地区各类污染物的转移情况来看，污染密集型产业转移对当地污染物排放（产生）呈减少效应的是北京、张家口、秦皇岛、保定、衡水和邢台，共计6个地市；污染密集型产业转移对当地污染物排放（产生）呈增加效应的是承德、唐山、廊坊、沧州和邯郸，共计5个地市；污染密集型产业转移对当地污染物排放（产生）存在污染物差异的是天津和石家庄，天津的污染密集型产业转移对当地工业废水排放产生减少效应，但对工业废气排放和工业固体废物产生具有增加效应，石家庄的污染密集型产业转移对当地工业废水排放和工业固体废物产生具有减少效应，但对工业废气排放具有增加效应。这可能与各地的污染密集型产业转移量有关，也有可能与各地市产业转移类型有关，接下来我们将对该问题进行进一步研究（表5-26）。

**表 5-26　污染密集型产业转移的环境效应测度结果**

| 地市 | 污染物转移情况 | | |
| --- | --- | --- | --- |
| | 工业废水排放 | 工业废气排放 | 工业固体废物产生 |
| 北京 | 转出（-） | 转出（-） | 转出（-） |
| 天津 | 转出（-） | 转入（+） | 转入（+） |
| 石家庄 | 转出（-） | 转入（+） | 转出（-） |
| 承德 | 转入（+） | 转入（+） | 转入（+） |
| 张家口 | 转出（-） | 转出（-） | 转出（-） |
| 秦皇岛 | 转出（-） | 转出（-） | 转出（-） |
| 唐山 | 转入（+） | 转入（+） | 转入（+） |
| 廊坊 | 转入（+） | 转入（+） | 转入（+） |

续表

| 地市 | 污染物转移情况 | | |
|---|---|---|---|
| | 工业废水排放 | 工业废气排放 | 工业固体废物产生 |
| 保定 | 转出（−） | 转出（−） | 转出（−） |
| 沧州 | 转入（+） | 转入（+） | 转入（+） |
| 衡水 | 转出（−） | 转出（−） | 转出（−） |
| 邢台 | 转出（−） | 转出（−） | 转出（−） |
| 邯郸 | 转入（+） | 转入（+） | 转入（+） |

## 二 各细分行业转移对"工业三废"排放的影响

由前文的分析可知，各地污染转移量除受污染密集型产业转移总量影响外，行业异质性也是影响地区污染转移量的重要因素，因此有必要将各细分行业转移对各地区"工业三废"的影响进行分析，以期了解各地环境治理中需重点关注的行业及相关污染物的转移情况。

（1）细分行业工业废水转移状况

各行业的工业废水排放强度、行业转移量存在明显差异，有必要对各行业在地市间的工业废水转移情况进行分析。通过对比各行业在各地市的工业废水转移情况可以发现，工业废水转移量较多的行业主要有：采矿业，纺织业，造纸及纸制品业，石油、煤炭及其他燃料加工业，化学原料和化学制品制造业，黑色金属冶炼和压延加工业，这6个行业均为工业废水排放量较高的行业，其工业废水转移量占所有行业工业废水转移量的81.78%，其他行业的工业废水转移量相对较少（图5-15）。

分地市来看，各行业转移对北京、天津、唐山和沧州工业废水排放的影响明显大于其他地市。北京除采矿业外，其他行业从北京的移出引起当地工业废水排放的明显减少，工业废水移出量较大的是化学原料和化学制品制造业、黑色金属冶炼和压延加工业，工业废水移出量分别为0.43亿吨和0.32亿吨。天津各行业中，产业转移带来工业废水增加的行业是采矿业，酒、饮料和精制茶制造业，石油、煤炭及其他燃料加工业，黑色金属冶炼和压延加工业，其他行业均是减少工业废水排放的行业，其中黑色金属冶炼和压延加工业转移带来的工业废水排放量最多，

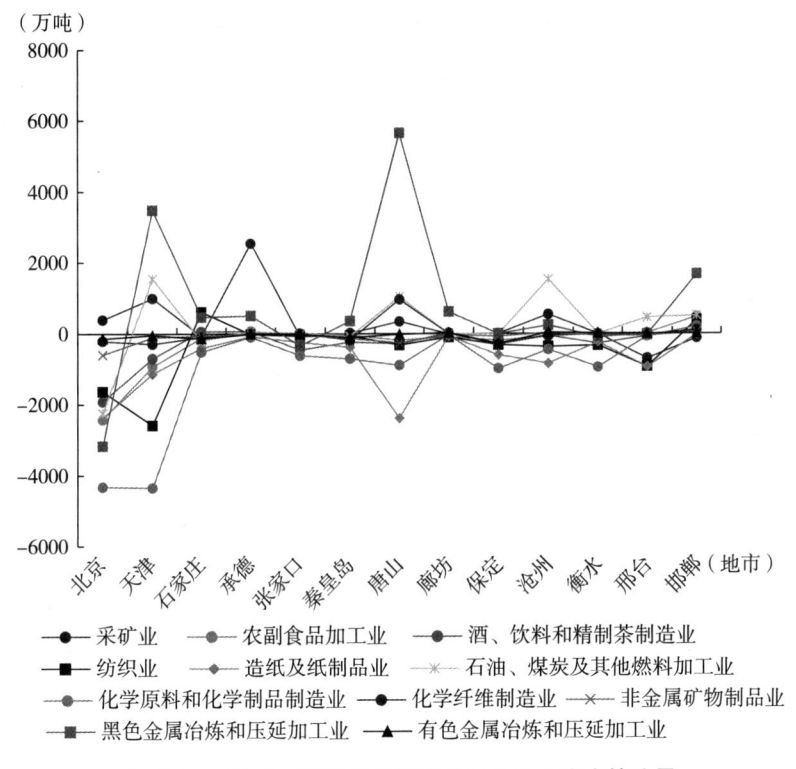

图 5-15　1998—2017 年各地市分行业工业废水转移量

工业废水移入量是 0.35 亿吨。化学原料和化学制品制造业转移对减少工业废水排放贡献最大，工业废水移出量是 0.43 亿吨。唐山产业转移带来工业废水增加的行业是采矿业，石油、煤炭及其他燃料加工业，化学纤维制造业，黑色金属冶炼和压延加工业，其他行业均是减少工业废水排放的行业，其中黑色金属冶炼和压延加工业转移带来的工业废水排放量最多，工业废水移入量是 0.57 亿吨。造纸及纸制品业转移对减少工业废水排放贡献最大，工业废水移出量是 0.24 亿吨。沧州各行业中，产业转移带来工业废水转入的行业是采矿业，石油、煤炭及其他燃料加工业，黑色金属冶炼和压延加工业，其他行业移出带走工业废水排放，其中石油、煤炭及其他燃料加工业转移带来的工业废水排放量最多，工业废水移入量是 0.15 亿吨，造纸及纸制品业转移对减少工业废水排放贡献最大，工业废水移出量是 0.08 亿吨（表 5-27）。

表 5-27　京津冀地区污染密集型产业各细分行业工业废水转移量

| 地区 | SB | S13 | S15 | S17 | S22 | S25 | S26 | S27 | S30 | S31 | S32 |
|---|---|---|---|---|---|---|---|---|---|---|---|
| 北京 | 385 | -2425 | -1918 | -1637 | -2374 | -2244 | -4324 | -211 | -592 | -3171 | -137 |
| 天津 | 989 | -924 | -695 | -2590 | -1130 | 1538 | -4344 | -293 | -107 | 3485 | -48 |
| 石家庄 | -72 | -126 | 63 | 610 | -399 | -193 | -516 | -99 | -65 | 466 | -137 |
| 承德 | 2545 | 41 | 61 | -22 | -77 | 68 | -95 | 0 | -16 | 503 | -12 |
| 张家口 | -82 | 14 | -458 | -70 | -242 | 2 | -617 | 0 | -28 | -338 | -20 |
| 秦皇岛 | 12 | -49 | -233 | -61 | -380 | -77 | -706 | -182 | -136 | 353 | -107 |
| 唐山 | 339 | -179 | -286 | -324 | -2389 | 1038 | -888 | 955 | -261 | 5647 | -20 |
| 廊坊 | -4 | -92 | 19 | -104 | -66 | -2 | -41 | 0 | -27 | 613 | 24 |
| 保定 | 2 | -188 | -300 | -318 | -595 | -14 | -983 | -293 | -75 | -3 | -281 |
| 沧州 | 538 | -84 | -62 | -369 | -838 | 1522 | -450 | -48 | 28 | 233 | 32 |
| 衡水 | -4 | -2 | -279 | -334 | -240 | -4 | -949 | -24 | -53 | -93 | 10 |
| 邢台 | -702 | 17 | -74 | -928 | -936 | 449 | -77 | -26 | -61 | -20 | -5 |
| 邯郸 | -126 | 472 | 122 | 387 | -12 | 502 | 197 | 91 | 45 | 1666 | 5 |

注：表格单位为万吨。各代码代指的行业为：采矿业（SB）；农副食品加工业（S13）；酒、饮料和精制茶制造业（S15）；纺织业（S17）；造纸及纸制品业（S22）；石油、煤炭及其他燃料加工业（S25）；化学原料和化学制品制造业（S26）；化学纤维制造业（S27）；非金属矿物制品业（S30）；黑色金属冶炼和压延加工业（S31）；有色金属冶炼和压延加工业（S32），移入为"+"，移出为"-"。

(2) 细分行业工业废气转移

通过对比各行业在各地市的工业废气转移情况可以发现，工业废气转移量两极分化明显，转移量较多的行业为非金属矿物制品业、黑色金属冶炼和压延加工业，这两个行业均为工业废气排放量较高的行业，两个行业的工业废气转移量占所有行业工业废气转移量的 85.83%，特别是黑色金属冶炼和压延加工业，该行业的工业废气转移量占所有行业工业废气转移量的 70.95%，其他行业的工业废气转移量相对较少。这表明黑色金属冶炼和压延加工业是影响京津冀地区工业废气跨地区转移最重要的行业，该行业在地区间的移动将直接影响各地工业废气排放总量（见图 5-16、表 5-28）。

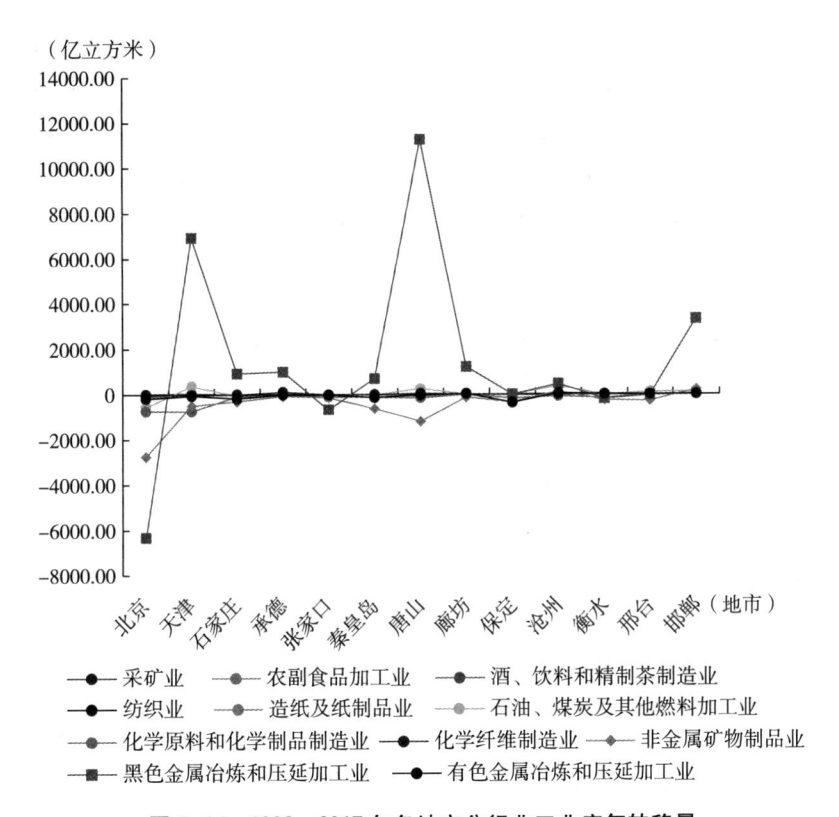

第五章　京津冀污染密集型产业空间布局变化的环境效应分析 | 197

图 5-16　1998—2017 年各地市分行业工业废气转移量

表 5-28　京津冀地区污染密集型产业各细分行业工业废气转移量

| 地区 | SB | S13 | S15 | S17 | S22 | S25 | S26 | S27 | S30 | S31 | S32 |
|---|---|---|---|---|---|---|---|---|---|---|---|
| 北京 | 16.6 | -91.0 | -82.5 | -27.9 | -79.7 | -547.5 | -748.0 | -10.5 | -2747.1 | -6316.5 | -178.3 |
| 天津 | 42.6 | -34.7 | -29.9 | -44.1 | -38.0 | 375.2 | -751.5 | -14.7 | -495.1 | 6940.8 | -62.2 |
| 石家庄 | -3.1 | -4.7 | 2.7 | 10.4 | -13.4 | -47.1 | -89.2 | -4.9 | -302.4 | 929.0 | -177.8 |
| 承德 | 109.6 | 1.6 | 2.6 | -0.4 | -2.6 | 16.7 | -16.4 | 0.0 | -73.6 | 1001.4 | -16.1 |
| 张家口 | -3.5 | 0.5 | -19.7 | -1.2 | -8.1 | 0.5 | -106.8 | 0.0 | -131.4 | -673.0 | -25.8 |
| 秦皇岛 | 0.5 | -1.8 | -10.0 | -1.0 | -12.8 | -18.7 | -122.1 | -9.1 | -629.8 | 703.0 | -139.2 |
| 唐山 | 14.6 | -6.7 | -12.3 | -5.5 | -80.3 | 253.5 | -153.6 | 47.7 | -1211.6 | 11247.7 | -26.4 |
| 廊坊 | -0.2 | -3.4 | 0.8 | -1.8 | -2.2 | -0.6 | -7.1 | 0.0 | -127.3 | 1221.8 | 31.5 |
| 保定 | 0.1 | -7.1 | -12.9 | -5.4 | -20.0 | -3.3 | -170.0 | -14.6 | -346.1 | -6.4 | -365.3 |

续表

| 地区 | SB | S13 | S15 | S17 | S22 | S25 | S26 | S27 | S30 | S31 | S32 |
|---|---|---|---|---|---|---|---|---|---|---|---|
| 沧州 | 23.2 | -3.1 | -2.7 | -6.3 | -28.2 | 371.3 | -77.9 | -2.4 | 128.5 | 464.1 | 41.3 |
| 衡水 | -0.2 | -0.1 | -12.0 | -5.7 | -8.1 | -1.0 | -164.2 | -1.2 | -247.5 | -185.6 | 13.6 |
| 邢台 | -30.2 | 0.6 | -3.2 | -15.8 | -31.4 | 109.5 | -13.3 | -1.3 | -283.8 | -39.3 | -6.0 |
| 邯郸 | -5.4 | 17.7 | 5.3 | 6.6 | -0.4 | 122.5 | 34.1 | 4.6 | 208.9 | 3317.6 | 6.5 |

注：表格单位为亿 $m^3$。各代码代指的行业为：采矿业（SB）；农副食品加工业（S13）；酒、饮料和精制茶制造业（S15）；纺织业（S17）；造纸及纸制品业（S22）；石油、煤炭及其他燃料加工业（S25）；化学原料和化学制品制造业（S26）；化学纤维制造业（S27）；非金属矿物制品业（S30）；黑色金属冶炼和压延加工业（S31）；有色金属冶炼和压延加工业（S32），移入为"+"，移出为"-"。

分地市来看，黑色金属冶炼和压延加工业转移引起的工业废气排放变化较大的地区是北京、天津、唐山和邯郸。北京是工业废气集中移出的地区，除采矿业外，其他行业移出均对减少北京工业废气排放有促进作用，非金属矿物制品业、黑色金属冶炼和压延加工业的工业废气转移量分别为2747.13亿立方米和6316.50亿立方米。天津、唐山和邯郸的黑色金属冶炼和压延加工业转移对该地工业废气排放的影响远大于其他行业，黑色金属冶炼和压延加工业在三地的工业废气转入量分别为6940.80亿立方米、11247.70亿立方米和3317.60亿立方米，分别占三地污染密集型产业工业废气转入量的94.32%、97.27%和89.09%。

（3）细分行业工业固体废物转移

通过对比各行业在各地市的工业固体废物转移情况可以发现，工业固体废物转移量也存在明显的行业差异，转移量较大的行业为采矿业、黑色金属冶炼和压延加工业，这两个行业均为工业固体废物排放量较高的行业，两个行业的工业固体废物转移量占所有行业工业固体废物转移量的75.43%，其中黑色金属冶炼和压延加工业的工业固体废物转移量占所有行业工业固体废物转移量的51.43%，其他行业的工业固体废物转移量相对较少。这表明以上两种行业是影响京津冀地区工业固体废物转移最重要的行业，这两种行业在地区间的移动将直接影响各地工业固体废物排放总量的变化（见图5-17、表5-29）。

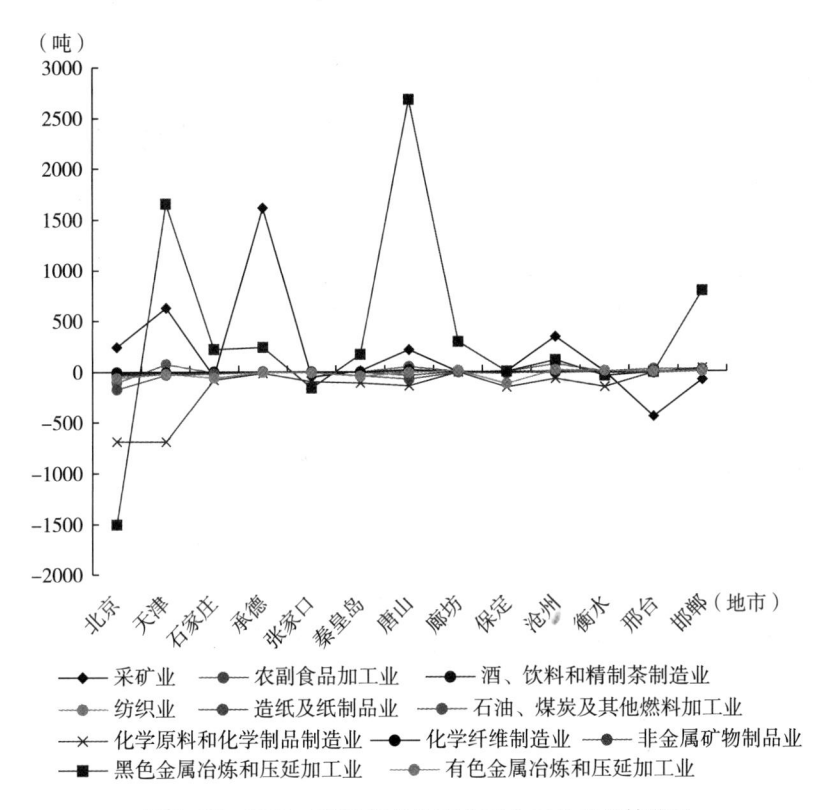

第五章 京津冀污染密集型产业空间布局变化的环境效应分析 | 199

图 5-17　1998—2017 年各地市分行业工业固废转移量

表 5-29　京津冀地区污染密集型产业各细分行业工业固体废物转移量

| 地区 | SB | S13 | S15 | S17 | S22 | S25 | S26 | S27 | S30 | S31 | S32 |
|---|---|---|---|---|---|---|---|---|---|---|---|
| 北京 | 244.2 | -29.7 | -23.2 | -7.0 | -38.8 | -105.9 | -688.4 | -3.8 | -172.0 | -1504.9 | -59.5 |
| 天津 | 626.4 | -11.3 | -8.4 | -11.0 | -18.5 | 72.6 | -691.7 | -5.3 | -31.0 | 1653.6 | -20.8 |
| 石家庄 | -45.5 | -1.5 | 0.8 | 2.6 | -6.5 | -9.1 | -82.1 | -1.8 | -18.9 | 221.3 | -59.4 |
| 承德 | 1612.8 | 0.5 | 0.7 | -0.1 | -1.3 | 3.2 | -15.0 | 0.0 | -4.6 | 238.6 | -5.4 |
| 张家口 | -52.0 | 0.2 | -5.5 | -0.3 | -4.0 | 0.1 | -98.3 | 0.0 | -8.2 | -160.3 | -8.6 |
| 秦皇岛 | 7.5 | -0.6 | -2.8 | -0.3 | -6.2 | -3.6 | -112.4 | -3.3 | -39.4 | 167.5 | -46.5 |
| 唐山 | 214.7 | -2.2 | -3.4 | -1.4 | -39.1 | 49.0 | -141.3 | 17.1 | -75.8 | 2679.7 | -8.8 |
| 廊坊 | -2.8 | -1.1 | 0.2 | -0.4 | -1.1 | -0.6 | -6.2 | 0.0 | -8.0 | 291.3 | 10.5 |
| 保定 | 1.2 | -2.3 | -3.6 | -1.4 | -9.7 | -0.6 | -156.5 | -5.3 | -21.7 | -1.5 | -122.0 |

续表

| 地区 | SB | S13 | S15 | S17 | S22 | S25 | S26 | S27 | S30 | S31 | S32 |
|---|---|---|---|---|---|---|---|---|---|---|---|
| 沧州 | 340.7 | -1.0 | -0.7 | -1.6 | -13.7 | 71.8 | -71.7 | -0.9 | 8.0 | 110.6 | 13.8 |
| 衡水 | -2.5 | 0.0 | -3.4 | -1.4 | -3.9 | -0.2 | -151.1 | -0.4 | -15.5 | -44.2 | 4.5 |
| 邢台 | -444.6 | 0.2 | -0.9 | -3.9 | -15.3 | 21.2 | -12.3 | -0.5 | -17.8 | -9.4 | -2.0 |
| 邯郸 | -80.1 | 5.8 | 1.5 | 1.6 | -0.2 | 23.7 | 31.4 | 1.6 | 13.1 | 790.4 | 2.2 |

注：表格单位为吨。各代码代指的行业为：采矿业（SB）；农副食品加工业（S13）；酒、饮料和精制茶制造业（S15）；纺织业（S17）；造纸及纸制品业（S22）；石油、煤炭及其他燃料加工业（S25）；化学原料和化学制品制造业（S26）；化学纤维制造业（S27）；非金属矿物制品业（S30）；黑色金属冶炼和压延加工业（S31）；有色金属冶炼和压延加工业（S32），移入为"+"，移出为"-"。

分地市来看，采矿业、黑色金属冶炼和压延加工业转移引起的工业固体废物产生量变化较大的地区是北京、天津、承德、唐山和邯郸。北京是以工业固体废物移出为主的地区，除采矿业外，其他行业转移均对减少北京工业固体废物产生量具有促进作用，采矿业、化学原料和化学制品制造业、黑色金属冶炼和压延加工业的工业固体废物的转移量分别为244.20吨、-688.40吨、-1504.90吨。天津工业固体废物转移量较大的行业是采矿业、化学原料和化学制品制造业、黑色金属冶炼和压延加工业，三者的转移量分别为626.40吨、-691.70吨、1653.60吨。唐山工业固体废物转移量较大的行业是采矿业、黑色金属冶炼和压延加工业，两者的转移量分别是214.70吨、2679.70吨。邯郸工业固体废物转移最大的行业是黑色金属冶炼和压延加工业，其转移量是790.4吨。

结合地区污染转移总量和细分行业差异，可以了解各地区污染转移需要关注的重点行业（见表5-30）。污染转移也反映了各地区产业结构调整的方向，北京及周边地区污染密集型产业转出趋势明显，东部沿海和南部地区转入趋势明显。改革开放以来，北京工业进入腾飞发展阶段，大量污染密集型产业发展壮大，随着公众的环保意识逐步提高，对工业污染危害的认识逐步加深，政府的环保力度也在不断加强，许多重污染企业从北京中心地区向周边郊区转移。但人们也意识到，环境污染具有外部性，京津冀三地并不是孤立的，是需要协同发展的，环境也需要协同治理，因此三地制定了《京津冀协同发展规划纲要》，生态环境保护、产业升级转移便是需要重点突破的领域。在此背景下，化学原料和化学制品制造业、非金属矿物制品业、黑色金属冶炼和压延加工业等重污染行业从北京及周边地区向外转移，东部沿海地区和南部地区便成为该类产业的集中分布区。污染密集型产业在空间的变动也引起了相应工业污染物在地区间的移动。

表 5-30　　　　各地市需关注的重点行业污染转移情况

| 类型 | 地市 | 工业废水排放 | 工业废气排放 | 工业固体废物产生 |
|---|---|---|---|---|
| 总污染移出城市 | 北京 | 采矿业（+），化学原料和化学制品制造业（-），黑色金属冶炼和压延加工业（-） | 采矿业（+），非金属矿物制品业（-），黑色金属冶炼和压延加工业（-） | 采矿业（+），化学原料和化学制品制造业（-），黑色金属冶炼和压延加工业（-） |
| | 张家口 | 农副食品加工业（+），酒、饮料和精制茶制造业（-），化学原料和化学制品制造业（-） | 化学原料和化学制品制造业（-），非金属矿物制品业（-），黑色金属冶炼和压延加工业（-） | 采矿业（-），化学原料和化学制品制造业（-），黑色金属冶炼和压延加工业（-） |
| | 秦皇岛 | 造纸及纸制品业（-），化学原料和化学制品制造业（-），黑色金属冶炼和压延加工业（+） | 非金属矿物制品业（-），黑色金属冶炼和压延加工业（+） | 化学原料和化学制品制造业（-），黑色金属冶炼和压延加工业（+） |
| | 保定 | 纺织业（-），造纸及纸制品业（-），化学原料和化学制品制造业（-） | 化学原料和化学制品制造业（-），非金属矿物制品业（-），有色金属冶炼和压延加工业（-） | 化学原料和化学制品制造业（-）、有色金属冶炼和压延加工业（-） |
| | 衡水 | 纺织业（-），化学原料和化学制品制造业（-），酒、饮料和精制茶制造业（-） | 化学原料和化学制品制造业（-），非金属矿物制品业（-），黑色金属冶炼和压延加工业（-） | 化学原料和化学制品制造业（-），黑色金属冶炼和压延加工业（-） |
| | 邢台 | 纺织业（-），造纸及纸制品业（-），石油、煤炭及其他燃料加工业（+） | 石油、煤炭及其他燃料加工业（+），非金属矿物制品业（-） | 采矿业（-） |

续表

| 类型 | 地市 | 工业废水排放 | 工业废气排放 | 工业固体废物产生 |
|---|---|---|---|---|
| 总污染移入城市 | 承德 | 采矿业（+），黑色金属冶炼和压延加工业（+） | 采矿业（+），黑色金属冶炼和压延加工业（+） | 采矿业（+），黑色金属冶炼和压延加工业（+） |
| | 唐山 | 造纸及纸制品业（-），石油、煤炭及其他燃料加工业（+），黑色金属冶炼和压延加工业（+） | 非金属矿物制品业（-），黑色金属冶炼和压延加工业（+） | 采矿业（-），黑色金属冶炼和压延加工业（+） |
| | 廊坊 | 黑色金属冶炼和压延加工业（+） | 非金属矿物制品业（-），黑色金属冶炼和压延加工业（+） | 黑色金属冶炼和压延加工业（+） |
| | 沧州 | 采矿业（+），造纸及纸制品业（-），石油、煤炭及其他燃料加工业（+） | 石油、煤炭及其他燃料加工业（+），非金属矿物制品业（+），黑色金属冶炼和压延加工业（+） | 采矿业（+），黑色金属冶炼和压延加工业（+） |
| | 邯郸 | 农副食品加工业（+），石油、煤炭及其他燃料加工业（+），黑色金属冶炼和压延加工业（+） | 石油、煤炭及其他燃料加工业（+），非金属矿物制品业（+），黑色金属冶炼和压延加工业（+） | 采矿业（-），黑色金属冶炼和压延加工业（+） |
| 总污染既有移入又有移出城市 | 天津 | 纺织业（-），化学原料和化学制品制造业（-），石油、煤炭及其他燃料加工业（+），黑色金属冶炼和压延加工业（+） | 石油、煤炭及其他燃料加工业（+），化学原料和化学制品制造业（-），非金属矿物制品业（-），黑色金属冶炼和压延加工业（+） | 采矿业（+），化学原料和化学制品制造业（-），黑色金属冶炼和压延加工业（+） |
| | 石家庄 | 纺织业（+），造纸及纸制品业（-），化学原料和化学制品制造业（-），黑色金属冶炼和压延加工业（+） | 非金属矿物制品业（-），黑色金属冶炼和压延加工业（+），有色金属冶炼和压延加工业（-） | 化学原料和化学制品制造业（-），有色金属冶炼和压延加工业（-），黑色金属冶炼和压延加工业（+） |

注：转出为"-"，转入为"+"。

## 三 产业转移环境效应分解

（1）产业空间分布变化对环境的影响路径分析

环境库兹涅茨曲线（EKC）提出了关于收入增长如何影响环境的重要实证问题，并验证了提高环境质量的收入效应。但需要注意的是 EKC 对所选的样本非常敏感，包括所选的时间段、国家/地区、污染物等。如对于直接威胁人类生命的污染物（如受污染的饮用水），人们会期望一个非常低的污染度，Shafik 研究发现随着收入的增加水的质量被持续改善；对于危害不确定性或者有延迟效应的污染物（如碳排放），人们会接受一个相对较高的污染度，Grossman 和 Krueger 研究发现碳排放随着人均收入的增加而增加。① 这表明只关注人均收入和环境质量之间关系，可能对揭示两者关系背后的机制上效果欠佳，因此需要考虑分解为：规模效应、结构效应和技术效应在经济发展与环境之间关系中发挥的作用。

基于污染密集型产业空间分布变化驱动机理的分析可知，污染企业在地区要素禀赋、区位条件、市场导向和政府调整的共同驱动下进行选址决策，产业转移将通过规模效应、技术效应和结构效应三种途径影响地区环境质量（图 5-18）。

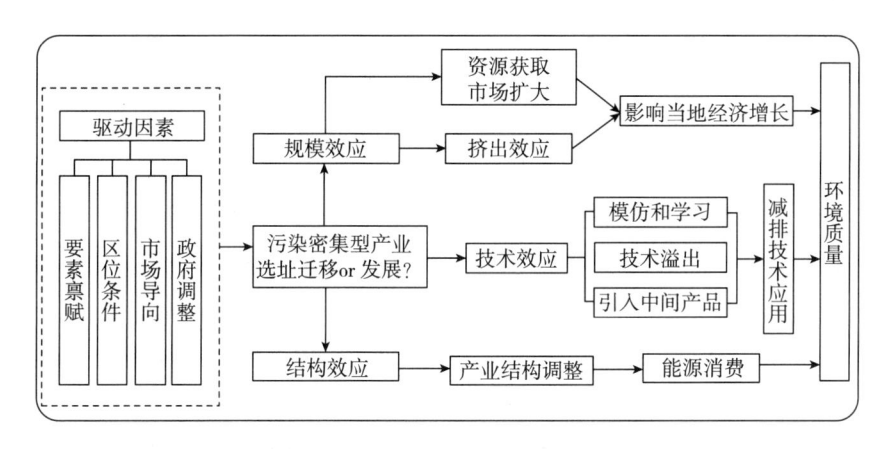

**图 5-18 污染密集型产业空间分布变化对环境的影响路径**

注：驱动因素为污染密集型产业空间分布的影响因素，具体分析见第四章第四节。

---

① Shafik, N., "Economic Development and Environmental Quality：An econometric analysis", *Oxford Economic Papers*, Vol. 46, Supplement_1, October1994；Grossman, G. M. and Krueger, A. B., "Economic Growth and the Environment", *The Quarterly Journal of Economics*, Vol. 110, No. 2, May 1995.

首先，污染密集型产业转移通过规模效应影响转出地和承接地的环境质量。从承接地的角度来看，污染企业的迁入一方面促进了当地的经济增长，经济规模的扩大将带来更多的能源消耗和污染物排放，影响当地环境质量①；另一方面，污染企业的迁入会打破当地原有的要素配置规律，影响要素流动方向，这将会对当地原有行业产生一定的挤出效应，同时也会增大污染密集型产业对当地的资源和能源的占用率。随着污染企业市场份额不断增多，规模不断扩大，污染物的排放也会增多，这将会对承接地环境产生负面影响。从转出地的角度来看，重污染企业的转出虽然减小了相应的经济规模，但也减少了能源的消耗和污染物的排放，因此污染密集型产业转出会通过规模效应对转出地环境产生正面影响。

其次，污染密集型产业转移通过结构效应影响转出地和承接地环境质量。从承接地的角度来看，污染密集型产业所含行业多为高能耗、高污染的行业，高污染企业的迁入会引起当地产业结构的变化，影响当地的能源消费结构，进而影响当地环境质量。与其他产出相同的地区相比，污染密集型产业占比越高的地区，能源消耗量和污染物排放量都相对较高，污染密集型产业的转移将会对承接地环境产生负面影响。从转出地的角度来看，污染密集型产业的转出是地区"腾笼换鸟"的重要方式，这将有利于转出地集中要素发展能耗低、污染少的高技术产业和第三产业，因此污染密集型产业转出会通过产业结构的升级对转出地环境产生正面影响。但需要注意的是污染企业的停产、迁出和高新技术产业的培育、壮大是长时间的过程，污染密集型产业转移对转出地的结构效应并非一蹴而就的，可能具有时间滞后性。

最后，污染密集型产业转移通过技术效应影响转出地和承接地环境质量。无论是产业生命周期理论还是梯度转移理论，都强调了转出地和承接地之间产业发展水平的差异，包括京津冀地区产业转移的实践也证明了地区间产业发展差异是促进产业跨地区转移的重要条件。从北京疏

---

① 王洪婷：《环境规制下外商直接投资对环境污染影响研究》，硕士学位论文，哈尔滨工程大学，2019年。

解的污染企业，无论是生产技术、人才储备还是管理经验，要优于大部分天津和河北的同类型企业。污染企业从北京的迁出不仅能给天津、河北各市的承接地带来先进的管理经验，而且企业的迁入并非单纯地点的更换，着眼于企业长远发展，企业倾向于使用新设备、研发清洁生产技术和治污技术，将循环发展的理念融入到新厂的建设过程中。通过与当地企业的合作、交流和学习，迁入的"龙头"企业可以真正发挥示范作用，带动迁入地清洁生产技术的使用，提高污染密集型产业的治污能力，降低污染物的排放量，这将有利于承接地环境质量的改善。同样，对于转出地来说，污染密集型产业转出将有利于转出地集中人力、物力发展先进制造业、高新技术产业和服务业，先进生产技术的应用将进一步推动转出地生态环境质量改善。

（2）规模效应、结构效应和技术效应测算

按照 Grossman 提出的理论模型，本书将产业转移对当地环境的影响也分解为规模效应、结构效应和技术效应。[①]

从规模效应上来看，污染密集型产业转移的规模效应存在地区差异（图5-19），从规模效应值的正负属性可以判断产业转移带来的经济规模增长是否有利于当地环境的改善。污染密集型产业转移"工业三废"规模效应均为负值的地区有北京、张家口、秦皇岛、保定、衡水和邢台，该类地区污染密集型产业总体规模呈缩小趋势，虽然对当地经济增长的促进作用减缓，但也减少了能源消耗，缓解了当地的生态环境问题。污染密集型产业转移"工业三废"规模效应均为正值的是石家庄、承德、唐山、廊坊、沧州和邯郸，该类地区污染密集型产业总体规模呈增大趋势，产业迁入在促进当地经济发展的同时，生产规模的扩大也带来更多的要素投入和资源消耗，进而加重了当地的生态环境问题。其中，唐山"工业三废"的规模效应最大，该地转入最多的行业是石油、煤炭及其他燃料加工业，黑色金属冶炼和压延加工业，采矿业，由第三章中各行业的污染属性划分结果可知，以上三种行业分别属于"废水+

---

① Grossman, G. M. and Krueger, A. B., "Economic Growth and the Environment", *The Quarterly Journal of Economics*, Vol. 110, No. 2, May 1995.

废气污染密集型产业""三废污染密集型产业""废水+固体废物污染密集型产业",因此以上行业的大量转入在增加唐山经济增长的同时,也必然会加重唐山的环境污染状况。污染密集型产业转移"工业三废"规模效应存在明显差异的是天津,其工业废水规模效应呈负值,而工业废气和工业固废呈正值,这与不同行业的污染属性密切相关,天津转出的行业主要是纺织业、化学原料和化学制品制造业、化学纤维制造业,纺织业和化学纤维制造业属于"废水污染密集型产业",化学原料和化学制品制造业属于"三废污染密集型产业",因此以上行业的转出必然会明显减轻天津的水污染状况。转入明显的行业是黑色金属冶炼和压延加工业、有色金属冶炼和压延加工业,这两个行业分别属于"三废污染密集型产业"和"废气+固体废物污染密集型产业",以上两种行业的转入必然会带来大量工业废气和工业固体废物的排放。

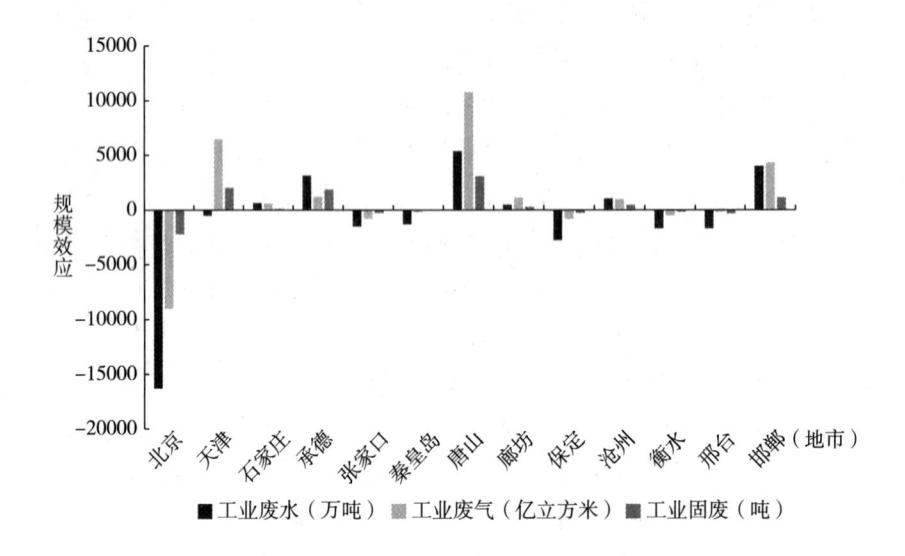

**图 5-19 1998—2017 年各地市污染密集型产业转移的规模效应**

从结构效应上看,污染密集型产业转移对各地市的结构效应存在明显差异(见图 5-20)。对于污染密集型产业的转出地北京来说,工业废气的结构效应呈现负值,即污染密集型产业转出能通过产业结构改善北京工业废气的排放，但工业废水和工业固体废物的结构效应出现正值，表明一方面北京对大气污染治理的力度和速度都要快于工业废水和工业固体废物，而水污染治理和工业固体废物的治理需要一定的时间；另一方面工业废水和工业固体废物的结构效应相较于工业废气来说具有一定的时间滞后性。天津作为既有污染密集型产业转入又有转出的城市，工业废水的结构效应呈现负值，能有效减少当地工业废水的排放，这与纺织业等"废水污染密集型产业"的大量转出密切相关，黑色金属冶炼和压延加工业等行业的转入带来的结构效应则会引起天津工业废气和工业固体废物排放的明显增多。河北各市作为北京、天津污染密集型产业转移的主要承接地，"工业三废"的结构效应多表现为正值，即污染密集型产业的转入能通过产业结构变化促进当地工业污染物排放量的增加，但唐山、廊坊、沧州、邢台和邯郸的工业废水结构效应表现为负值，污染密集型产业转入的结构效应减少了以上城市工业废水的排放；承德、保定、邯郸的工业废气结构效应表现为负值，污染密集型产业转入的结构效应减少了以上城市工业废气的排放；邯郸的工业固体废物的结构效应表现为负值，污染密集型产业转入的结构效应减少了该地工业固体废物的排放。

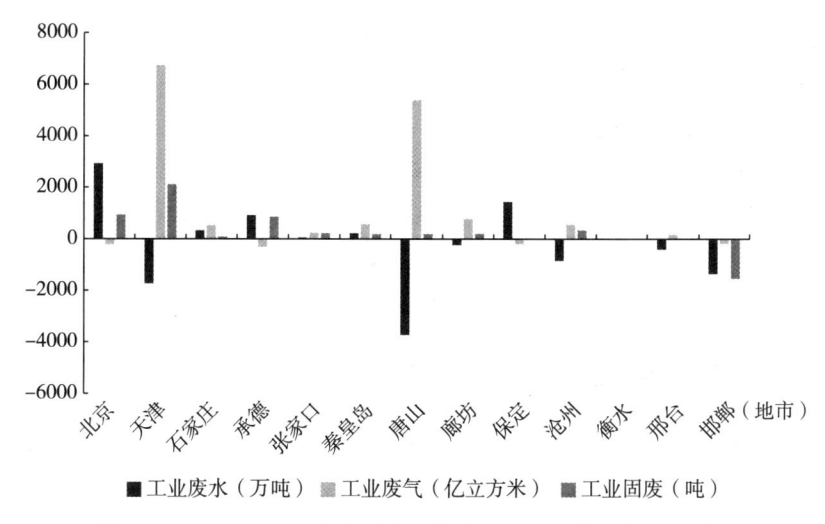

图 5-20　1998—2017 年各地市污染密集型产业转移的结构效应

从技术效应上来看，在控制产业转移规模效应和结构效应后，清洁技术的使用能有效降低污染物排放强度（图 5-21）。对于全国的科技创新中心北京来说，污染密集型产业转出将为当地发展高新技术产业、服务业腾退空间，先进生产技术的研发和应用将会明显改善当地的生态环境质量。对于京津冀地区科技水平相对较高的天津来说，环境规制的加强促进当地企业不断使用环境友好型生产技术，以快速减少与人们生活密切相关的工业废水和工业废气的排放，但需要注意的是，生产技术在工业固体废物减排上的作用并不明显。河北各地市积极承接北京、天津的污染密集型产业转移，对该地的中小企业具有很好的带动作用，一方面市场竞争的加大，将加快当地原有企业的自我创新，提高企业竞争力；另一方面知识溢出、劳动力资源共享提升了当地原有企业的生产技术，特别是绿色生产技术的应用将会明显减少工业污染物的排放。此外，各承接地政府为防止"污染避难所"的产生，不断提高承接地的环境规制强度，这也提高了当地企业学习绿色生产技术的紧迫性，而北京、天津污染密集型产业的转入为它们创造了交流和学习的机会。但唐山、廊坊和邯郸的工业固体废物技术效应与天津相似，呈现出正值，通过比对这三个地市细分行业的转入情况可知，当前石油、煤炭及其他燃料加工业，黑色金属冶炼和压延加工业，有色金属冶炼和压延加工业属于工业固体废物绿色技术应用明显滞后的行业，未来应加强绿色技术在这三个行业中的全面应用，进一步减少工业固体废物的排放。

### 四 计量模型检验

上文采用污染转移测算方法对各地市具体污染物的转移量及对当地工业污染物排放的影响程度进行了详细测度，为排除其他因素如技术、环境规制等对产业转移环境效应产生的干扰，本书尝试运用计量模型进一步验证污染密集型产业空间分布变化对地区环境产生的影响。

（一）模型设定

回归模型设置如下：

$$Pollution_{it} = \beta_0 + \beta_1 R_{it} + \beta_2 CON_{it} + v_i + w_t + \varepsilon_{it} \tag{5-17}$$

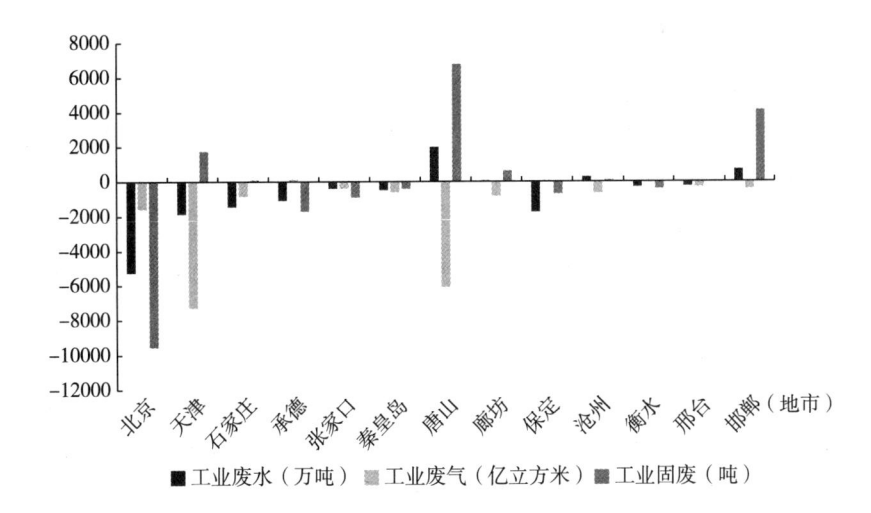

**图 5-21 1998—2017 年各地市污染密集型产业转移的技术效应**

式 5-17 中，$i$ 表示城市，$t$ 表示时间，$Pollution_{it}$ 代表 $i$ 城市第 $t$ 年的工业污染排放状况，是本书的因变量，包括工业废水排放量（强度）、工业 $SO_2$ 排放量（强度）和工业烟（粉）尘排放量（强度）。$R_{it}$ 为污染密集型产业分布指数，是本书的核心解释变量，$CON_{it}$ 为控制变量。$v_i$ 为地市固定效应，$w_t$ 为时间固定效应，$\varepsilon_{it}$ 表示随机误差项。

在此基础上，可以将包含各因变量、自变量和控制变量的模型构建如下：

$$\ln T_{water_{it}} = \beta_0 + \beta_1 R_{it} + \beta_2 \ln gdp_{it} + \beta_3 \ln tech_{it} + \beta_4 \ln sstr_{it} + \beta_5 \ln energy_{it} + \beta_6 \ln er_{it} + v_i + w_t + \varepsilon_{it} \tag{5-18}$$

$$\ln T_{SO_2 it} = \beta_0 + \beta_1 R_{it} + \beta_2 \ln gdp_{it} + \beta_3 \ln tech_{it} + \beta_4 \ln sstr_{it} + \beta_5 \ln energy_{it} + \beta_6 \ln er_{it} + v_i + w_t + \varepsilon_{it} \tag{5-19}$$

$$\ln T_{soot_{it}} = \beta_0 + \beta_1 R_{it} + \beta_2 \ln gdp_{it} + \beta_3 \ln tech_{it} + \beta_4 \ln sstr_{it} + \beta_5 \ln energy_{it} + \beta_6 \ln er_{it} + v_i + w_t + \varepsilon_{it} \tag{5-20}$$

式 5-18、式 5-20、式 5-19 中，$T_{water_{it}}$、$T_{SO_2 it}$、$T_{soot_{it}}$ 代表工业污染物的排放量，分别是工业废水排放量、工业 $SO_2$ 排放量和工业烟（粉）尘排放量。$gdp_{it}$、$sstr_{it}$、$tech_{it}$、$energy_{it}$ 和 $er_{it}$ 分别代表控制变量：经济发展水平、技术水平、产业结构、能耗强度和环境规制强度。

## (二) 变量选择

**(1) 因变量**

本书选取工业废水排放量、工业 $SO_2$ 排放量和工业烟（粉）尘排放量作为被解释变量。

**(2) 自变量**

本书选取污染密集型产业分布指数 $R_{it}$ 为解释变量，计算过程见公式4-14、式4-15。

**(3) 控制变量**

地区工业污染物排放量的变化，除了受到污染密集型产业地理空间分布的变化，还受到其他因素的影响，有必要在模型中加入一些控制变量。参考已有研究和双重差分模型的回归结果，选取经济发展水平（gdp）、技术水平（tech）、产业结构（sstr）、能耗强度（energy）和环境规制强度（er）作为控制变量。经济发展水平（gdp）采用地区GDP来衡量；技术水平（tech）采用专利申请量来衡量；产业结构（sstr）采用二产占比来衡量；能耗强度（energy）采用万元工业总产值电耗作为能耗来衡量；环境规制强度（er）采用环境信访数量来衡量。各变量具体定义如下表所示：

表 5-31　　污染密集型产业转移环境效应解释变量定义

| 变量类型 | 变量名称 | 具体指标 | 定义 | 代码 |
| --- | --- | --- | --- | --- |
| 因变量 | 工业废水排放量 | 工业废水排放总量 | 工业废水排放总量（万 t） | $T_{water}$ |
| | 工业 $SO_2$ 排放量 | 工业 $SO_2$ 排放总量 | 工业 $SO_2$ 排放总量（t） | $T_{SO_2}$ |
| | 工业烟（粉）尘排放量 | 工业烟（粉）尘排放总量 | 工业烟（粉）尘排放总量（t） | $T_{soot}$ |
| 自变量 | PIIs 产业分布 | PIIs 产业分布指数 | 由 PIIs 产值和企业数量计算得出 | $R_{it}$ |

续表

| 变量类型 | 变量名称 | 具体指标 | 定义 | 代码 |
|---|---|---|---|---|
| 控制变量 | 经济发展水平 | 地区生产总值 | GDP（亿元） | *gdp* |
|  | 技术水平 | 申请专利数量 | 申请专利数量（个） | *tech* |
|  | 产业结构 | 产业结构 | 二产占比（%） | *sstr* |
|  | 能耗强度 | 万元工业总产值电耗 | 工业用电量/工业总产值（kw·h/万元） | *energy* |
|  | 环境规制强度 | 非正式环境规制 | 信访数量（件） | *er* |

表 5-32　　　　　　　模型主要变量描述性统计值

| 变量 | Obs | Mean | Std. Dev. | Min | Max |
|---|---|---|---|---|---|
| 工业废水排放量 | 260 | 10714.95 | 7380.20 | 615.00 | 34047.00 |
| 工业 $SO_2$ 排放量 | 260 | 103724.50 | 75293.36 | 2040.00 | 331863.00 |
| 工业烟（粉）尘排放量 | 260 | 62855.32 | 80263.52 | 4282.00 | 536092.00 |
| *PIIs* 产业分布指数 | 260 | 0.71 | 0.44 | 0 | 2.81 |
| 经济发展水平 | 260 | 2813.70 | 4446.63 | 158.53 | 29883.00 |
| 技术水平 | 260 | 8088.00 | 24934.00 | 49.00 | 185928.00 |
| 产业结构 | 260 | 47.52 | 8.10 | 19.00 | 62.10 |
| 能耗强度 | 260 | 494.03 | 373.16 | 73.20 | 2014.76 |
| 环境规制强度 | 260 | 4159.00 | 9062.57 | 59.00 | 55403.00 |

注：表中为变量原始数据值展示，与模型中数据会有不同。

（三）回归结果及分析

根据构建的面板数据模型，基于式 5-18 至式 5-20，利用 *Stata* 14.0 对样本数据进行异方差、同期相关和组内自相关检验，发现样本数据存在以上问题，为保证结果有效性，采用可行广义最小二乘法（*FGLS*）进行估计，根据 *Hausman* 检验选择固定效应回归模型。验证污染密集型产业转移是否对工业废水排放量、工业 $SO_2$ 排放量和工业烟（粉）尘排放量具有影响，结果如表 5-33 所示。表中给出了污染密集型产业转移对地区工业污染物排放的具体影响。第 1、3、5 列为无控制变量的回归结果；第 2、4、6 列为加入控制变量经济发展水平、技术水平、产业结构、能耗强度和环境规制强度时的回归结果。

如表 5-33 所示，在未加入控制变量时，污染密集型产业转移对工业废水排放量和工业 $SO_2$ 排放量产生正向影响，表明污染密集型产业转出能减少转出地工业废水排放量和工业 $SO_2$ 排放量，污染密集型产业转入则会增加承接地的工业废水排放量和工业 $SO_2$ 排放量，该结果分别通过 10% 和 1% 的显著性水平检验。第 5 列回归结构显示，污染密集型产业转移对工业烟（粉）尘排放量的影响不明显。当加入控制变量后，模型解释力度明显提高，污染密集型产业转移对工业废水排放量的影响系数从 0.044 增加至 0.057，通过 5% 的显著性水平检验，对工业 $SO_2$ 排放量的影响系数从 0.050 增加至 0.063，通过 1% 的显著性水平检验。此时，污染密集型产业转移对工业烟（粉）尘排放量的影响仍不明显，考虑受本书选取的重污染行业有关，本书选取的重污染行业不含受人类生产生活、城市规模等影响较大的电力、热力生产和供应业（第三章计算该行业污染密集指数为 9.66，污染指数居第二位），该行业在生产过程中排放大量的工业烟（粉）尘，对当地生态环境产生重要影响，并且该行业无法大规模地迁移，这将影响产业转移对当地工业烟（粉）尘排放量产生的作用。

第 2、4、6 列的回归结果表明，控制变量对京津冀工业污染物排放具有一定的差异。经济发展水平对工业 $SO_2$ 排放和工业烟（粉）尘排放产生正向影响，并且通过 1% 的显著性水平检验；技术水平对工业 $SO_2$ 排放产生正向影响，通过 10% 的显著性水平检验，产业结构对"工业三废"排放产生正向影响，均通过 1% 的显著性水平检验；能源强度对工业废水排放产生负向影响，对工业烟（粉）尘排放产生正向影响，且通过 1% 的显著性水平检验。环境规制对工业 $SO_2$ 排放产生负向影响，通过 5% 显著性水平检验。控制变量中，二产占比对工业 $SO_2$ 排放和工业烟（粉）尘排放的影响明显大于其他因素，并且环境规制能有效减少地区工业 $SO_2$ 的排放量。

该模型估计结果能有效支撑前文中产业转移对工业废水和工业废气

影响的测算结果，但也需要注意污染密集型产业转移虽能有效影响转出地和承接地的工业 $SO_2$ 排放量，但对工业烟（粉）尘排放量的影响并不明显，即污染密集型产业转移并不能解决地区工业烟（粉）尘排放量较大的问题。此外，受数据可获取性的影响，该模型并未加入工业固体废弃物排放数据，污染密集型产业转移对工业固体废弃物排放影响的验证需要在未来研究中进一步展开。

表 5-33  固定效应模型分析结果

| 变量 | 工业废水排放量 $\ln T_{water}$ | | 工业 $SO_2$ 排放量 $\ln T_{SO_2}$ | | 工业烟（粉）尘排放量 $\ln T_{soot}$ | |
| --- | --- | --- | --- | --- | --- | --- |
| $R_{it}$ | 0.044* (1.810) | 0.057** (2.170) | 0.050*** (3.380) | 0.063*** (4.110) | -0.009 (-0.290) | -0.011 (-0.380) |
| lngdp | | 0.167 (1.590) | | 0.527*** (6.430) | | 0.455*** (3.410) |
| lntech | | 0.064 (1.490) | | 0.046* (1.860) | | 0.056 (1.540) |
| lnsstr | | 0.633*** (4.790) | | 2.071*** (20.410) | | 1.716*** (12.110) |
| lnenergy | | -1.120*** (-3.590) | | -0.023 (-1.300) | | 0.115*** (3.180) |
| lner | | -0.010 (-0.570) | | -0.025** (-2.480) | | -0.014 (-0.760) |
| 常数项 | 84.632*** (6.230) | 126.553*** (3.970) | 163.718*** (7.780) | 249.877*** (11.040) | 39.967** (2.120) | 124.053*** (3.060) |
| 时间效应 | Yes | Yes | Yes | Yes | Yes | Yes |
| 地区效应 | Yes | Yes | Yes | Yes | Yes | Yes |
| 观测值 | 260 | 260 | 260 | 260 | 260 | 260 |

注：括号内 t 值，***、**、*分别表示 1%、5% 和 10% 的显著性水平。

## 第五节　本章小结

本章按照"相关性分析—因果关系验证—环境效应测度"的逻辑框架对京津冀污染密集型产业空间分布变化的环境效应展开研究。首先，运用区域重心分析方法观测两者在空间分布变化上是否具有相关性；其次通过双重差分模型对产业转移和污染转移的因果关系进行验证，在验证两者存在空间相关性和因果关系后对污染密集型产业转移带来的污染量进行计算，并尝试探究污染密集型产业转移对地区工业污染物排放的影响程度。本章的结论主要有：

（1）由环境污染重心和污染密集型产业重心空间演变的对比分析可知，污染密集型产业重心集中在廊坊和沧州境内，环境污染重心主要分布在天津、保定、廊坊和沧州境内，环境污染重心在污染密集型产业重心的东北方向，这与不同行业的污染物排放量存在差异有关。污染密集型产业重心与工业 $SO_2$ 排放、工业烟（粉）尘排放具有明显的相关性，与工业废水排放重心变动相关性不明显。双重差分模型的验证结果显示，承接更大规模产业转移会增加当地工业污染物的排放量，而且影响程度呈现工业烟（粉）尘排放>工业废水排放>工业 $SO_2$ 排放。

（2）污染密集型产业转移环境效应的测度结果显示：工业废水净转出的城市有北京、天津、石家庄、张家口、秦皇岛、保定、衡水和邢台，工业废气和工业固体废物净转出的城市有北京、张家口、秦皇岛、保定、衡水和邢台。"工业三废"转出量最大的地区是北京，转出量分别是 1.86 亿吨、12809.00 亿立方米和 2633.14 吨，工业废水转出量占地区工业废水排放变化量的 72.97%，工业 $SO_2$ 转移量占地区工业 $SO_2$ 排放变化量的 76.81%，污染密集型产业转移与地区环境治理政策共同促进当地生态环境质量改善。"工业三废"转入量最大的地区是唐山，转入量分别是 0.36 亿吨、11563.24 亿立方米和 2352.62 吨，工业废水转移量占地区工业废水排放变化量的 -27.12%（负号代表作用相反），工业 $SO_2$ 转移量占地区工业 $SO_2$ 排放变化量的 -42.37%，工业烟（粉）

尘的转移量占地区工业烟（粉）尘排放变化量的-10.10倍，严格的环境规制政策减少了工业废物转入对当地生态环境的破坏。

（3）分行业来看，工业废水转移量较多的行业有，采矿业，纺织业，造纸及纸制品业，石油、煤炭及其他燃料加工业，化学原料和化学制品制造业，黑色金属冶炼和压延加工业；工业废气转移量较多的行业为非金属矿物制品业和黑色金属冶炼和压延加工业，特别是黑色金属冶炼和压延加工业的工业废气转移量占所有行业（污染密集型产业）工业废气转移量的70.95%；工业固体废物转移量较多的行业为采矿业、黑色金属冶炼和压延加工业，这两个行业的工业固体废物转移量占所有行业（污染密集型产业）工业固体废物转移量的75.43%。

（4）本书将产业转移对当地环境的影响分解为规模效应、结构效应和技术效应，污染密集型产业转移通过促进当地经济总量变动、能源消费结构变动和绿色生产技术应用对当地环境质量产生影响。分解效应测度结果显示，北京、张家口、秦皇岛、保定、衡水和邢台的规模效应为负值，污染密集型产业转移通过规模效应促进以上地区环境质量的改善。污染密集型产业转移对京津冀地区各地市环境效应的结构效应存在明显差异，多以增加各地市工业污染物排放为主，一方面与各地转出的行业类型密切相关，另一方面与结构效应（特别是工业废水和工业固体废物）的时间滞后性相关。在控制污染密集型产业转移的规模效应和结构效应后，清洁生产技术的使用能有效降低各地市工业污染物的排放，并且生产技术水平越高的地市，技术效应越明显。但也需要注意的是石油、煤炭及其他燃料加工业，黑色金属冶炼和压延加工业，有色金属冶炼和压延加工业属于工业固体废物绿色技术应用明显滞后的行业，未来应加强这三个行业的工业固体废物治理力度，减少其对承接地生态环境带来的负面影响。

（5）计量模型有效支撑了产业转移对工业废水和工业废气影响的测算结果，但污染密集型产业转移并不能解决转出地工业烟（粉）尘排放量较大的问题。

# 第六章 京津冀污染密集型产业空间分布变化环境效应的驱动机制

对污染密集型产业空间分布变化环境效应的驱动机制（形成机制）的研究是深入认识污染密集型产业转移环境效应的特征和形成过程的关键。目前学者们对环境效应的认识不断深入，但多从经济增长、产业集聚、财政分权、生态环境属性等方面探究环境污染产生的原因，鲜有学者结合产业地理分布变化的视角分析环境效应的形成与驱动机理。前文对京津冀污染密集型产业时空演变、其环境效应进行了详细分析和测算，本章将对京津冀污染密集型产业空间分布变化环境效应的驱动机制进行分析。

通过对京津冀污染密集型产业空间分布变化环境效应的分析，发现产业空间分布变化环境效应受到内部、外部各种经济、社会、政治力量综合作用，同时利益主体（社会力）作为重要的参与者通过各种行为影响产业转移的环境效应，并推动各种力量相互作用。因此，本书从本底条件、政府力、市场力和社会力（利益主体参与）四个方面构建污染密集型产业空间分布变化环境效应的形成机制。首先，建立解释框架，然后分别从这四个方面对污染密集型产业空间分布变化环境效应的形成机制进行解释和论述，这对地区的环境治理具有重要的参考价值。

## 第一节 产业空间分布变化环境效应驱动机制分析框架

京津冀污染密集型产业空间分布变化环境效应的影响因素，主要涉及转出地和承接地本底条件、政府环境治理能力、市场机制，以及利益主体参与度。其中，本地条件主要包含地区经济发展水平、技术水平、工业结构等对环境效应的影响[1]；政府环境治理能力强调环境规制，尤其是环境法规、排污费及环境信访等对地区环境质量及环境效应的影响[2]；龚新蜀等基于地区产业转型和强化环境规制的视角论证了市场一体化促使污染转移方式的转变（隐含污染转移——显性污染转移），这不仅能有效改善本地环境质量，而且能抑制邻近地区因"地方保护"导致的环境恶化[3]；公众是环境资源的利益相关者，也是环境污染的直接受害者，公众参与能有效弥补环境治理体系中的信息不对称和政府监管失灵，促使企业污染环境的外部成本内部化。[4] 通过第五章中分解效应的测算结果可知，对于转出地来说，污染密集型产业的转移无论是规模效应、结构效应还是技术效应都会促进当地生态环境质量的提升，这将大大降低当地政府的环境治理压力，增加城市的宜居性，增强民众的幸福感。但对于承接地来说，大部分地区污染密集型产业转移的规模效应和结构效应会增加当地的环境压力，而技术效应是减弱这种环境压力的关键。

为减少污染密集型产业转移对承接地环境带来的负面影响，当地政府率先采取限制企业污染物排放、征收排污税、鼓励企业技术创新等措施影响迁入企业排污行为。当然，在这个过程中也离不开公民和环保组织等社会力量的参与，他们通过参与环境影响评价、提供环境服务、进行环境监督等方式参与环境治理过程，影响迁入企业污染物排放。随着我国发展观念经历"一维目标（经济增长）"→"二维目标（经济增长

---

[1] 赵海霞、曲福田、诸培新：《江苏省工业化进程中的环境效应分析》，《中国人口·资源与环境》2005年第4期；徐成龙、巩灿娟：《基于偏离份额法的中国污染产业转移时空演变及其环境效应》，《软科学》2017年第10期。

[2] 沈悦、任一鑫：《环境规制、省际产业转移对污染迁移的空间溢出效应》，《中国人口·资源与环境》2021年第2期；王育宝、陆扬：《财政分权、环境规制与区域环境质量——基于动态面板模型的实证分析》，《经济问题探索》2021年第3期。

[3] 龚新蜀、史雪然、韩俊杰：《市场一体化对中国环境质量的影响研究》，《工业技术经济》2021年第2期。

[4] 余亮：《中国公众参与对环境治理的影响——基于不同类型环境污染的视角》，《技术经济》2019年第3期；郭进、徐盈之：《公众参与环境治理的逻辑、路径与效应》，《资源科学》2020年第7期。

和社会进步)"→"三维目标(经济发展—社会进步—生态保护)"的转变,各地环境治理也经历了由以政府为主导的"一元治理"阶段→以政府经济和行政手段并存的"二元治理"阶段→政府与市场、社会协调互动的"多元治理"阶段的转变,目前各地区正处于第三阶段早期,政府、市场和社会共同参与当地的环境治理。① 2015 年党的十八届五中全会正式提出构建"政府、企业、公众共治的环境治理体系",这为各地环境治理指明了方向,也强调了市场和公众参与环境治理的重要性。②

本书根据第四章和第五章中京津冀污染密集型产业时空演变、环境效应测度、分解效应测算等相关分析和结果,从地区本底条件、政府力、市场力和社会力 4 个方面重点对污染密集型产业转移环境效应的形成机制进行解释。

污染密集型产业空间分布变化的环境效应是在地区本底条件的基础上,政府力、市场力和社会力共同作用的结果。经济发展水平、产业结构、技术水平和能耗强度等方面引起地区本底条件差异,这也是影响地区环境容量、提供技术支持的基础因素;政府处于地区环境治理的主导地位(政府力),通过制定排放标准、征收排污税、差异化管控措施、环保资金投入及为公众参与环境保护提供法律保障等,直接或间接地影响迁入企业环境行为;市场推动作用(市场力)通过利润最大化(环保成本、品牌形象、绿色消费偏好)等方面影响迁入企业的排污行为;公众和环保组织(社会力)作为环境污染的受害者,也是生态环境治理的重要参与者,通过监督、参与环境影响评价、参与政府环境政策制定等途径间接影响迁入企业排污行为。

政府力、市场力和社会力并不是孤立存在的,而是紧密联系和互为驱动的,三者在地区本底条件基础上,相互作用,共同对污染密集型产业转移的环境效应产生影响。政府力、市场力、社会力等通过不同的作用路径,直接或间接地影响污染密集型产业转移的环境效应(见图 6-1)。

---

① 张同斌、张琦、范庆泉:《政府环境规制下的企业治理动机与公众参与外部性研究》,《中国人口·资源与环境》2017 年第 2 期。

② 谌杨:《论中国环境多元共治体系中的制衡逻辑》,《中国人口·资源与环境》2020 年第 6 期。

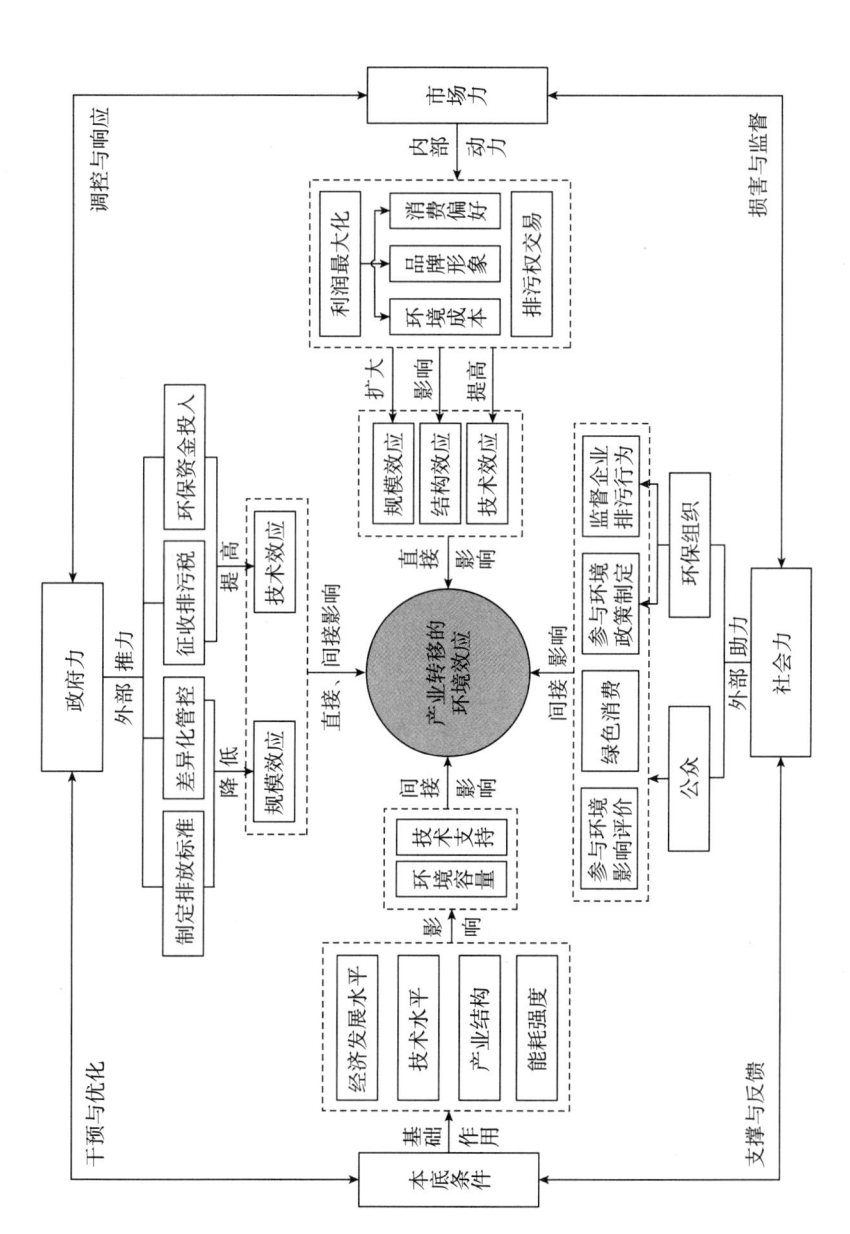

**图 6-1　京津冀污染密集型产业空间分布变化环境效应驱动机制**

## 第二节 本底条件与产业转移环境效应

本底条件是指承接地因经济发展水平、技术水平、产业结构和能耗强度等方面的差异引起承接地环境容量和技术支撑能力的不同，间接影响迁入企业的环境行为和环境效应。承接地本底条件对迁入企业环境行为和环境效应发挥基础性作用。

### 一 经济发展水平与迁入企业环境行为

环境库兹涅茨曲线（EKC）显示，随着地区经济发展水平的提高，地区环境污染物排放量会先增加后下降，呈现倒 U 形曲线。由此可知，承接地经济发展水平可能对地区污染物排放量产生一定的影响，即承接地经济发展水平的不同将导致地区发展观念的不同，进而影响迁入企业的环境行为。

从第三章的图 3-2 可知，京津冀三地经济发展水平存在明显差异，所处发展阶段也不同。三地经济发展水平对迁入企业环境行为的影响具体如下：

对于污染密集型产业由"核心地区"（东城区—海淀区—朝阳区—丰台区）向"边缘地区"（通州区）调整的北京来说，该地已进入后工业化发展阶段，居民对生态环境要求高、环保意识强，地方政府环境监管强度只增不减，迁入企业必将面临承接地更为严格的环境监管，该类迁入企业多为污染程度相对较轻、生产技术先进的企业，该类污染企业倾向于采用绿色生产技术主动减排。政府、市场和社会共同作用下维持原有发展路径的迁入企业将不断更新生产设备、提高生产技术、降低企业的污染物排放量，促使北京经济与生态环境的协调发展。

对于污染密集型产业既有转出又有转入的天津来说，该地处于工业化阶段后期，公众对美好生活环境的向往促使该地加强环境监管。为解决天津突出的生态环境问题，政府加强环境规制的同时，积极调整产业布局，促进产业集聚的形成，水污染密集型产业（如纺织业）大量向外迁移，迁入的黑色金属冶炼和压延加工业、有色金属冶炼和压延加工业则积极响应承接地政府的环境规制政策，充分利用当地的技术优势、人才优势、产业基础优势，提高产业转移的技术效应，优化资源配置效率，减少转入企业的污染物排放。迁入的污染企业对当地政府的积极响应将有助于天津控制工业污染物排放总量，减小迁入企业对承接地环境的负面影响。在承接地政府、市场和社会的共同努力下促进承接地经济与生态环境的良性互动，即随着经济发展水平的不断提高，该地"工业三废"排放量也将下降。

对于河北各地市来说，当前处于工业化中期阶段，经济发展与环境状况之间的关系存在一定的不确定性和波动性。相比于京津两地，河北各地一直面临较大的经济增长压力，面对北京、天津产业的转移，许多承接地并未充分考虑当地资源环境承载能力，采取"捡进篮子都是菜"的产业承接政策，宽松的环境政策促使迁入企业追求利润最大化、消极应对政府环境规制，大量污染物排放导致承接地环境质量恶化。从第五章对双重差分模型的结果可知，河北各地市经济发展水平对地区"工业三废"排放的影响存在明显差异。对于工业废水来说，河北的西北部地区加强水环境问题整治，迁入河北的西北部地区的污染企业必将面临严格的环境监管，迁入企业废水减排的力度大，该部分地区水环境质量持续提高。但对于其他地市特别是东部沿海地区和南部地区来说，为追求经济发展，迁入以上地区的污染型企业面对承接地较为宽松的环境监管，迁入企业工业废水减排积极性相对较差，随着经济发展水平的不断提高，水环境质量呈下降趋势。对于工业 $SO_2$ 排放量和工业烟（粉）尘排放来说，随着经济发展水平的提高，工业 $SO_2$ 排放和工业烟（粉）尘排放量呈先下降后上升的变动趋势，考虑是受 2011 年以来河北各地市大力承接北京和天津污染密集型产业转移及加快调整内部产业布局的影响，迁入的污染型企业在促进东部沿海地区和南部地区经济发展的同时，承接地政府追求经济快速发展导致迁入企业追求利润最大化，向承接地排放大量大气污染物，致使当地大气质量恶化。近年来，特别是 2014 年以来，在京津冀协同发展的背景下，河北调整产业承接政策，采取"提着篮子去选菜"的产业承接方式。与此同时，不断加大区域内环境治理力度，迁入的污染型企业逐步响应政府环保政策，不断调整企业发展策略，并将环境保护纳入企业生产中，多种环境规制方式和市场机制共同促使承接地工业污染排放量大幅下降，环境质量有所改善。

综上，承接地经济发展阶段的不同间接影响迁入企业的环境行为。对从北京"核心区"向"边缘地区"迁移的污染型企业来说，企业将会主动减排；对于迁入天津的污染型企业来说，企业会积极响应当地政府的环保政策，在政府、市场和社会的共同作用下迁入企业积极减排；对于迁入河北的污染型企业来说，随着河北经济的发展，污染型企业经历了从被动减排到主动减排的转变过程，在多种环境规制工具作用下，迁入企业减排的积极性被逐步激发。需要注意的是，虽然2014年后河北环境质量较之前有明显的改善，但与京津两地相比无论是政府监管力度、市场机制完善度，还是利益主体参与度都有较大提升空间。

## 二 技术水平与迁入企业减排

承接地先进的生产技术不仅能促进当地经济的高质量发展，而且能为迁入企业提供有力的技术支撑，促进技术效应的提升。承接地主要通过技术创新投入、技术人才供给两种途径促进迁入企业生产技术创新，减少迁入企业工业污染物排放。

（1）技术创新投入促进迁入企业减排

创新是技术发展的动力，技术创新是实现新型工业化的关键所在，技术创新离不开资金投入，有学者通过研究发现地方财政科技投入与科技创新之间存在长期稳定关系，即地方财政科技投入能推动地区技术创新。[1]

北京作为全国的科技创新中心，其科技创新能力毋庸置疑。据《中国城市科技创新发展报告2019》数据显示，北京的科技创新发展水平在全国289个地级以上城市居首位，并且北京非常注重科技创新能力的进一步提升，在技术人才、项目经费、科研机构管理、科技成果转化等

---

[1] 李惠娟、朱福兴：《地方财政科技投入与科技创新的动态分析》，《科技管理研究》2008年第3期；徐莉、邓怡：《科技投入对我国高新技术企业科技创新的影响研究》，《科技广场》2018年第1期。

方面不断推进制度改革，激发科研机构、高等院校的创新动力。① 从 2017 年京津冀地区各地市 R&D 经费内部支出数据来看（见图 6-2），北京 R&D 经费内部支出 1579.65 亿元，远高于其他地市，少量从北京"核心区"向北京"边缘地区"迁移的企业依旧能享受北京科技经费的支持，这对于迁入企业研发绿色生产技术、进行科技成果转化具有重要助推作用。第五章的图 5-21 污染密集型产业转移技术效应的计算结果也验证了这一点，北京污染密集型产业转移的"工业三废"技术效应明显高于其他地市，特别是工业固体废物技术效应为 -955.202 吨，显示了北京强大的科技创新能力在企业减排方面的优势。

天津是京津冀地区技术创新总量的第二梯队，从第四章的图 4-13 中可知，天津普通高校数量仅次于北京，居京津冀地区各地市的第二位，地区总体科技创新能力低于北京但远高于河北其他地级市。2017 年天津 R&D 经费内部支出 458.72 亿元，仅为北京的 29.04%，但却是石家庄的 3.58 倍。由此可知，天津无论是科研经费投入还是科研基础都优于河北各地市，从北京迁出的污染型企业进入天津后，可以享受相对较高的科研经费投入，积极从事绿色生产技术研发。从第五章的图 5-21 污染密集型产业转移的技术效应来看，天津污染密集型产业转移的工业废水技术效应和工业废气技术效应对地区环境质量提升发挥重要作用，这与天津较大的技术创新投入密不可分。当然，与北京污染密集型产业转移的技术效应相比，工业固体废物的技术效应为正值，仍有较大提升空间。

河北各地市技术创新能力相对较弱，结合第四章的图 4-13，除石家庄普通高等学校数量较多外，其他地市普通高等学校数量相对较少，并且从河北各地市的专利申请数量来看，河北各地市高等学校的科研能力相对较弱。2017 年河北各地市 R&D 经费内部支出总和为 404.07 亿元，仅为北京的 25.58%，天津的 88.09%，由此可知，河北各地市科技经费投入力度和科技研发能力差距较大，明显弱于北京和天津，从北京

---

① 张航、孙奇茹：《"中国城市科技创新发展指数 2019"发布北京位列第一强势领跑》，《北京日报》2020 年 1 月 5 日。

和天津迁出的污染型企业进入河北各承接地，必将面临严峻的科研形势，从第五章的图 5-21 污染密集型产业转移的技术效应来看，河北各地市污染密集型产业转移的"工业三废"技术效应明显弱于北京和天津，未来应进一步加大河北各承接地科研经费投入，要在加快科技成果转化的同时，激发企业自主创新的积极性，提高污染密集型产业转移的技术效应。当然，环境质量的改善，需要多地共同努力，北京、天津要加强对河北的技术输出，使河北尽快成为两地的科技成果转化基地，充分发挥产业转移的技术效应，进而促进京津冀三地整体生态环境的改善。

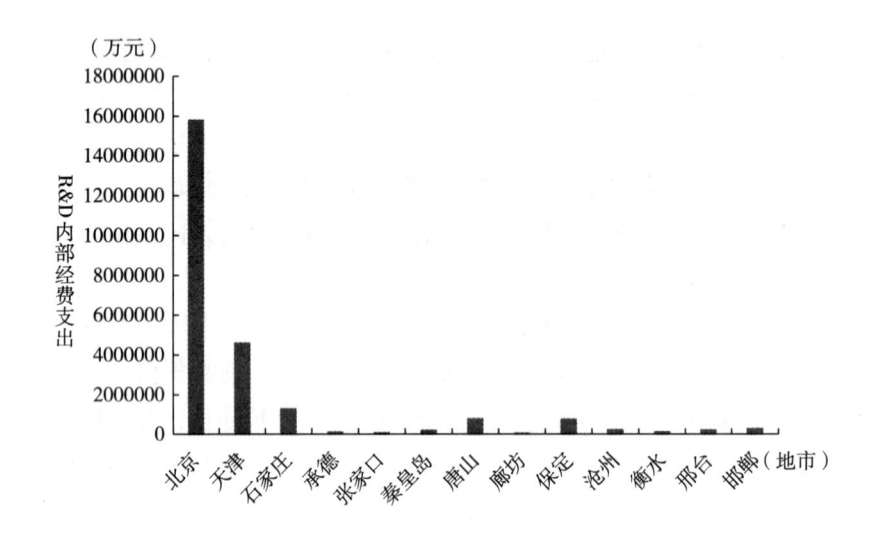

**图 6-2　2017 年各地市 R&D 经费内部支出**

（2）技术人才供给促进迁入企业减排

知识经济背景下，研发人员成为企业创新的核心人才之一，在促进企业技术创新能力提升方面起着极为关键的作用，已有研究发现高技术人才聚集能显著提升地区的技术创新能力。[①]

---

① 蔡树堂、吕自圆：《研发人员激励制度对企业技术创新能力影响程度的实证研究——以科技型中小企业为例》，《工业技术经济》2015 年第 5 期；陆涛、罗鄂湘：《区域异质性视角下高技术产业人才聚集与技术创新的实证研究》，《技术与创新管理》2019 年第 5 期。

北京作为京津冀地区普通高等学校数量最多的地市，技术人才数量明显高于天津和河北各地市。从 2017 年京津冀地区各地市 R&D 人员数量来看（见图 6-3），北京 R&D 人员数量为 39.73 万人，远高于其他地市，大量高质量人才的集聚必将推动北京科技创新能力的逐步提升，少量从北京"核心区"向北京"边缘地区"迁移的企业不仅能继续享受高科技人才供给，同时也能享受高质量的劳动力市场，这对于污染企业绿色技术创新能力的提升发挥至关重要的作用。从第五章的图 5-21 中污染密集型产业转移的技术效应来看，大量高质量 R&D 人员投入与北京污染密集型产业转移的技术效应相吻合，科技人才在迁入企业绿色技术升级中发挥了重要作用。

2017 年天津 R&D 人员数量为 16.56 万人，是北京的 41.69%，但却是石家庄的 3.21 倍。通过对比天津与北京的申请专利数量（第四章的图 4-13），2017 年天津申请专利数是北京申请专利数的 46.78%，R&D 经费内部支出仅为北京的 25.58%，由此可知，技术人才对天津创新能力的影响要明显大于科研经费的投入，同时也能看出天津技术人才的创新能力与北京同属于京津冀第一梯队，从北京迁出的污染型企业进入天津后能获得强有力的技术人才支撑，加快企业技术升级，促进迁入企业对承接地环保政策的响应。同样，天津污染密集型产业转移技术效应与天津科研人员较强的技术创新能力和相对较多的 R&D 人员投入密不可分。

河北各地市 R&D 人员数量相对较少，2017 年河北各地市 R&D 人员总和为 17.65 万人，占北京的 44.42%，是天津的 1.07 倍。通过对比河北与北京、天津的申请专利数量（第四章的图 4-13），2017 年河北申请专利数是北京申请专利数的 32.97%，是天津申请专利数的 70.47%，由此可知，河北各地市无论是技术人才总量还是创新能力，都明显落后于北京和天津，从北京、天津迁出的污染型企业进入河北各承接地后，必将面临人才资源缺乏的状况。分地市来看，石家庄、保定、唐山和廊坊 R&D 人员数量多于河北其他地市，第五章中双重差分模型结果（表 5-14）显示，技术创新能有效减少河北各地市工业 $SO_2$ 和工业烟（粉）尘的排放，未来应进一步提高人才培养能力，健全人才引进机制，激发科研人员的创新活力和潜力，发挥好人才对科技创新的支撑作用，进一步提高迁入企业的技术效应，减少迁入企业对承接地生态环境的破坏。

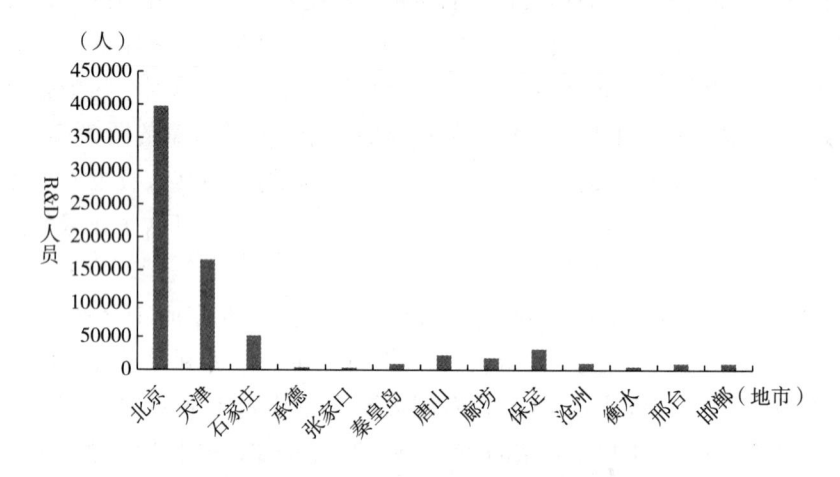

**图 6-3　2017 年各地市 R&D 人员数量**

### 三　产业结构、能耗强度与迁入企业环境行为

从第五章双重差分模型（表 5-14）的结果来看，产业结构对工业 $SO_2$ 排放呈正向影响，即二产占比越高的地区工业 $SO_2$ 排放量越大。此外，能耗强度（此处指单位产值能源消耗量）加大也会明显增加工业污染物排放量，尤其是大气污染物的排放，即二产占比越高、能耗强度越大的地区，环境容量越小，对迁入企业减排造成的压力也越大。

从京津冀三地的产业结构来看，2010 年（河北加大污染密集型产业承接政策实施年份）天津和河北两地的二产（增加值）占比均为 52.5%，两地在经济发展过程中会排放大量工业污染物，尤其是大气污染物，这将明显降低两地的生态环境容量，为防止地区环境进一步恶化，迁入企业必将面临更为严格的环境监管。

从京津冀地区各地的能耗强度来看（见图 6-4），1998－2017 年北京能耗持续降低，从 1998 年的 802.18kw·h/万元下降到 164.23kw·h/万元，表明北京大量污染密集型产业转出，对于北京优化产业结构、降低能源消耗具有重要推动作用。对从北京"核心区"向"边缘地区"转移的污染企业来说，地区整体能耗的降低虽在一定程度上缓解了该地的生态环境压力，但该地仍处于生态环境治理的持续深化期，污染型企业必须严格遵守承接地环境政策，特别是水环境治理政策，实现该地生态环境质量的持续改善。

1998—2017年天津能耗变动呈持续降低趋势，从1998年的714.75kW·h/万元下降到2017年的200.75kW·h/万元，一方面天津向外转出低端污染密集型产业，另一方面天津积极承接北京高端污染密集型产业，通过技术升级、优化生产流程、更新生产设备等方式推动区域内能耗的降低。天津能耗的降低既能推动地区内生态环境质量的提升，也彰显了当地政府坚决打赢生态环境保护战的决心。迁入企业基于长远发展考虑，必须符合地区能耗降低发展趋势，积极采用绿色生产技术，争做节能降耗的"领跑单位"。

从河北能耗强度变动趋势来看，河北各地市能耗呈先减小后增大的变动趋势，特别是2013年后，各地市能耗明显增加。2013年后工业电耗增加一方面反映了河北各地市承接产业转入引起地区生产规模的扩大，进而推动能源消耗量的增加；另一方面也从侧面反映了河北各地市积极实施电能替代，推动清洁能源使用，减少地区碳排放。分地市来看，2017年河北能耗相对较低的城市有石家庄、沧州、廊坊、衡水和保定，其中石家庄是河北能耗最低的城市，万元工业总产值电耗量为277.23kW·h，能耗相对较高的城市有唐山、秦皇岛、邯郸、邢台、张家口和承德，万元工业总产值电耗量均高于600.00kW·h，其中能耗最高的城市为承德，万元工业总产值电耗量为745.88kW·h，黑色金属矿采选业是拉动承德工业用电量迅速增加的主要行业。由此可知，河北各地市能源消耗强度远高于北京和天津，2017年河北最高能耗城市承德的万元工业总产值电耗量是北京的4.54倍，是天津的3.72倍。2013年后大量污染密集型产业的转入在促使各承接地能源消耗量迅速增加的同时，也向承接地排放大量工业污染物，这将降低承接地的环境容量，地区将面临更大的减排压力，这也会增加迁入企业的减排压力。

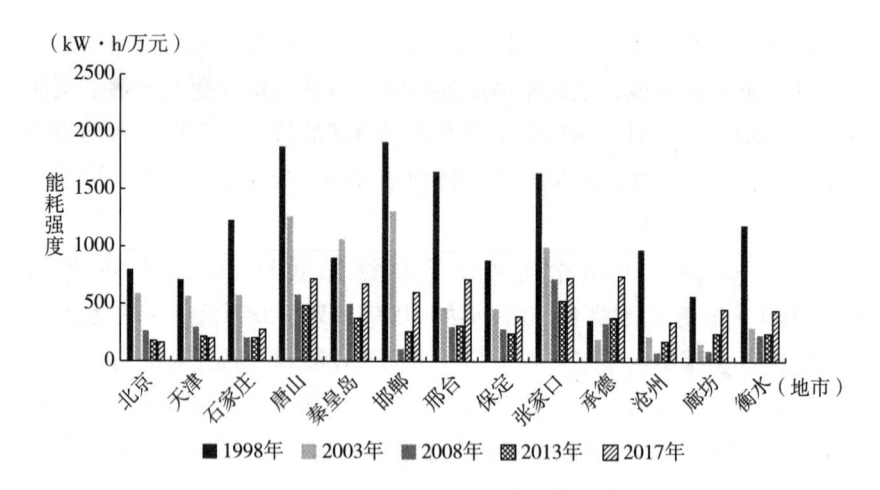

**图 6-4　1998—2017 年各地市能耗强度**

注：此处能耗强度用万元工业总产值电耗（kW·h）表示。

## 第三节　政府与产业转移环境效应

环境属于公共物品，某一行为主体使用公共物品不会影响其他人的使用，因不能将任何一个行为主体排除在公共物品的使用之外，就容易出现"搭便车"行为。如果企业生产对环境造成了污染，却不需要付出任何代价，便会导致市场的失灵，此时则需要政府制定相关政策来解决市场失灵。为此，环境具有非排他性和非竞争性的特点，使政府成为环境类公共物品分配的主导者，也成为解决环境问题的主要力量。承接地政府将采取强制性的污染物排放标准、差异化管控的激励政策、市场导向性的资源有效配置、环保资金的投入，为公众参与环境保护提供法律保障等法制、行政和市场相关手段，限制迁入企业的污染物排放量，激发迁入企业的技术创新活力。

### 一　政府约束迁入企业排污

（1）政府通过制定排放标准限制迁入企业污染物排放

为打赢蓝天保卫战，2013 年国务院批复实施的《重点区域大气污染防治"十二五"规划》明确提出将京津冀地区的北京、天津、石家庄、唐山、保定和廊坊六个地市划为重点控制区，该区域内部的火电、钢铁、石化、水泥、有色、化工等六大行业以及燃煤锅炉项目执行大气污染物的特别排放限值，对于不能按期整改的企业将采取限产、限排或关停措施，并接受相应的处罚。重点地区重点行业污染物排放标准的制定，提高了该类地区的环境准入门槛，在有效减少原有企业污染物排放的同时，对新迁入企业改造升级起到了很好的促进作用。2017年中华人民共和国生态环境部再次出台《关于京津冀及周边地区执行大气污染物特别排放限值的公告（征求意见稿）》将京津冀地区的北京、天津、石家庄、唐山、廊坊、保定、沧州、衡水、邢台、邯郸十个地市划定为重点控制区，对该区域内的相关企业执行大气污染物的特别排放限值，这是政府向京津冀地区企业释放出"坚决控制污染物排放"的强有力信号，立足于企业长远发展，优化生产流程、提高自主创新能力是适应承接地严格排放标准的重要途径。因此，污染物排放标准的制定一方面直接限制迁入企业的污染物排放量，另一方面倒逼迁入企业技术升级，间接影响迁入企业的污染物排放量，进而减少迁入企业对承接地环境的破坏。结合1998—2017年污染密集型产业转移对各地市"工业三废"排放的影响来看，污染密集型产业转出能带走相应工业污染物排放，而对于承接地来说，当地环保政策的实施能有效减少污染密集型产业转移对当地生态环境的不利影响。如：1998—2017年天津、唐山和邯郸承接大量黑色金属冶炼和压延加工业，为防止当地工业废气排放量的增加，地方政府坚决落实蓝天保卫战的思想，严格限制重污染企业的污染物排放，政府和企业的共同努力促使当地工业废气排放总量下降。以上政策的实施直接影响迁入企业的污染物排放量，并且影响产业转移的环境效应。

（2）政府通过征收排污税、发放排污许可证等市场导向措施影响迁入企业污染物排放

京津冀三地依据《中华人民共和国环境保护税法》，基于本地资源环境承载力和经济社会发展现状，分别制定了相应的污染税收费标准，三地税额标准均处于全国第一梯队。高额排污税将导致企业排污缴纳费

用高于企业边际减排成本,促使京津冀地区迁入企业选择减少污染物排放,并加快转型升级。通过排污许可证的核发,一方面政府要求各迁入企业持证排污、按证排污,限制许可证发放总量,控制迁入企业的污染物排放总量;另一方面政府实现了对各重点迁入企业的登记监管,掌握迁入企业减排的最新动向。适当征收排污税能有效促进迁入企业技术创新,提升产业转移的技术效应,进而减少迁入企业对承接地生态环境的破坏。迁入企业进入承接地后,首先要获得承接地的排放许可,并缴纳相应的排污税,才能从事生产经营活动,当然也有机会获得承接地的减排补贴,这一系列举措都将促使迁入企业服从承接地的环保规定,减少工业污染物排放,降低产业转移的规模效应和结构效应,进而减小对承接地生态环境的损害。

**二 政府激励迁入企业减排**

通过第五章中双重差分模型的验证结果可知,产业转移特别是污染密集型产业转移会伴随污染的转移,对于承接地来说,污染密集型产业的转入能促进地区经济发展,但大量的工业污染物排放也会对承接地生态环境带来严峻考验。从产业转移环境效应的分解效应测度结果来看,技术效应能有效减弱产业转移对承接地环境带来的不利影响,因此承接地政府采取各种措施(如:发放减排补贴、差异化管控、环保资金投入等),鼓励迁入企业与当地企业采用先进生产设备、更新生产流程、创新生产技术,将绿色生产、循环发展理念融入企业生产过程中,实现承接地环境污染的"源头治理"。

(1)政府通过发放减排补贴鼓励迁入企业运用绿色生产技术

为减少京津冀三地的能源消耗,提高企业技术创新的积极性,三地政府不断增大资金支持,引导迁入企业和原有企业运用绿色生产技术,减少生产过程中工业污染物的排放。如 2018 年北京对相关企业工艺升级、技术改造项目按照节能量给予 600—800 元的奖励(每吨标准煤/年),天津对余热余压利用、能量系统优化、锅炉节能改造等节能技术升级项目给予 400 元的资金补助(每吨标准煤),并对列入国家重点节能技术推广目录、"能效之星"产品目录的企业,给予 30 万元的资金奖励,对列入国家绿色供应链管理示范企业名单的企业,给予 60 万元的资金奖励。① 天津市北辰区双口镇的南洋胡氏家具制造有限公司就是接受政府资金补贴的受益企业，该公司响应政府政策共采购废气治理设备6台（花费约950万元），企业不仅获得政府补贴380万元，而且在差异化管控中减少了限产、停产比例，2017年底治理项目投入运行，生产效率较同行高出10%—20%，市场占有率明显提高，实现了生态环境质量和企业生产效益的双赢。② 河北也重点支持一批节能技术改造、资源循环利用项目，以调动迁入企业和原有企业技术创新的积极性。一系列减排补贴将对迁入企业和原有企业技术创新产生激励作用，但也需要注意的是当前河北的减排补贴相对较少，迁入企业和原有企业减排的积极性未被充分调动，仍有较大提升空间。

（2）政府通过差异化管控措施，鼓励迁入企业减少污染物排放

政府除对迁入企业采取行政监管和市场激励措施以外，加强对迁入企业的评估监测，对于满足超低排放的迁入企业给予差别电价、税收等优惠政策，并且在重污染天气预警期间采取差异化减排措施，以激励迁入企业优化生产流程、激发迁入企业减排动力，争做减排"先进单位"。如《天津市环境保护企业"领跑者"制度实施办法（试行）》对天津市内企业的环境保护状况进行评级，对表现优秀的"领跑者"给予技术研发资金支持、重污染天气应急期间不列入停限产清单、适当降低环保执法检查频次、治污技术信息推送和主流媒体宣传等相关奖励政策，这些举措一方面强化了政府的"底线约束"，另一方面引导当地企业向环保"领跑者"学习，提高当地企业治污的积极性和主动性，减少工业污染物排放。

2020年6月生态环境部发布《重污染天气重点行业应急减排措施制定技术指南（2020修订版）》针对北京、天津和河北地区的排污企业，根据其治理水平和排放强度，采取差异化减排措施；对于评级为A级和引领性企业，将采取自主减排管控措施，对于评级为B级及以下企

---

① 齐琛冏：《京津冀节能减排步伐加快》，《中国能源报》2019年6月17日；林楚：《发挥节能技术改造打好污染防治攻坚战》，《机电商报》2019年6月24日。
② 曲晴：《"一条龙"收集处理废气以保护绿色生态倒逼发展方式转变生态环境与营商环境实现双赢》，《天津日报》2020年6月15日。

业和非引领性企业将采取强制性减排标准。从 2020 年冬季唐山钢铁行业的执行情况来看，处于 A 等级的行业仅有首钢迁钢和首钢京唐公司，其他钢铁行业都将面临限产和停产的管控，管控时间为 2020 年 10 月 1 日至 2021 年 3 月 31 日，这将直接影响 B 级及以下企业冬季的生产利润。差异化的管控措施，有利于主动减排的企业获得实质性的利润好处、美化企业形象，也在很大程度上倒逼 B 级及以下企业采取先进生产技术，推动企业治污水平提升，促进企业绿色发展（见表 6-1）。此外，河北对境内企业实施环境信用评价制度，对 7549 家企业进行环境信用评价，进入环境信用黑名单的企业将会遭遇"一处受罚，处处受限"。毫无疑问，迁入企业也要服从差异化管控措施，厂址更换已经给迁入企业带来了较大的经济负担，若到了承接地面临高强度的限产管制，这无疑会使迁入企业雪上加霜。为防止企业生产利润下降，迁入企业新建工厂时必须采用先进生产设备，强化绿色生产技术的应用，努力拿到 A 级绩效，这不仅能有效减少工业污染物的排放，还能保证企业的正常运转。

表 6-1　唐山重污染天气钢铁行业应急减排措施的执行情况

| 等级 | 管控措施 | 主要企业列举 |
| --- | --- | --- |
| A | 自主减排 | 首钢迁钢、首钢京唐公司 |
| B | 高炉限产 10%，其他配套工序限产不低于 10% | 港陆钢铁、东海钢铁、纵横钢铁、文丰特钢 |
| B- | 高炉限产 20%，其他配套工序限产不低于 20% | 德龙钢铁、燕山钢铁、九江线材、津西钢铁、松汀钢铁、东华钢铁、瑞丰钢铁、鑫达钢铁、东海特钢 |
| C | 高炉限产 35%，其他配套工序限产不低于 35% | 中厚板、春兴特钢、经安钢铁 |
| D | 高炉限产 45%，其他配套工序限产不低于 45% | 不锈钢（不含 450 高炉）、荣信钢铁（不含 450 高炉） |

资料来源：《关于唐山市 2020—2021 年秋冬季工业企业日常减排措施的通知》。

(3) 政府通过加大环保资金投入，改善当地工业企业污染状况

政府环保资金的投入是地区环境治理工作正常运行的重要保障，无论是维持环保执法、监管机构的正常运转还是推行清洁生产技术、减少企业能耗，都需要充足的资金支持。同时政府环保资金也是企业环保补贴的重要资金来源，承接地环保资金的投入能增加迁入企业减排的积极性，对承接地环境质量改善至关重要。

从京津冀三地的工业污染治理投资金额来看（见图6-5），整体呈"M"形变动趋势，变动幅度最大的是河北，2013年河北环保资金迅速增加，特别是2014年工业污染治理投资金额创历史新高，达89亿元，占全国工业污染治理投资金额的8.92%。河北作为京津污染密集型产业的重要承接地，产业转移给当地带来大量工业污染物排放，也给各承接地政府带来巨大的环境治理压力，面对经济和生态环境两者之间突出的矛盾，各承接地政府一度重经济增长而轻生态环境保护，故而2013年前，河北工业污染排放量持续上升，各承接地环境质量持续恶化。2014年河北抓住京津冀协同发展战略机遇，制定《河北省推进京津冀协同发展生态保护方案》，与北京、天津签署大气污染联合科技攻关等一系列合作协议，并向中央争取环保资金44.82亿元，省级财政安排环保专项资金10.96亿元，2017年两项资金分别上升至81.93亿元和26.17亿元，争取资金总量居全国首位。此外，2018年河北从密云水库上游潮白河流域水源涵养区、引滦入津补偿协议中获得京津生态补偿和中央财政奖励资金9亿元。大量环保资金的投入，大大缓解了各承接地政府的环保支出压力，并且使环保资金向减排项目倾斜，对符合清洁生产技术和工艺升级需求的重点污染源防治项目进行重点支持。在政府监管和环保投资的双重力量下，迁入企业环保积极性大大提高，迁入企业主动寻求绿色转型发展，2014年后河北污染物排放总量明显减少，环境质量得到改善。

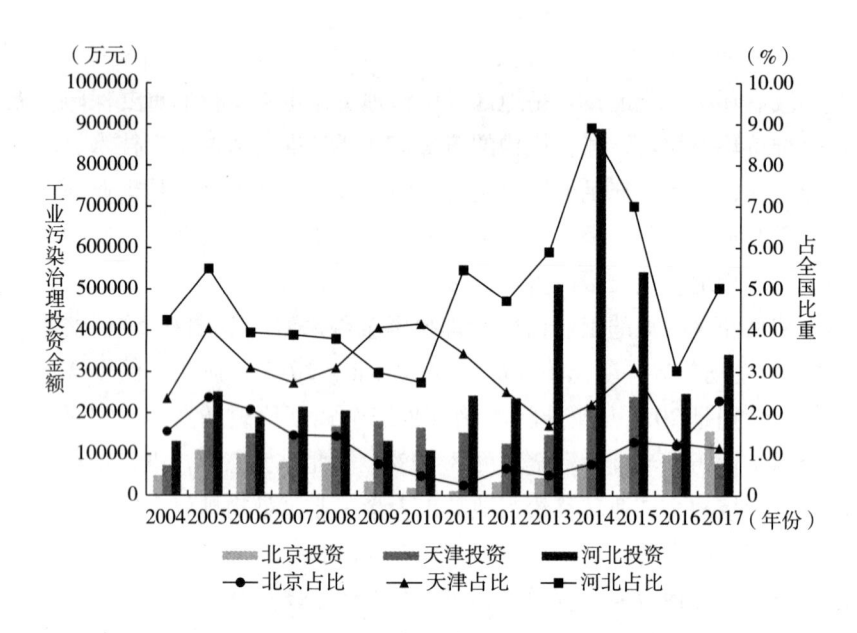

**图 6-5 京津冀工业污染治理投资金额及占全国比重（2004—2017 年）**

资料来源：《北京统计年鉴》《天津统计年鉴》及河北各地市统计年鉴。

### 三 政府为公众参与环境保护提供法律保障

公众是环境污染的受害者，生态环境治理的重要参与者，也是生态文明建设的重要力量，为增加公众参与环境治理的积极性，政府通过一系列法律法规赋予公众更多的权利，鼓励公众采用多种方式对环境违法行为进行监督和举报，维护自身合法权益。

《政府信息公开条例》《环境信息公开办法（试行）》《企业事业单位环境信息公开办法》等政策法规的实施有效督促迁入企业及时、如实地公开环境信息，极大地提高了环境信息公开度。同时，为保护公众参与环境保护的合法权益，政府相继出台《国务院信访条例》《环境信访办法》《环境保护公众参与办法》等一系列相关法律法规，这为公众参与环境保护提供了法律上的支持，帮助承接地政府实现对迁入高污染企业的高效监督。此外，为鼓励公众积极参与环境保护监督管理，提高政府监管效率，京津冀三地政府制定相应的举报办法，规定任何单位和个人都有权对区域内发生的环境违法行为进行举报，鼓励公众通过电话

(12369)、来信来访、官网、政务微博、微信（12369环保举报公众号）等方式对环境违法行为进行举报，对举报人提供的有效线索，将分别给予一定的现金奖励。奖励最高额度由2014年的3000元、5000元上升至2019年的50000元。现金奖励一方面表现了政府部门对公众参与环境保护的认可和肯定，以及鼓励公众参与环境保护的真情实意；另一方面随着环境违法行为举报数量的不断增多，对高污染企业和环境破坏者形成一定的威慑力，对承接地生态环境的改善起到了积极的作用。

由此可知，承接地政府可以通过强制性的限排标准直接影响迁入企业的排污行为，也可以通过市场导向性的资源有效配置、差异化管控的激励政策、环保资金的投入等方式激发迁入企业技术创新活力，间接影响迁入企业的工业污染排放量，进而影响承接地的生态环境质量。通过对各承接地污染转入量和承接地污染物排放总量的对比分析可知，地方政府环保政策的实施对污染密集型产业转移环境效应至关重要。对于环保政策较弱的地区，重污染型企业的迁入必然会加重当地环境质量的恶化，如第五章中污染密集型产业分布变化对廊坊工业废水排放总量的影响；而对于环保政策较强的地区来说，重污染型企业的迁入虽在一定程度上带来了工业污染排放量的增加，但政府通过一系列法治、行政和市场等手段的运用，一方面减少迁入企业的污染物排放量，另一方面也降低了当地原有企业的工业污染物排放量，在迁入企业、当地企业和承接地政府的共同努力下，最大限度减少迁入企业对当地生态环境的破坏，促进地区经济与生态环境的协调发展（如第五章中污染密集型产业分布变化对天津、唐山和邯郸工业废气排放总量的影响）。因此，未来各承接地应进一步提高环境准入门槛，加强环境监管，最大限度降低迁入企业对当地生态环境的不良影响。

## 第四节　市场与产业转移环境效应

市场机制是对政府失灵的有效补充，能有效减少政府环境治理成本、激发企业参与环境保护的积极性，市场机制主要通过利润最大化导向和排污权交易影响迁入企业的环境行为,进而影响承接地环境状况。

**一 利润最大化导向下迁入企业环境行为**

企业作为市场微观主体,为经济发展不断创造剩余价值的同时,追求利润最大化目标导向将导致企业成为资源的主要消耗者和污染物的主要制造者。环境具有外部性,企业作为"理性经济人"在面对减排带来的生产成本增加时,并不倾向于主动减排,在政府环境规制、市场导向及公众压力的共同作用下,企业在追求经济效益的同时逐渐考虑环境污染问题,并采取相应措施减少污染物排放(见图6-6)。

(1) 迁入企业基于环境成本考虑的环境行为

企业出于对成本和收益的考量,容易缺乏环境保护的积极性。随着工业化进程的不断加快,资源枯竭、环境恶化等问题逐步加重,政府环境规制强度不断加大,公众环保意识不断提高,污染型企业面临越来越大的外部压力,随之而来的是环境成本的不断加大。根据污染密集型产业转移过程、对外部环境压力的响应以及产生的环境效应,可以将京津冀污染密集型产业转移的环境行为大致划分为三个阶段。

第一,环境成本低,少量迁移企业通过缴纳排污税、末端治理等方式被动响应承接地环境治理政策(1998—2003年)。该阶段环境成本低,迁移企业针对政府监管、公众举报、社会舆论等外部环境压力采取被动响应,即通过缴纳排污税、末端治理的方式应对承接地政府的环境规制。承接地政府出于经济发展的考虑,对迁入企业的监管并不严格,迁入企业所需缴纳的排污税额也相对较低,许多企业基于利润最大化的考虑,选择缴纳低额的排污税,并且继续扩大生产规模。在承接地政府监督不力的情况下许多迁入的污染型企业未能安装末端处理设施,或者不按规定运转减排设施,此时的末端治理方式虽在一定程度上减少了污染物排放量,但并未实现污染的"源头治理"。面对承接地宽松的环境规制政策,迁入的重污染型企业采取被动响应的方式,产业转移的规模效应和结构效应导致承接地工业污染排放量持续加大,重污染型企业的消极应付导致承接地环境质量持续恶化。

第二,环境成本上升,大量迁移企业为保证生产利润,消极应对承接地环境治理政策(2004—2013年)。随着承接地环境污染的进一步加重，环境问题已然成为公众关注事件，特别是雾霾天气的爆发，激化了经济发展与环境保护之间的矛盾，承接地政府和公众对迁入企业的环境治理诉求迅速上升，承接地环境成本有所上升。为应对重污染天气的发生，部分重污染企业选择压缩产能、跨地区迁移部分或整体厂址，一方面满足政府的限排标准，另一方面降低企业的生产成本。虽然该阶段迁入企业的环境成本有所上升，但结合第五章环境效应测算结果可知，该阶段污染转移量迅速增加。这主要是因为各承接地为加快地区经济发展不断加大产业承接力度，为吸引企业迁入，承接地政府会提供一系列优惠政策，其中不乏放宽环保审批要求。污染企业的厂址更换产生大量费用，因此在新厂建成投产后，面对生产利润和环境保护，污染企业会优先保证企业生产利润，对政府环境规制采取消极应对的态度，很明显该阶段企业并未实现绿色生产。该过程仍以污染型企业消极应对外部环境压力为主，产业转移的规模效应和结构效应促使转出地环境质量明显提高，而转入地环境污染状况则不断加重。

第三，环境成本高，迁移企业积极响应承接地环境治理政策（2014年至今）。该阶段，地区生态文明建设不断加快，承接地政府环境规制强度再度提高，污染型企业缴纳的排污税远高于企业边际减排成本，以环保产品消费理念为主导的市场环境成为推动污染型企业主动减少环境污染的重要力量。结合产业转移对地区"工业三废"排放的影响来看，该阶段污染转移量为正值的地区集中分布在承德、天津、唐山和邯郸，从对当地生态环境的影响程度上来看则呈负值，表明迁入承接地的重污染型企业结合自身条件，通过生产技术创新、引进先进生产设备、绿色产品研发等方式积极承担环境外部的负效应，将污染型企业生产的外部成本内部化。产业转移的技术效应开始发挥作用，在政府监管、市场导向、公众参与等共同作用下，迁入企业和当地企业积极从事绿色生产，迁入企业的工业污染排放量和地区工业污染排放总量双双下降，地区环境状况得到明显改善。

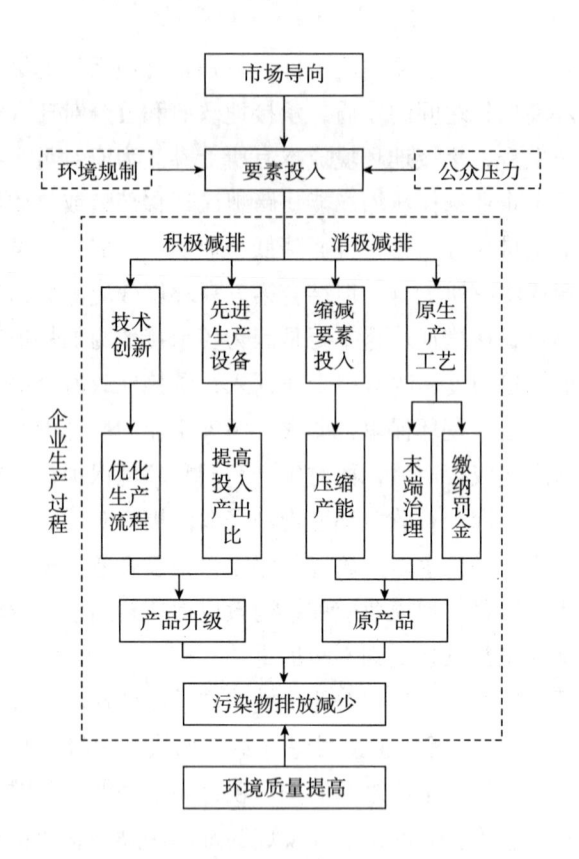

图 6-6　市场导向作用下企业对环境质量的影响机制

（2）迁入企业基于品牌形象的环境行为

企业在市场中的竞争，不仅仅是产品质量、价格、品种、性能、服务等方面的竞争，也是品牌形象的竞争，良好的品牌形象是企业在市场中取胜的重要砝码。随着人们环保意识不断加强，绿色消费观念逐步深化，企业的社会形象对于提升企业竞争力发挥越来越重要的作用。企业自觉遵守政府环境规制，积极应用绿色生产技术，这对企业赢得良好的社会形象、获取公众认同感具有重要作用，同时也向公众展示企业良好的管理能力、技术水平和精神风貌，有利于企业赢得公众信赖，提升企业竞争力。

有学者研究指出，企业基于品牌形象的环境行为除受政府、公众的外部压力及市场导向作用外，企业的内部因素如企业规模、所有制性质、经营时间等也会对企业面对环境问题时采取的决策产生至关重要的影响。① 一般来说，迁入承接地的企业规模越大，用于环境治理的资源和经费越充足，也更容易受到公众的关注，该类迁入企业为维护良好的企业形象，会主动配合承接地政府环境治理要求，积极减少污染物的排放。不同所有制迁入企业在面对环境治理问题时，国有企业往往会更重视企业在公众当中的形象，会更积极主动地采取环境友好行为。大型企业和国有企业虽是承接地政府税收的重要来源，与政府关系密切，但随着承接地政府环境治理压力增大，大型企业和国有企业成为政府和公众的重点关注对象，特别是对大型企业和国有企业绿色生产技术研发、高附加值产品的期待迫使大型企业和国有企业加快自主创新速度，承担相应的社会责任，赢得政府和公众的信任。如首钢作为大型国有企业，不仅将企业发展与国家战略、时代要求和社会进步紧密结合，而且注重履行企业社会责任，努力提升企业服务社会的能力。近年来，首钢充分发挥生产技术优势，积极建设绿色园区，大力发展循环经济，将绿色经济融入企业发展过程中，努力践行企业与环境的和谐发展，建设环境友好型企业。在唐山重污染天气钢铁行业应急减排绩效分级评比中，首钢迁钢、首钢京唐公司被评为 A 类企业，成为钢铁行业超低排放标杆，2020 年首钢股份公司迁安钢铁公司环境保护部部长程华被授予"美丽河北·最美蓝天卫士"称号。该企业为环境保护的典型迁移企业代表，承接地政府号召相关迁移企业向其学习，首钢在蓝天保卫战中的艰辛付出，既大幅减少了迁入企业工业污染物排放量，履行了企业社会责任，又提升了企业形象，赢得公众对企业的认可和支持。

（3）迁入企业针对绿色产品消费偏好的环境行为

消费偏好是消费者选择商品的重要依据，消费偏好描述了消费者从消费商品中获得的幸福感。随着我国经济由高速增长转向高质量发展，

---

① 杨文韬、周沂、李振发等：《深圳市污染型企业环境行为研究——基于企业异质性的微观视角》，《内蒙古师范大学学报》（自然科学汉文版）2018 年第 4 期。

消费者的消费观念已由追求高性价比向绿色消费转变。① 绿色消费表现为公众对绿色产品的需求、购买和消费行为，消费者对绿色产品的青睐将促使企业更多地关注生态环境保护，推动地区发展循环经济、生态经济和低碳经济。随着政府不断强调绿色发展战略，公众逐步形成绿色生活观、消费观，企业绿色品牌形象和绿色产品对消费者的吸引力越来越大，政府部门为鼓励企业绿色转型，会优先采购资源节约、环境友好产品，许多企业为满足消费者需求不断优化生产流程，推出大量绿色产品。承接地居民和政府的绿色消费观念会激发迁入企业关注环境问题的积极性，推动迁入企业的技术研发、生产流程和销售过程朝着环境友好的方向发展。

2015年《国务院关于积极发挥新消费引领作用加快培育形成新供给新动力的指导意见》明确提出要加快推动传统制造业绿色化改造，加快纺织、食品加工等行业针对市场绿色消费需求的转型升级，通过公众绿色产品需求倒逼企业加快绿色技术研发、生产绿色产品。天津立足于绿色发展理念，认真落实《中国制造2025》，开展绿色工厂、绿色园区等创建工作，大力宣传工业绿色发展经验，持续推动企业、园区的全流程绿色发展，提高企业、园区的工业绿色制造水平。② 河北结合公众绿色消费需求，深入推进《中国制造2025》，大力推动绿色园区、绿色工厂建设，践行绿色发展理念，鼓励企业加快绿色转型升级，树立企业绿色品牌形象，推进发展循环经济。由此可知，承接地公众和政府的绿色消费理念能有效促进迁入企业关注生态环境保护，推动迁入企业应用绿色技术，生产绿色产品，逐渐向经济与生态环境协调发展的道路上迈进。

## 二 排污权交易对迁入企业减排的影响

面对承接地日益严峻的生态环境问题，承接地政府不断出台环境规制政策以减少迁入企业对承接地环境的破坏，但政府主导的"命令—控

---

① 李稚、刘晓云、彭冉：《考虑消费者接受度的制造业绿色生产与绿色消费博弈分析》，《软科学》2021年第3期。
② 吴巧君：《我市加快构建绿色制造体系奖励创建工业绿色发展先进单位》，《天津日报》2018年5月1日。

制型"环境规制工具存在监管成本高、对企业创新激励不足、企业寻租（通过游说或其他活动获取政府法律保护）等问题，影响政府环境治理的效果。环境的外部性、非排他性是造成政府失灵的重要原因，若通过市场手段实现环境的排他性、私有性，则能明显改善地区的环境质量。

20世纪70年代美国经济学家戴尔斯（Dales）提出了排污权交易理论，并被应用于美国的大气和河流污染治理。[1] 排污权交易（又称买卖许可证交易）强调政府在控制地区环境污染排放总量的前提下，将排污量分配给企业，企业可以通过排污权交易平台进行排污权的交易。[2] 在该过程中，企业被赋予排污的权利，排污权具有有偿使用和可交易的属性，企业依法取得地方政府的排污许可证，获得与企业相匹配的初始分配额，对于排污量超标的企业可以通过购买交易平台中排污量有剩余企业的排放指标，同样生产技术先进的企业可以通过交易平台出售多余的污染物排放指标，以获得相应的报酬。[3] 在排污权交易市场上，排污企业将根据自身减排成本决定污染治理的方式和程度，从而进行排污权的买卖。排污权交易有利于地区控制排污总量，激励排污企业主动采取先进生产技术，运用市场力量最大限度地降低环境污染治理成本，在实现环境资源高效配置的同时减少污染物排放。

碳交易是排污权交易中的重要方面，北京和天津作为全国7个试点碳市场中的重要成员（2016年12月前），多年来积极推动碳交易市场的平稳运行，为全国其他地区的碳交易市场建设和运营提供宝贵的管理经验和技术人才。从碳配额交易价格来看，2016年北京碳配额交易价格在50元/吨左右，处于7个试点碳配额交易价格的首位，天津的在15元/吨左右，处于较低价格档次，并且北京碳配额交易价格的稳定性明显高于天津。从碳配额交易量和交易额来看，2016年北京碳配额交易量为727万吨，交易额为23623万元，天津碳配额交易量为38万吨，

---

[1] 宋国君：《排污交易》，化学工业出版社2004年版，第10—12页。
[2] 陈德湖、蒋馥：《我国排污权交易理论与实践》，《软科学》2004年第2期。
[3] 胡应得：《排污权交易政策下企业的环保行为研究——基于浙江省企业的实地调研》，经济科学出版社2013年版，第19—22页。

交易额为 36 万元。① 由此可知，北京碳交易市场发展程度明显快于天津，市场也相对稳定，天津碳配额交易价格的波动可能是受排污企业参与碳市场交易积极性不高的影响，即天津存在一些企业具有较强的履约驱动特点，未到履约期时，企业对碳交易的参与度不高，许多企业并未将碳交易作为盈利的来源，到履约期时大量企业集中购买，导致价格波动较大。与天津不同的是，北京碳配额交易价格相对稳定，说明北京的排污企业参与碳交易的活跃度比较高，一方面受北京较高处罚力度的影响，如北京对未能履约企业的惩罚金额是碳市场的 3—5 倍；另一方面，许多北京企业从碳配额交易中盈利，将企业先进生产技术节省的碳配额剩余拿到碳市场交易，为企业创造利润。相较于北京和天津，河北的排污权交易起步较晚，2013 年以来，河北 8 个地市相继开展排污权交易，沿海地区的唐山为河北的首个排污权交易试点，随后秦皇岛、沧州和内陆地区的邯郸相继启动了排污权交易，市场机制在三地减少污染物排放和促进经济发展方面的作用初步显现，随后承德、石家庄、邢台、衡水积极响应政府号召，相继启动了排污权交易。近年来，在河北省政府的大力推动下，河北排污权交易有了较快发展，据河北环境能源交易所数据显示，2019 年第一季度，河北境内排污权交易共完成 640 笔，交易总额达 8860 万元。其中，邢台、邯郸属于排污权交易较多的地市，如邢台 2019 年 1 月完成排污权交易额 413 万元，邯郸 2019 年第一季度完成排污权交易 3713 万元。结合河北排污权交易实行的地区和产业转移的环境效应来看，重污染企业分布集中、迁入污染企业较多的东部沿海地区和南部的邯郸是排污权交易率先实行的地区，并且发展速度明显快于河北其他地区，这一方面说明了河北的东部沿海地区和南部的邯郸在排污权上存在较强的供求关系，另一方面也说明以上地区生产技术创新速度快，部分迁入企业能够利用自身技术优势主动减排，并且将多余的排污配额进行出售，获取相应的报酬。

虽然市场机制（利润最大化导向、排污权交易）是承接地生态环境质量改善的内生推动力量，推动迁入企业主动响应承接地生态环境治

---

① 孙永平、王珂英：《中国碳排放权交易报告（2017）》，社会科学文献出版社 2017 年版。

理,但不可否认的是,迁入污染型企业的环境行为受承接地政府的影响很大,承接地政府在经济发展和生态环境保护之间的选择很大程度上决定了迁入污染型企业的环境行为。排污许可、排污配额、排污税等市场机制都受到承接地政府的影响,如 21 世纪初期,承接地政府选择注重经济发展而轻视生态环境保护,承接地政府因大额税收会成为迁入企业尤其是大型企业和国有企业的保护伞,此时该类企业将拥有较强的谈判能力、将争取到更大的排污优惠力度,追求利润最大化促使迁入的污染型企业采取粗放的生产方式,并且向环境排放大量的污染物,促使承接地走上"先污染后治理"的发展道路。到经济转型期,环境问题引起公众的关注,经济发展与环境保护之间的矛盾成为承接地政府亟待解决的问题,严格的环境规制、日趋完善的市场机制推动迁入企业主动参与承接地环境保护,特别是大型企业和国有企业为维护良好的企业形象,更是基于企业自身长远发展的考虑,该类迁入企业主动将环境保护纳入日常生产过程中,积极采取减排措施争做环境友好单位、绿色转型"领跑单位",实现承接地经济、社会和生态环境的共同发展。

## 第五节 社会与产业转移环境效应

生态环境治理中的利益主体参与是指社会群体、社会组织单位或个人作为主体参与环境相关活动,使活动符合公众切身利益。[①] 利益主体主要通过对承接地政府和迁入企业环境行为监督、参与承接地环境影响评价、参与承接地环境政策制定等影响污染密集型产业转移的环境效应。

### 一 利益主体监督迁入企业环境违法行为

在中国的环境制度背景下,财政分权使得地方政府基于自身利益在"政治人"和"经济人"之间相机抉择,政府和企业之间很有可能会出

---

① 方洪庆:《公众参与环境管理的意义和途径》,《环境保护》2000 年第 12 期;桑海鸿、吴仁海、陈国权:《中国环境影响评价公众参与有效性的分析》,《陕西环境》2001 年第 2 期。

现合谋行为，导致地方政府偏离中央政府谋取全社会福利最大化的偏好。[①] 公众作为环境污染的受害者，随时会关注到与其生活密切相关的环境污染状况，公众、环保组织、媒体、公益环境研究机构等利益主体对迁入企业环境违法行为的监督，不仅能强化中央政府的监管力度，有效监督承接地政府的环境规制执行情况，同时也能减少承接地政府的监管成本，促进承接地工业污染物排放的减少。

（1）公众监督迁入企业环境违法行为

依照相应的法律和制度规定，公民对企业环境违法行为享有监督、举报和控告的权利。随着环境问题的不断加重、公民环保意识的不断提高，公众对身边突出的环境问题积极举报，具有节省环境规制成本和威慑力强的特点。公众作为环境污染的受害者和亲身经历者，不仅覆盖范围广，而且监督时间长，公众举报将有利于承接地政府及时发现隐蔽（位置偏远、偷停治污设备、"暗管偷排"等）的环境违法行为，这将在一定程度上遏制迁入的重污染型企业的环境违法行为。此外，公众举报能帮助中央政府监督地方政府的环境政策执行情况，防止各承接地政府为了当地经济发展而放松对迁入企业的监管。

从京津冀地区各地市环境信访数量来看（见图6-7），三地环境治理中的公众参与度存在明显差异，公众参与度较高的是北京和天津，并且近年来公众参与度明显增加。河北各地市环境信访数量都较低，许多居民选择被动忍受环境质量恶化，这无形中会增大承接地政府监管和迁入企业减排的自由度，这也是造成河北承接产业转移后环境质量持续恶化的重要原因。河北各地政府面临北京非首都功能疏解，大力承接京津污染密集型产业转移，以迅速增加当地财政收入，如2003年首钢200万吨钢联项目选址河北迁安，按照"属地纳税"原则，首钢一期该项目的税收为7.1亿元，比2003年整个抚宁县的财政收入高出约0.5亿元。首钢选址秦皇岛抚宁县，首钢一期"秦板"项目税收超过5亿元，比2003年整个抚宁县的财政收入高出约1.5亿元。迁入企业给河北各

---

① 初钊鹏、卞晨、刘昌新等：《雾霾污染、规制治理与公众参与的演化仿真研究》，《中国人口·资源与环境》2019年第7期。

承接地创造巨额税收的地区还有很多，面对如此迅速的经济增长速度，承接地政府很容易成为污染型企业的保护伞，迁入企业面对大额的搬迁成本，厂区建成后希望能迅速开展生产，以赚取最大利润，面对当地政府的环境规制容易"讨价还价"。承接地政府监管不严、迁入企业"讨价还价"、公众默默忍受共同导致了承接地的环境恶化。河北的公众对环境治理的参与度低与当地公民的环保意识不强密切相关。

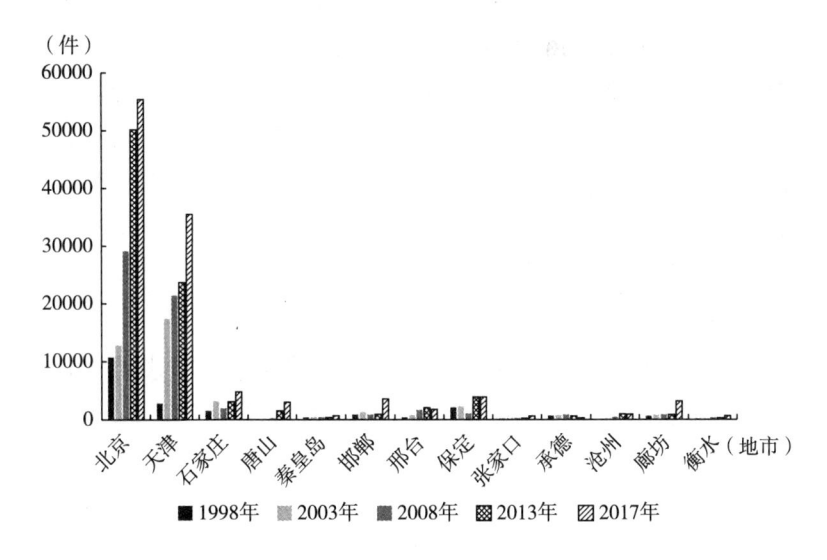

图 6-7 京津冀各地市环境信访数量

资料来源：各地市统计年鉴。

（2）环保组织监督迁入企业环境违法行为

环境非政府组织（NGO）是以环境保护为主旨、不以营利为目的、不具有行政权力、为社会提供环境公益性服务的民间组织。[①] 环保组织既不属于政府，也非私营经济，是旨在追求环保公共利益的社会团体。

针对产业转移对天津、河北工业污染物排放的影响，两地分别成立了以监督当地政府环境执法和企业污染排放的环保组织，如 2010 年天

---

① 曹宏、安秀伟：《中国环境 NGO 的发展及其环保实践能力分析》，《山东社会科学》2019 年第 9 期。

津成立的"天津绿领",具有行动迅速、专业能力强、参与时间长的特点,对关注的环境违法问题,会进行实地调研和采访,收取相关材料,以最快速度客观真实地反映当地环保工作和企业环保违法行为。此外,该组织介入环保事件的时长在3—6个月,针对公众关心的环境问题不仅会监督环境问题是否得到有效解决,而且还会定期复查、反复沟通,推动当地环境质量持续改善。2016年河北成立了第一个关注重工业污染防治的环保组织"绿行太行",旨在提高公众环保意识,弥补"政府失灵",监督政府部门环保政策落实和重污染企业环境违法行为。虽然以上环保组织对产业转移环境效应产生一定的影响,但受环保组织成立时间晚、影响力小等不利因素影响,环保组织对迁入企业,特别是对河北各承接地迁入企业的监督力度相对有限。未来,需进一步加强环保组织建设,随着环保组织影响力的不断提高,迁入承接地的污染型企业将会受到更为严格的监管,当地生态环境也将逐步得到改善。

(3)媒体监督迁入企业环境违法行为

媒体作为环境保护的重要参与者、行动者和监督者,对迁入企业环境违法事件的披露能给地方政府和重污染企业制造较大的舆论压力,迫使承接地政府加强对迁入企业的环境监管,迫使迁入企业减少污染物排放。通过媒体的追踪报道,不仅能促使被发现的环境问题得到妥善处理,而且对其他地区和重污染企业也有一定的警示作用,能有效防止承接地政府与迁入企业的利益合谋行为。社会舆论压力也会引起承接地政府对该类环境问题的重视,推动承接地政府制定更加完善的法律法规,维护承接地居民享受美好生活环境的权利。

此外,媒体宣传能有效提高公民环保意识,间接影响迁入企业的污染物排放。媒体因具有扩散速度快、传播范围广、影响力大、互动性强等特点,成为承接地政府提高公众环保意识、引导社会舆论的重要工具。政府除利用媒体大力宣传生态文明建设思想、生态环境保护工作、环保政策法规和环保知识外,还坚持主动客观曝光生态环境问题,提高政府的公信力,增强公众对解决生态环境问题的信心,激发公众参与环境保护的积极性。在该过程中,无论是传统媒体(电视、报纸、广播、周刊等),还是新兴媒体(互联网、手机、门户网站等)都为加大生态文明建设、提高公民环保意识、加大公众对于环保法律法规的了解发挥了积极作用。此外，媒体通过制作专题纪录片、评选先进人物、报道典型案例等方式大力宣传成功经验、先进事迹，引导公众关注生态环境保护的奉献者，推动公众积极参与环境保护。媒体披露不仅能有效遏制迁入企业的环境违法行为，同时还能激发公众参与环境保护的积极性，促进当地生态环境的改善。

（4）公益环境研究机构对公众监督行为的助力

公益环境研究机构也在环保组织监督迁移企业排污行为过程中发挥重要作用。如2006年成立的公众环境研究中心（Institute of Public and Environmental Affairs，IPE），通过收集、整理和分析政府和企业公开的环境信息，不断推动环境信息公开、协助多方参与环境治理、积极探索多方力量推动下的地区绿色发展路径。公众环境研究中心利用网络平台向公众展示地区环境质量、企业环境信息、绿色供应链、绿色金融等相关数据，并推出"蔚蓝地图App"方便公众获取环境信息，鼓励环保组织和公众通过"蔚蓝地图App"举报污染企业的超排行为，促进承接地政府、迁入企业和公众的良性互动。居民和环保组织可以从公众环境研究中心（官方网址）的环境地图模块获取环境监管记录、企业自行监测数据、企业反馈以及排放数据。根据公众环境研究中心2019年度报告显示（见表6-2），2019年蔚蓝地图数据库中涵盖企业数量达609万家，企业监管记录达160万条。环保组织利用蔚蓝地图数据库数据，积极举报超标企业，截至2019年12月31日，通过"蔚蓝地图App"反馈信息的企业达2290家，反馈次数达3480次，推动企业承担减排的主体责任。"环境大数据+互联网"平台的应用为公众和环保组织监督转移企业的环境行为提供了便利，同时也提高了转移企业的自主减排、自主反馈意识，降低了承接地政府的监管成本。

表6-2　　　　　　　企业通过蔚蓝地图App的反馈情况

| 年份 | 参与反馈的企业数（家） | 累积沟通次数（次） |
| --- | --- | --- |
| 2014 | 250 | / |

续表

| 年份 | 参与反馈的企业数（家） | 累积沟通次数（次） |
|---|---|---|
| 2015 | 521 | 797 |
| 2016 | 632 | 988 |
| 2017 | 777 | 1166 |
| 2018 | 1440 | 1991 |
| 2019 | 2290 | 3480 |

资料来源：《共享蔚蓝——公众环境研究中心 2019 年度报告》。

## 二 利益主体参与环境影响评价

环境影响评价指在建设项目建设前的可行性研究阶段，针对建设项目在施工或生产经营阶段可能带来的环境影响进行预测、分析和评价，并提出相应的防治措施，避免或减少该项目对环境的不良影响。[①] 环境影响评价是实施工业污染"源头治理"的重要措施，能有效减少迁入企业的污染物排放，避免承接地走"先污染后治理"的发展道路。公众参与环境影响评价是在与公众密切相关的项目建设前征求公众意见，对迁入项目使用的技术进行监督和考察，督促迁入项目进行优化，防止迁入项目对承接地生态环境造成严重损害，维护公众合法环境权益。公众可以通过座谈会、调查问卷、电话、电子邮件、网络等方式对迁入的建设项目进行投诉及发表相关意见。为充分调动公众参与环境影响评价的积极性，政府不断完善相关法律法规，保障公众环境保护合法权益，尤其是 2018 年《环境影响公众参与办法》的实施，有效保障了公众环境保护的知情权、参与权、表达权和监督权，强化承接地环境污染的"源头治理"（见表 6-3）。

表 6-3　　　　　　　公众参与环境影响评价相关规定

| 年份 | 法律、法规 | 相关规定 |
|---|---|---|
| 1998 | 《建设项目环境保护管理条例》 | 对环境有影响的建设项目在编制环境影响报告书时需要听取项目所在地有关单位和居民意见 |

---

① 陈静邦：《论环境知情权的法律保障》，硕士学位论文，广东商学院，2011 年。

续表

| 年份 | 法律、法规 | 相关规定 |
|---|---|---|
| 2002 | 《环境影响评价法》 | 鼓励公众参与环境影响评价 |
| 2006 | 《环境影响评价公众参与暂行办法》 | 有效指导公众参与环境影响评价 |
| 2007 | 《环境信息公开办法（试行）》 | 规范环保部门及企业公开环境信息，维护公众获取环境信息权利 |
| 2014 | 《中华人民共和国环境保护法》 | 公众参与是环境保护的原则之一，鼓励基层群众性自治组织、社会组织、环境保护志愿者、新闻媒体加大环保宣传力度，营造环境保护良好风气 |
| 2018 | 《环境影响公众参与办法》 | 规范公众参与环境影响评价，保障公众知情权、参与权、表达权和监督权 |

资料来源：根据任川《公众参与在环境影响评价中的影响》，《区域治理》2019年第42期整理。

### 三 利益主体参与环境政策制定

利益主体对环境违法行为的举报、曝光属于环境破坏事件发生后的响应，通过承接地政府和公众的努力能在一定程度上降低该类事件对承接地生态环境的损害，但要想起到预防承接地环境污染的作用，需要让公众参与到承接地环境治理的全过程。

（1）公众参与环境政策制定，间接影响迁入企业污染物排放

承接地环境规制强度对迁入企业的环境行为产生至关重要的影响，公众通过参与承接地环境政策制定间接影响迁入企业的污染排放行为。如针对承接地群众关心的生态环境问题，在相关法律制定时举办立法听证会，听取承接地公众意见。立法听证会具有透明度高、问题调查深入、更加切合实际的特点，能够使利益相关人员充分发表意见、陈述理由、了解情况，维护利益主体的合法权益。2013年北京市政府各相关部门举办《北京市大气污染防治条例（草案）》立法听证会、2015年河北省人大常委会举行《河北省大气污染防治条例（草案）》立法听证会，政府工作人员认真听取了相关专家、群众代表关于大气污染问题的建议，并作为法规审议时的参考。公众通过参与环境政策制定不仅能

将公众对美好生活环境的期待传递给承接地政府部门,并且能激发公众参与环境保护的积极性,通过承接地政府和公众的共同努力,减少迁入企业的污染物排放量,进而减轻该类企业对承接地生态环境的破坏。但也需要注意,立法听证会制度实行的时间相对较晚,通过对比各地市产业转移环境效应可知当前公众参与环境政策制定的程度相对较低,对产业转移环境效应的影响相对有限。

(2)环保组织参与环境政策制定,间接影响迁入企业污染物排放

随着公众环保意识提高,环境群体事件增多,面对激烈的"冲突",政府和公众之间需要有效的沟通"桥梁",环保组织根植于社会又不属于政府,了解群众关心的生态环境问题,通过环保组织的沟通和传递,能有效避免双方矛盾和冲突,为政府环保政策制定提供建议。我国环保组织对政府环保行为的影响多采用迂回方式,较少发生正面冲突,环保组织借助自身熟悉的媒体作为传播途径给政府制造舆论压力,从而引起政府对环境问题的重视。此外,环保组织基于自身专业知识和对环境问题的了解,影响政府环保政策的制定,并对政策实施进行有效监督。如北京"自然之友"的会长梁从诫在1997年就曾提交《关于首钢搬迁出北京》的政协提案,促成之后首钢的搬迁;2005年介入"圆明园铺设防渗膜"事件,通过调研、研讨、舆论动员等多种方式促成了首次环境听证会;并且代表北京市民参与《北京市大气污染防治条例》立法听证会,进行专题发言,努力维护公众环境权益。由此可知,大型环保组织成为政府和公众沟通的重要渠道,环保组织利用自身专业知识不断为政府环保政策制定提供决策支持,通过参与环境政策制定间接影响迁入企业的污染物排放。

但也必须要看到,当前具有影响力的环保组织相对有限,环保组织对产业转移环境效应的影响相对有限。对于河北各地市来说情况更是如此,当地有名的环保组织屈指可数,如"绿色知音"虽在媒体、公众和政府部门中有一定影响,但相较于北京和天津的环保组织来说还远远不够。2016年"绿行太行"的成立是社会基于河北迁入企业工业污染物排放量迅速增加的响应,对当地政府环保部门执法的监督就是该环保组织的重要内容之一。该类环保组织将会对承接地政府部门环境规制和

环保政策制定逐步产生影响，将会对污染密集型产业转移环境效应产生越来越大的影响。未来河北各地市应积极鼓励环保组织发展壮大，政府应积极采用其提供的环保服务，一方面给予环保组织一定的资金支持，帮助其迅速成长；另一方面促进其走向市场化，通过相关环保服务拓宽资金来源。

综上可知，多年来，以政府为主导的环境治理方式，让许多居民认为环境保护是政府的事情，面对迁入企业的环境违法行为，低收入居民迫于工作机会和经济收入的压力不得不选择"默默忍受"，而高收入居民往往选择"用脚投票"，迁往环境质量较好的地区，这不仅不利于承接地环境质量的改善，更易引起承接地高素质人才的流失。虽然承接地政府不断加大宣传力度，让公民了解参与环境治理的合法性，鼓励承接地居民积极参与环境保护，但需要注意的是，受"自上而下"的政府主导型环境治理模式的影响，公众参与环境保护多受承接地政府偏好的影响和限制，往往存在公众参与权利被弱化的现象。结合河北承接产业转入以后的工业污染排放量及公众参与度（如环境信访数据）来看，许多承接地公众参与环境保护多体现在想法层面，实践度还远远不够，未来应进一步拓宽公众参与承接地生态环境治理的渠道，落实相关法律制度，政府、市场、利益主体共同推动迁入企业降低污染物排放，减少迁入企业对承接地生态环境的损害。

从承接地环保组织对迁入企业环境效应的作用来看，京津冀三地无论是环保组织的数量、质量，还是对污染密集型产业转移环境效应的影响度都存在明显差异。据"合一绿学院"在线环保组织地图数据显示，截至目前，北京、天津和河北的环保组织分别为301个、52个和89个，北京环保组织数量明显多于天津和河北，河北环保组织数量多集中在石家庄，并且多为校园环保组织。环保组织数量最少的城市为承德和邢台，承德有一个社会环保组织，一个校园环保组织。邢台仅有两个校园环保组织（见表6-4）。北京、天津环保组织的影响力明显优于河北，如北京的"自然之友""地球村环境教育中心""绿家园"，天津的"绿色之友""天津绿领"都是比较有影响力的环保组织，在地区环境保护中发挥重要作用。但河北各地市环保组织多为校园环保组织，主要活动也是加大环保宣传力度、提高公民环保意识为主,相较于北京、天津有影响力的环保组织来说,影响力和宣传力还远远不够,对承接地政府和迁入企业的监督作用收效甚微。

表6-4　　　　　　京津冀各地市环保组织数量　　　　　　单位:个

| 地区 | 环保组织数量 | 地区 | 环保组织数量 |
| --- | --- | --- | --- |
| 北京 | 301 | 邢台 | 2 |
| 天津 | 52 | 邯郸 | 10 |
| 石家庄 | 27 | 保定 | 15 |
| 张家口 | 4 | 沧州 | 3 |
| 承德 | 2 | 廊坊 | 3 |
| 秦皇岛 | 12 | 衡水 | 3 |
| 唐山 | 8 | | |

资料来源:合一绿学院(在线环保组织地图)。

## 第六节　本章小结

本章基于京津冀污染密集型产业时空演变、环境效应的分析和测度,从本底条件、政府力、市场力和社会力四个方面来解释污染密集型产业转移环境效应的驱动与形成机制。首先,本书建立包含本底条件、政府力、市场力和社会力的解释框架,便于对污染密集型产业转移环境效应有一个清晰的解释逻辑思路,然后分别从这四个方面对污染密集型产业转移后的环境效应形成机制进行解释和论述。主要结论如下:

(1)本底条件差异造成承接地环境容量和技术支撑能力不同,对迁入企业环境行为和环境效应发挥基础性作用。承接地经济发展水平、技术水平、产业结构和能耗强度等方面间接影响迁入企业的环境行为。京津冀三地发展阶段不同,发展观念的差异影响迁入企业的环境行为,在北京进行空间布局调整的污染企业会主动减排,迁入天津的污染企业会积极响应当地政府环保政策并且积极减排，迁入河北的污染企业经历被动减排到主动减排的变动过程；技术水平较高的承接地通过技术创新投入和技术人才供给两种途径为迁入企业提供有力的技术支撑，促进迁入企业生产技术创新；二产占比越高、能耗强度越大的地区，环境容量越小，对迁入企业减排的压力也越大。

（2）政府是环境类公共物品分配的主导者，也是解决环境问题的主要力量（政府力）。承接地政府通过对迁入企业的制衡、激励和为公众提供法律保障三个方面对污染密集型产业转移环境效应产生影响。首先，承接地政府通过制定排放标准、征收排污税、发放排污许可证等行政措施制衡迁入企业排污行为；其次，承接地政府发放减排补贴、差异化管控措施、环保资金投入等市场手段鼓励迁入企业减少污染物排放；最后，政府通过一系列法律法规对公众参与环境保护提供法律保障，鼓励公众采用多种方式参与环境治理。

（3）市场机制是对政府失灵的有效补充，能激发迁入企业参与环境保护的积极性（市场力）。承接地的市场机制主要通过利润最大化导向和排污权交易两个方面对污染密集型产业转移环境效应产生影响。企业作为"理性经济人"将基于环境成本、品牌形象和消费偏好等在利润最大化导向下采取相应减排措施。此外，在排污权交易过程中，企业被赋予排污的权力，排污超标企业和剩余污染物排放指标的企业可以通过交易平台进行排污权的买卖，这将有利于承接地控制污染物排放总量，激发迁入企业的减排行为。

（4）公众是环境污染的受害者，也是生态环境治理的重要参与者（社会力）。利益主体主要通过对承接地政府和迁入企业环境行为监督、参与承接地环境影响评价、参与承接地环境政策制定等方式影响污染密集型产业转移的环境效应。公众、媒体、环保组织和公益环境研究机构等对身边突出的环境问题积极举报，不仅节省了政府监管成本，对污染企业形成较大的威慑力，也给政府和排污企业制造较大的舆论压力，有效遏制环境违法行为。利益主体参与环境影响评价和环境政策制定将强化承接地环境污染的"源头治理"，避免走"先污染后治理"的发展道路。

# 第七章 结论与展望

本书基于当前国家实施的京津冀协同发展战略的政策背景，以引导京津冀污染密集型产业合理分布、减少京津冀污染密集型产业转移对生态环境的破坏为目标，对京津冀污染密集型产业空间分布变化及环境效应进行系统研究。基于"格局—过程—效应—机制"的分析框架，利用京津冀地区各地市统计年鉴数据、产业和企业数据、工业污染物排放数据、专利申请数据、环境政策法规数据等，采用偏离—份额分析、核密度分析、区域重心分析、双重差分模型等方法，分析京津冀污染密集型产业空间分布变化特征及规律，系统分析和测算京津冀污染密集型产业空间分布变化的环境效应，进而探讨污染密集型产业空间分布变化环境效应的影响机制，以期为京津冀地区产业升级转移和生态环境保护提供参考。

## 第一节 主要结论

（1）京津冀污染密集型产业整体呈倒"U"形增长曲线，空间上经历了"由内陆向沿海""由中部向南部"的布局过程。具体来看：①从行业增长潜力来看，黑色金属冶炼和压延加工业在全国具有结构—竞争双优势，在京津冀增长速度明显快于其他污染行业。②京津冀污染密集型产业最终向沿海地区、冀中南地区集中分布，城市内部的企业集聚程度有所减弱，由北京—天津集中分布的格局转变为北京—天津—石家庄多地集聚分布格局。③各细分行业空间集聚状况可以分为本地区集聚增强型、跨地区转移型、地区内部调整型和跨地区转移+内部调整型四种类型。④从区域视角出发，基于各细分行业所属污染类型和集聚趋势，可以总结出各地区需要重点关注的区/县、行业及污染物。⑤从京津冀污染密集型产业空间分布量化结果来看，1998—2017年北京、衡水和张家口转出污染密集型产业最多，邯郸、唐山和廊坊承接污染密集型产业最多。

（2）要素禀赋、区位条件、市场导向和政府政策共同影响污染密集型产业空间分布。具体来看：①要素禀赋是影响污染密集型产业地理分布的基础条件；区位条件的差异通过各地区基础设施、运输成本和邻近性影响污染密集型产业的分布；市场通过利润最大化下的择优选址与集聚的规模效应、知识溢出效应影响污染企业的选址决策；政府通过政策引导、制度创新和环境规制等方面影响污染密集型产业的分布。②模型验证结果显示：劳动力工资水平、交通条件、集聚经济是推动污染密集型产业转移的重要因素，命令—控制型环境规制与污染密集型产业分布呈U形关系，阈值效应明显。

（3）双重差分模型验证了产业转移与污染转移之间具有因果关系，产业转移对污染转移的影响程度存在地区差异和污染物差异。具体来看：①环境污染重心在污染密集型产业重心的东北方向，污染密集型产业重心与工业$SO_2$排放、工业烟（粉）尘排放具有明显的相关性。②双重差分模型的验证结果显示，扩大承接产业转移政策实施对承接地工业污染指数和各类工业污染物排放量产生正向影响，产业转移对工业污染物的影响呈现工业烟（粉）尘排放>工业废水排放>工业$SO_2$排放。

（4）北京是工业污染转出量最大的城市，唐山是工业污染转入量最大的城市，技术效应能有效降低承接地工业污染物排放强度。具体来看：①工业废水净转出的城市有北京、天津、石家庄、张家口、秦皇岛、保定、衡水和邢台，工业废气和工业固体废物净转出的城市有北京、张家口、秦皇岛、保定、衡水和邢台。②北京"工业三废"转出量分别是1.86亿吨、12809.00亿立方米和2633.14吨，唐山"工业三废"转入量分别是0.36亿吨、11563.24亿立方米和2352.62吨。③污染密集型产业转移对北京、唐山的工业废水减排的贡献率分别为72.97%和-27.12%（负号代表作用相反），对工业$SO_2$减排的贡献率分别为76.81%和-42.37%。④工业废水转移量较多的行业有采矿业，纺织业，造纸及纸制品业，石油、煤炭及其他燃料加工业，化学原料和化学制品制造业，黑色金属冶炼和压延加工业；工业废气转移量较多的行业为非金属矿物制品业、黑色金属冶炼和压延加工业；工业固体废物转移量较多的行业为采矿业、黑色金属冶炼和压延加工业。⑤分解效应测算结果显示，北京、张家口、秦皇岛、保定、衡水和邢台的规模效应为负值，即污染密集型产业转移有利于以上地区的环境质量改善。污染密集型产业转移对京津冀地区各地市的结构效应存在明显差异，多以增加各地市工业污染物排放为主，这与各地市转出行业类型和结构效应的时滞性有关。在控制污染密集型产业转移的规模效应和结构效应后，清洁生产技术的使用能有效降低各地市污染物的排放，并且生产技术水平越高的地市，技术效应越明显。

（5）污染密集型产业转移环境效应是在地区本底条件基础上，政府力、市场力和社会力互动驱动作用下不断发展和变化的。具体来看：①本底条件：承接地经济发展水平、技术水平、产业结构和能耗强度等方面的差异造成承接地环境容量和技术支撑能力不同，间接影响迁入企业排污行为。②政府力：政府作为解决环境问题的主要力量，通过对迁入企业的制衡、激励和为公众提供法律保障等直接或间接影响迁入企业环境行为。③市场力：市场机制是对政府失灵的有效补充，市场通过利润最大化导向和排污权交易直接影响迁入企业环境行为。④社会力：利益主体主要通过监督、参与环境影响评价、参与环境政策制定等来间接影响污染密集型产业转移的环境效应。

## 第二节 政策建议

通过对京津冀污染密集型产业空间分布变化及环境效应的研究，发现污染密集型产业在京津冀地区经历由"内陆向沿海"，由"中部向南部"的转移过程，最终在沿海地区、冀中南地区集中分布。污染密集型产业空间分布的变化导致工业污染物的跨地区转移，污染转移对地区环境污染物排放的影响程度存在明显差异，这一方面与行业类型有关，另一方面与当地环境治理能力密切相关。当然，本书也注意到产业转移的技术效应对转出地和承接地环境产生正面影响。整体来看，污染密集型产业转移既是发达地区"腾笼换鸟"的重要方式，同时也是欠发达地区"腾笼换鸟"的重要方式。对于发达地区来说，污染密集型产业转出既为高新技术产业的发展腾出了发展空间，同时也带走大量工业污染物，由此促进当地经济高质量发展和生态环境的改善；对于欠发达地区来说，污染密集型产业的转入带来先进的生产技术、管理经验和技术人才的同时，也给承接地带来大量污染物排放，针对承接地有限的环境容量，当地政府通过制定排放标准、发放排污许可证、差异化管控措施等引导生产要素向具有先进生产技术的企业流动，以提高全要素生产率，而对于当地原有中小企业来说，必将面临更为严格的环境管制，为迁入的先进企业腾出发展空间和"环境空间"。

基于前文研究结果和分析，结合京津冀地区产业升级转移和生态环境保护的诉求，本书从提高环境准入门槛、完善市场机制、加快科技成果转化、推动多元主体参与等方面探讨污染密集型产业升级转移与承接地生态环境质量改善的对策。

**一 提高环境准入门槛，加强地方环境规制**

环境准入是承接地实现"源头治理"的重要途径，各承接地应针对当地环境容量合理制定产业承接政策，以实现污染的源头控制。京津冀三地产业准入门槛的高低差异容易导致天津和河北成为北京重污染企业集中迁入地。针对该问题，2015 年三地环保局签署了《京津冀区域环境保护率先突破合作框架协议》，该协议强调三地应在统一标准、统一检测、协同治污等方面寻找突破。2017 年《建筑类涂料与胶粘剂挥发性有机化合物含量限值标准》的制定标志着京津冀三地首个环保统一标准的落地，目前三地仍需要在大气污染物排放、水污染物排放等方面共同出台更严格的排放标准，以持续改善京津冀地区的大气污染、水污染和土壤污染状况。

河北作为北京、天津两地污染密集型产业的主要承接地，经历了从"捡进篮子都是菜"到"提着篮子去选菜"的变化过程，其环保准入门槛与北京、天津相比差距虽有缩小，但提升空间较大，由北京迁出的不符合排污标准的企业因满足河北的环保标准，会继续在承接地生产和排污，这将影响京津冀地区生态环境一体化建设。河北各地应进一步收紧污染物排放限值，严格控制污染物排放总量，严禁国家明令淘汰的落后生产能力项目的转入，加强承接产业转移中的环境监测。各承接地需充分考虑地区资源承载力和生态环境容量，进一步细化和落实差别化环境准入负面清单，对污染密集型产业（钢铁、水泥、石化项目等）的生产布局、生产设备、清洁生产技术、污染防治措施等方面严格准入，禁止新增污染物排放强度低于准入条件的项目进入，防止低水平重复建设和产能过剩项目的引入，倒逼产业转型升级，从而实现污染的"源头治理"，实现京津冀三地生态环境协同发展。

除环境准入门槛外，环境规制是影响迁入企业环境行为的重要因素。地方政府环境规制效率不仅受环境规制强度的影响，还受环境规制方式的影响。政府对环境问题的干预能有效提高污染企业治污意愿，如承德、唐山、邯郸等地严格的环境规制有效降低了该类地区污染密集型产业转移对承接地生态环境的破坏。当前京津冀地区环境规制的"创新补偿效应"并不强，迁入的污染型企业研发和使用绿色生产技术的积极性并不高，因此各承接地政府应结合行业属性、公司属性进一步细化环境规制政策措施、适当加大环境规制力度，结合多种环境规制工具，最大限度地激发企业创新活力，保护企业环保技术创新，实现地区经济的高质量发展，生态环境的持续改善。

### 二　加快科技成果转化，注重绿色技术应用

京津冀地区内部企业创新能力差异悬殊。北京作为全国的科技创新中心，拥有丰富的创新资源，尤其在科技人才的数量和层次上具有明显的优势；天津积极融入京津冀地区国家技术创新中心建设，优化技术创新平台布局，不断缩小与北京的差距；河北无论是高校数量还是创新能力远远不足，在创新投入、创新产业和创新环境等方面都与北京、天津两地有较大差距。加快科技成果转化、增强企业创新能力的空间溢出效应是缩小京津冀地区创新能力差距、提升整体创新能力的关键。

当前，京津冀地区科技成果转化存在体制不完善、投入不足和转化

率不高等问题，需拓宽高校、科研机构和企业科技成果转化产业化渠道，促进新技术、新产品跨地区流动。积极搭建科研成果市场化流动平台，一方面让科研机构充分了解市场需求，提高科技成果的应用性，另一方面让企业深入了解相关科技成果，降低企业顾虑和转化成本，从而提高科技成果转化率。针对河北承接北京和天津的科技成果转化，河北要加强与科研机构（如中科院）、北京高校和天津高校的合作，吸引更多科研机构和高校较高水平的科技成果（特别是提高产品质量、节能降耗、增加产品品种等方面）落地转化。同时，完善科技成果转化的制度建设，加大对高校和科研机构的经费支持、知识产权保护力度，激发科研机构和高校在促进科技成果转化上的主动性，充分调动科研人员的积极性，释放科研人员创新潜力，努力构建产学研相结合的基础创新体系，增强技术进步对创新效率的提升作用。

此外，加强绿色生产技术的研发和应用。绿色技术主要包括污染防治技术（如"三废"净化技术）、环境友好技术（如减少生产、流通和消费环节污染物排放的清洁生产技术）、生态保护技术（如生态修复技术），绿色技术的使用不仅能协调经济发展和生态环境保护，而且在改善生态环境的同时提高生产效率。企业研发和应用绿色生产技术将有效减少能源消耗、降低污染物排放、提高企业经济效益。三地应鼓励资本进入绿色技术研发领域，引导高等学校、科研机构的科研人员从事绿色技术创新工作，提高企业自主创新的积极性，推进绿色技术在三地的研发和应用，促进污染密集型产业升级转移与生态环境保护的协调发展。

### 三 完善市场机制建设，激发企业减排活力

京津冀三地排污权交易市场建设和发展状况存在明显差异。北京的排污权交易市场机制相对完善，企业参与度较高，交易状况位于全国前列。对于天津来说，排污权交易市场建设起步较早，市场完善度较高，但市场稳定性和企业参与度有待进一步提高。河北排污权交易市场建设起步相对较晚，排污权交易对产业转移环境效应的影响初步显现，企业参与度相对较低。整体来看，排污权交易虽在一定程度上提高了迁入企业减排的积极性，降低了政府环境治理成本，但天津和河北两地迁入企业的参与度未被充分调动，许多重污染型企业基于履约需求同时购入排

污权分配额，影响排污权交易市场的稳定性。污染型企业参与排污权交易积极性不高，可能受以下几个方面影响：一是排污权交易宣传不到位，部分企业对交易机制未能充分了解；二是部分污染型企业创新能力差，减排的活力低，导致交易平台上剩余的排污权分配额较少；三是污染型企业基于利润最大化导向选择生产产品还是卖掉排污权分配额，选择受到排污权交易价格的影响明显，若污染型企业卖掉排污权分配额获得的利润明显低于污染型企业生产产品获得的利润，则污染型企业倾向于生产产品。排污权交易对于产业转移环境效应的影响来说，是直接影响，也是长期性的。所谓的长期性是指市场机制对污染型企业技术创新活力的激发需要较长时间，该过程并非一蹴而就的，也并非单方面的，需要政府、企业长时间的努力。未来应进一步完善排污权交易市场机制，加大排污权交易宣传力度，充分调动迁入企业参与排污权交易的积极性，同时也要加强承接地政府对迁入企业排污行为的监管，规范市场秩序，最大限度地激发迁入企业的创新活力。

此外，迁入企业减排的活力除了受市场机制的影响，还受地区本底条件（尤其是技术水平）的影响。北京作为全国科技创新中心，无论是科研经费投入，还是人才供给的数量和质量都明显优于其他地市，因此企业创新活力最高，产业转移的技术效应明显优于其他地市。天津科研经费投入和人才供给数量低于北京，但明显优于河北各地市，企业创新活力相对较高，但工业固体废物的绿色技术应用仍有较大提升空间。河北各地市无论是科研经费投入，还是人才供给的数量和质量均落后于北京和天津，企业创新活力明显不足，无论是产业转移的技术效应，还是地区的节能降耗能力（如唐山、秦皇岛、邯郸、邢台、张家口和承德）均落后于北京和天津，这不仅影响地区的环境容量，而且影响各企业排污权的初始分配额，进而影响排污权交易市场的运行。对于天津来说，应在原有的经济发展、科技创新基础上，进一步加大科研经费投入力度，提升工业废水技术效应和工业固体废物技术效应，促进水环境质量的持续改善，减少产业转移对工业固体废物排放带来的不利影响。对于河北来说，应加大科研经费投入规模，加大人才引进力度，强化创新人才培养，引导创新资源和创新人才向企业流动，激发企业创新活力，减少产业转移对当地生态环境的损害。

**四 推动多元主体参与，增强污染"源头治理"力度**

长期以来，政府是环境治理的主导者，无论是环保政策的制定，还是对企业的环境监管，都离不开政府的直接管控。虽然国家积极倡导构建"政府、企业、公众共治的环境治理体系"，但结合历年京津冀三地污染密集型产业转移的环境效应来看，公众参与度相对较低，发挥的作用还十分有限。

在公众参与方面，当前公众对京津冀（尤其是河北各地市）环境治理参与程度低，即公众参与环境治理主要停留在观念层面，实践度有待提高，参与环节也多集中在末端治理，公众多通过信访、诉讼等方式维护自身合法权益，对于环境影响评价的参与度远远不够。这主要是受以下几个方面的影响，首先是居民环保意识不强（特别是河北各地市），仍有许多公民认为环境保护是地方政府的事情，面对环境违法行为采取容忍的态度。其次，公众获取环境信息的渠道有限，许多环境信息来自政府提供的环境文件或企业提供的公开信息，该类信息往往具有延迟性、不准确性、专业性强等特点，影响普通公众了解环保信息。最后，虽然政府不断完善公众参与环境治理全过程的介入机制，但参与途径单一、参与热情不高等原因导致公众参与环境治理的效果并不好，进而导致环境污染"源头治理"效果不显著。未来政府应通过举办环保活动、借助媒体大力宣传、督促学校开展环保教育等方式提高当地居民环保意识，增强公众参与环保的积极性。同时也要加大政府和企业的环保信息公开力度，鼓励公众全程参与环境治理，并且进一步拓宽公众参与环境治理方式和途径，保障公众参与环境保护的广度及有效性，提升公众参与的话语权。

在环保组织建设方面，环保组织对京津冀地区环境质量改善作用仍有较大提升空间。当前能具备与政府对话、沟通的大型环保组织相对较少，有些是因为自身影响力不足，有些是因为自身专业水平不够，也有一些环保组织囿于经费短缺而难以为继，对承接地环保政策制定和迁入企业污染物排放的影响相对有限。京津冀三地环保组织数量以北京最多，其次是天津，最后是河北各地市。无论是环保组织的数量、影响力、参与度还是专业度，河北各地市环保组织发展状况都明显落后于北京和天津，这无疑会减缓河北环境质量的提升速度和质量。河北的环保组织成立时间晚、影响力低、校园环保组织占比高等影响了河北环保组织的影响力。未来应加大对环境组织的支持力度，从注册、活动审批到资金支持，都要给予重点帮扶，同时也要提升环保组织的合法地位，给予环保组织一定的活动资源和空间，提高环保组织参与环境治理的积极性与参与度。此外，要加大政府对环保服务的购买力度，帮助其吸纳更多专业人才，有意识地扶持民间环保组织发展，共同探索"政府—企业—环保组织"的环保监管体系，推动当地生态环境质量持续改善。

## 第三节 主要创新点

（1）构建适用于污染密集型产业空间分布变化及环境效应的分析框架："格局—过程—效应—机制。"

已有对污染密集型产业的研究多注重其地理分布变化和影响因素的分析，对产业转移环境效应的研究多侧重其环境效应的测算，对其环境效应驱动机制的研究相对较少。总体来说，研究相对分散，缺乏系统性。本书试图从地理学、管理学、生态学、环境经济学、环境经济地理学等多学科交叉的角度构建适用于污染密集型产业空间分布变化及环境效应的分析框架："格局—过程—效应—机制"，在该框架指导下，总结京津冀污染密集型产业时空演变规律，测算京津冀污染密集型产业空间分布变化的环境效应，解释环境效应的形成机制，丰富污染密集型产业转移环境效应的理论研究。

（2）研究方法上，运用双重差分模型验证产业转移与污染转移之间的因果关系，并具体测算了规模效应、结构效应和技术效应；构建包含产业产值和企业数量在内的迁移指数测度污染密集型产业转移量。

关于产业转移环境效应的测度，已有研究多默认污染密集型产业转移必然给承接地带来污染，鲜有学者关注两者的因果关系，本书运用双重差分（DID）模型、倾向得分匹配—双重差分法（PSM-DID）验证了产业转移会带来污染转移。在分析产业转移对环境的影响路径基础上，按照 Grossman 提出的公式将环境效应进行分解，具体测算了污染密集型产业转移的规模效应、结构效应和技术效应。

关于污染密集型产业转移的测算，已有研究多用区位商的变化来衡量污染密集型产业跨区域转移的程度，然而，产业在地区上的分布变化不仅包括各地区工业生产份额的上升和下降，还包括产业在地理位置上的局部或整体迁移（产业所含企业数量的变化）。因此，本书引入包含产业产值和企业数量的迁移指数量化污染密集型产业的空间分布变化状况。

（3）研究内容上，不仅关注污染密集型产业转移影响因素，而且从本底条件、政府力、市场力和社会力四个方面探讨了污染密集型产业空间分布变化环境效应的驱动机制。

当前对污染密集型产业分布的驱动机理探究较多，但不同时期、不同区域的污染密集型产业分布的影响因素和驱动机理存在明显差异。本书在详细论述要素禀赋特性、区位条件属性、市场导向作用和政府政策调整对污染密集型产业地理分布影响的基础上，通过计量模型验证了各影响因素的驱动作用。

已有对环境效应驱动机制的研究，多从经济增长、产业集聚、财政分权、生态环境属性等方面探究环境污染产生的原因，鲜有学者结合产业地理分布变化的视角分析环境效应的形成与驱动机理。本书在了解污染密集型产业时空演变规律和测算污染密集型产业转移环境效应的基础上，结合已有研究，总结产业转移环境效应的影响因素，详细论述了本底条件、政府力、市场力和社会力这四个方面对污染密集型产业空间分布变化环境效应的驱动作用。

（4）研究视角上，从产业地理分布变化的视角研究环境问题。

环境问题具有开放性、公共性和复杂性的特点，工业化和城市化是环境问题的重要驱动力，同时也受到经济、社会、人口等多种因素的共同影响，需要从地理学、环境经济地理学的综合视角对其进行解读。因此，本书从污染密集型产业空间分布变化出发，探究污染密集型产业地理分布变化对转出地和承接地环境所造成的影响。

## 第四节　不足与展望

本书在京津冀污染密集型产业时空演变、环境效应和驱动机制的分析上取得了一定的成果，但由于精力和本人水平有限，存在一些不足和需要深入研究的问题：

（1）产业转移对"工业三废"排放影响程度的分析存在一定的不足

本书通过污染转移测算方法对各地市"工业三废"转移量进行了详细测度，并尝试刻画污染转移对各地工业污染物排放的影响程度。但受各地市"工业三废"排放数据的限制，本书虽测度了污染转移对各地市工业废水排放、工业$SO_2$排放和工业烟（粉）尘排放的影响程度，但污染转移对工业固体废物排放（数据为综合利用率）影响程度的测度未能实现，由此导致污染转移对承接地"工业三废"排放影响程度的分析有待深入。

（2）强化重点行业的深入分析

本书侧重于污染密集型产业的整体分析，虽涉及细分行业空间分布变化和环境效应的分析和测度，但缺乏重点行业（如黑色金属冶炼及压延加工业）的深入分析，特别是要注重对典型企业（如首钢）的选址过程和环境决策的深入挖掘，这部分内容将在未来的研究中继续开展。

（3）加强微观主体的研究

本书虽尝试从本底条件、政府力、市场力和社会力四个方面对产业转移环境效应驱动机制进行分析，但仍需要研究者对政府工作人员、污染企业、居民和环保组织等微观主体进行连续时段的调研，以掌握目前多元主体参与产业转移环境治理的状况和问题。同时未来需要进一步运用定量分析方法测度污染密集型产业空间分布变化环境效应的影响因素。

# 参考文献

## 一 中文文献

鲍超、贺东梅:《京津冀城市群水资源开发利用的时空特征与政策启示》,《地理科学进展》2017年第1期。

包振宇、王思锋:《旅游城市住宅市场负外部性及其矫正策略研究》,《人文地理》2016年第2期。

[美]保罗·克鲁格曼:《发展、地理学与经济理论》,蔡荣译,北京大学出版社、中国人民大学生出版社2000年版。

卜洪运、黄杰:《京津冀产业结构与环境质量协调关系研究》,《商业时代》2018年第5期。

蔡树堂、吕自圆:《研发人员激励制度对企业技术创新能力影响程度的实证研究——以科技型中小企业为例》,《工业技术经济》2015年第5期。

曹宏、安秀伟:《中国环境NGO的发展及其环保实践能力分析》,《山东社会科学》2019年第9期。

曹欣欣:《区域污染密集型产业空间演变及其生态效率响应研究——以山东省为例》,硕士学位论文,山东师范大学,2019年。

曹越、彭可人:《会计学对科斯定理的完善与推进》,《会计研究》2019年第11期。

柴鹏飞:《鄞州区2005—2008年肺结核病疫情的空间统计分析》,硕士学位论文,浙江大学,2009年。

陈德湖、蒋馥:《我国排污权交易理论与实践》,《软科学》2004年第2期。

陈刚、张解放:《区际产业转移的效应分析及相应政策建议》,《华东经济管理》2001 年第 2 期。

陈赤平、路瑶、洪银兴：《融入全球化分工合作体系增强企业国际竞争力》，《教学与研究》2003 年第 4 期。

陈静邦：《论环境知情权的法律保障》，硕士学位论文，广东商学院，2011 年。

谌杨：《论中国环境多元共治体系中的制衡逻辑》，《中国人口·资源与环境》2020 年第 6 期。

成艾华：《技术进步、结构调整与中国工业减排——基于环境效应分解模型的分析》，《中国人口·资源与环境》2011 年第 3 期。

程登富、崔雪梅：《北京奥运精神遗产的哲学思考与孔子思想解析》，《北京体育大学学报》2010 年第 12 期。

程钰、刘婷婷、赵云璐等：《京津冀及周边地区"2+26"城市空气质量时空演变与经济社会驱动机理》，《经济地理》2019 年第 10 期。

程中华：《产业集聚与制造业"新型化"发展》，博士学位论文，东南大学，2016 年。

初钊鹏、卞晨、刘昌新等：《雾霾污染、规制治理与公众参与的演化仿真研究》，《中国人口·资源与环境》2019 年第 7 期。

崔功豪、魏清泉、刘科伟等：《区域分析与区域规划》，高等教育出版社 2006 年版。

崔建鑫、赵海霞：《长江三角洲地区污染密集型产业转移及驱动机理》，《地理研究》2015 年第 3 期。

戴宏伟：《加快"大北京"经济圈生产要素流动  促进产业梯度转移》，《经济与管理》2003 年第 6 期。

戴其文、杨靖云、张晓奇等：《污染企业/产业转移的特征、模式与动力机制》，《地理研究》2020 年第 7 期。

党秀云、郭钰：《跨区域生态环境合作治理：现实困境与创新路径》，《人文杂志》2020 年第 3 期。

丁凡琳、陆军、赵文杰：《新经济地理学框架下环境问题研究综述》，《干旱区资源与环境》2019 年第 6 期。

丁焕峰、李佩仪：《中国区域污染重心与经济重心的演变对比分析》，《经济地理》2009年第10期。

丁小燕、王福军：《基于市场潜力模型的京津冀区域空间格局优化及产业转移研究》，《地理与地理信息科学》2015年第4期。

杜雯翠、宋炳妮：《京津冀城市群产业集聚与大气污染》，《黑龙江社会科学》2016年第1期。

段娟、文余源：《特大城市群污染密集型产业转移与决定因素——以京津冀为例》，《西南民族大学学报（人文社科版）》2018年第2期。

樊杰：《〈产业转移与中国区域空间结构优化〉评介》，《地理学报》2016年第8期。

樊杰：《中国农村工业化的经济分析及省际发展水平差异》，《地理学报》1996年第5期。

方创琳：《中国城市群研究取得的重要进展与未来发展方向》，《地理学报》2014年第8期。

方洪庆：《公众参与环境管理的意义和途径》，《环境保护》2000年第12期。

冯斐、冯学钢、侯经川等：《经济增长、区域环境污染与环境规制有效性：基于京津冀地区的实证分析》，《资源科学》2020年第12期。

冯祥玉、刘婷、潘硕等：《京津冀协同发展背景下的工业布局环境影响分析》，《环境影响评价》2018年第2期。

冯宗宪、黄建山：《1978—2003年中国经济重心与产业重心的动态轨迹及其对比研究》，《经济地理》2006年第2期。

冯宗宪、黄建山：《重心研究方法在我国产业与经济空间演变及特征中的实证应用》，《社会科学家》2005年第2期。

高渡阳、刘卫东、Glen Norcliffe等：《土地制度对北京制造业空间分布的影响》，《地理科学进展》2020年第7期。

高明、郭峰：《城市化对空气质量的影响研究——以京津冀城市群为例》，《环境经济研究》2018年第3期。

高晓娜、彭聪：《产业集聚对出口产品质量的影响——基于规模效应和拥挤效应视角》，《世界经济与政治论坛》2019年第5期。

龚新蜀、史雪然、韩俊杰：《市场一体化对中国环境质量的影响研究》，《工业技术经济》2021年第2期。

关伟、王春明：《沈阳经济区经济重心的演变及其轨迹分析》，《人文地理》2014年第3期。

郭进、徐盈之：《公众参与环境治理的逻辑、路径与效应》，《资源科学》2020年第7期。

郭淑芬、李晓琪、阎晓：《环渤海地区合作背景下京津冀产业转移趋势与山西承接行业拣选》，《经济地理》2017年第9期。

韩楠、黄娅萍：《环境规制，公司治理结构与重污染企业绿色发展——基于京津冀重污染企业面板数据的实证分析》，《生态经济》2020年第11期。

韩庆潇、杨晨、陈潇潇：《中国制造业集聚与产业升级的关系——基于创新的中介效应分析》，《研究与发展管理》2015年第6期。

韩文琰：《天津承接产业转移的重点选择、问题与对策》，《经济问题探索》2017年第8期。

郝大江、张荣：《要素禀赋、集聚效应与经济增长动力转换》，《经济学家》2018年第1期。

何龙斌：《国内污染密集型产业区际转移路径及引申——基于2000—2011年相关工业产品产量面板数据》，《经济学家》2013年第6期。

贺灿飞：《区域产业发展演化：路径依赖还是路径创造？》，《地理研究》2018年第7期。

贺灿飞、胡绪千：《1978年改革开放以来中国工业地理格局演变》，《地理学报》2019年第10期。

贺灿飞、谢秀珍、潘峰华：《中国制造业省区分布及其影响因素》，《地理研究》2008年第3期。

贺灿飞、周沂：《环境经济地理研究》，科学出版社2016年版。

贺灿飞、周沂、张腾：《中国产业转移及其环境效应研究》，《城市与环境研究》2014年第1期。

贺灿飞、朱晟君：《中国产业发展与布局的关联法则》，《地理学报》2020年第12期。

胡应得：《排污权交易政策下企业的环保行为研究——基于浙江省企业的实地调研》，经济科学出版社2013年版。

胡元林、杨雁坤：《环境规制下企业环境战略转型的过程机制研究——基于动态能力视角》，《科技管理研究》2015年第3期。

胡悦、刘群芳、陈国鹰：《京津冀技术创新、产业结构与生态环境耦合研究》，《资源开发与市场》2018年第9期。

胡振华、刘欣欣、陈艳：《国际产业转移对我国产业结构升级的非线性影响机制》，《产经评论》2019年第2期。

胡志强、苗健铭、苗长虹：《中国地市尺度工业污染的集聚特征与影响因素》，《地理研究》2016年第8期。

黄建山、冯宗宪：《陕西省社会经济重心与环境污染重心的演变路径及其对比分析》，《人文地理》2006年第4期。

焦连成：《经济地理学研究的传统对比——对我国经济地理学发展的启示》，博士学位论文，东北师范大学，2007年。

孔祥贞、张华、田佳禾：《国有企业混合所有制改革的出口效应研究》，《世界经济研究》2021年第4期。

李从欣、李国柱、崔文静：《京津冀环境污染时空演进研究——基于影响因素时空异质性》，《当代经济管理》2020年第8期。

李覆野：《我国智慧社区建设中的信息安全管理研究》，硕士学位论文，东北大学，2015年。

李国平、卢明华：《北京高科技产业价值链区域分工研究》，《地理研究》2002年第2期。

李国平等：《产业转移与中国区域空间结构优化》，科学出版社2016年版。

李花、赵雪雁、王伟军等：《基于多尺度的中国城市工业污染时空分异及影响因素》，《地理研究》2019年第8期。

李惠娟、朱福兴：《地方财政科技投入与科技创新的动态分析》，《科技管理研究》2008年第3期。

李健、王尧、王颖：《京津冀区域经济发展与资源环境的脱钩状态及驱动因素》,《经济地理》2019年第4期。

李杰、艾莎莎:《污染密集型产业的空间转移及其影响因素——基于中东部9省面板数据的实证测度》,《技术经济》2018年第11期。

李良成、高畅:《战略性新兴产业知识产权政策分析框架研究》,《科技进步与对策》2014年第12期。

李林子、傅泽强、王艳华等:《京津冀制造业转移与环境影响实证研究》,《环境科学研究》2017年第12期。

李林子、傅泽强、王艳华等:《区际产业转移测算方法与应用——以京津冀污染密集型制造业转移为例》,《生态经济》2018年第4期。

李平星、曹有挥:《产业转移背景下区域工业碳排放时空格局演变——以泛长三角为例》,《地球科学进展》2013年第8期。

李平原:《浅析奥斯特罗姆多中心治理理论的适用性及其局限性——基于政府、市场与社会多元共治的视角》,《学习论坛》2014年第5期。

李平原、刘海潮:《探析奥斯特罗姆的多中心治理理论——从政府、市场、社会多元共治的视角》,《甘肃理论学刊》2014年第3期。

李祥云、白永平、周鹏等:《中国省域污染密集型产业转移与驱动机理——基于2004—2014年的面板数据》,《资源开发与市场》2016年第11期。

李小建、李国平、曾刚等:《经济地理学》(第三版),高等教育出版社2019年版。

李小建、覃成林、高建华:《我国产业转移与中原经济崛起》,《中州学刊》2004年第5期。

李秀彬:《地区发展均衡性的可视化测度》,《地理科学》1999年第3期。

李占国、孙久文:《我国产业区域转移滞缓的空间经济学解释及其加速途径研究》,《经济问题》2011年第1期。

李志翠:《我国西部地区承接区际产业转移的效应研究》,博士学位论文,中央财经大学,2015年。

李志翠、谢冰文:《我国区际产业转移效应的理论研究——基于比较优势与集聚优势的综合视角》,《实事求是》2018 年第 6 期。

李稚、刘晓云、彭冉:《考虑消费者接受度的制造业绿色生产与绿色消费博弈分析》,《软科学》2021 年第 3 期。

梁波、王海英:《市场、制度与网络:产业发展的三种解释范式》,《社会》2010 年第 6 期。

梁金凤:《京冀(曹妃甸)人社服务中心支持京企发展京籍职工进一扇门可办两地业务》,《河北日报》2019 年 2 月 14 日。

林楚:《发挥节能技术改造 打好污染防治攻坚战》,《机电商报》2019 年 6 月 24 日。

林建华:《基于外部性理论的西部生态环境建设的基本思路》,《西北大学学报》(哲学社会科学版)2006 年第 4 期。

刘安国、杨开忠:《新经济地理学理论与模型评介》,《经济学动态》2001 年第 12 期。

刘海猛、方创琳、黄解军等:《京津冀城市群大气污染的时空特征与影响因素解析》,《地理学报》2018 年第 1 期。

刘杰:《沿海欠发达地区产业结构演进和经济增长关系实证——以山东省菏泽市为例》,《经济地理》2012 年第 6 期。

刘娟:《福建省人口重心移动路径及其影响因素的人口学分析》,《人口学刊》2007 年第 1 期。

刘君洋、朱晟君:《市场间邻近性与广东省出口企业的地理集聚》,《地理研究》2020 年第 9 期。

刘嫘嫘、顾颖:《基于偏离—份额法的陕西省产业结构分析》,《金融经济》2014 年第 22 期。

刘利:《产业空间演化的环境效应研究》,化学工业出版社 2014 年版。

刘满凤、黄倩、黄珍珍:《区际产业转移中的技术和环境双溢出效应分析——来自中部六省的经验验证》,《华东经济管理》2017 年第 3 期。

刘满凤、李昕耀:《产业转移对地方环境规制影响的理论模型和经验验证——基于我国产业转移的实证检验》,《管理评论》2018 年第

8 期。

刘骁啸、吴康：《功能疏解背景下京津冀中部核心区产业投资网络演化研究》，《地理科学进展》2020 年第 12 期。

刘岳平、文余源：《京津冀生产性服务业转移与空间结构变迁》，《经济问题探索》2017 年第 9 期。

陆大道：《关乎中国百年国运的重要决策》，《经济地理》2016 年第 4 期。

陆涛、罗鄂湘：《区域异质性视角下高技术产业人才聚集与技术创新的实证研究》，《技术与创新管理》2019 年第 5 期。

罗芊、贺灿飞、郭琪：《基于地级市尺度的中国外资空间动态与本土产业演化》，《地理科学进展》2016 年第 11 期。

雒海潮、苗长虹：《承接产业转移影响因素和效应研究进展》，《地理科学》2019 年第 3 期。

马丽梅、史丹：《京津冀绿色协同发展进程研究：基于空间环境库兹涅茨曲线的再检验》，《中国软科学》2017 年第 10 期。

马晓倩、刘征、赵旭阳等：《京津冀雾霾时空分布特征及其相关性研究》，《地域研究与开发》2016 年第 2 期。

毛琦梁、王菲：《区域非均衡发展与产业转移的内生机制研究》，《生态经济》2017 年第 11 期。

孟艳蕊：《京津冀城市群产业转移及其环境效应研究》，硕士学位论文，浙江财经大学，2016 年。

潘慧峰、王鑫、张书宇：《雾霾污染的持续性及空间溢出效应分析——来自京津冀地区的证据》，《中国软科学》2015 年第 12 期。

潘琼琼：《新时期我国农村公共产品供给问题探析》，《河北工程大学学报》（社会科学版）2010 年第 4 期。

彭文斌、陈蓓、吴伟平等：《污染产业区位选择的影响因素研究——基于我国八大区域的面板数据》，《经济经纬》2014 年第 5 期。

皮建才、薛海玉、殷军：《京津冀协同发展中的功能疏解和产业转移研究》，《中国经济问题》2016 年第 6 期。

皮建才、赵润之：《京津冀协同发展中的环境治理：单边治理与共同治理的比较》,《经济评论》2017 年第 5 期。

朴胜任、李健、苑清敏等:《不同处置视角下京津冀城市群环境效率评价》,《城市问题》2017 年第 262 期。

齐琛冏:《京津冀节能减排步伐加快》,《中国能源报》2019 年 6 月 17 日。

仇方道、蒋涛、张纯敏等:《江苏省污染密集型产业空间转移及影响因素》,《地理科学》2013 年第 7 期。

钱晓英、王莹:《京津冀地区产业集聚与生态环境间的耦合关系》,《统计与决策》2016 年第 3 期。

强永昌、杨航英:《长三角区域一体化扩容对企业出口影响的准自然实验研究》,《世界经济研究》2020 年第 6 期。

乔谷阳、潘少奇、乔家军:《环境污染重心与社会经济重心的演变对比分析——以河南省为例》,《地域研究与开发》2017 年第 5 期。

曲晴:《"一条龙"收集处理废气 以保护绿色生态倒逼发展方式转变 生态环境与营商环境实现双赢》,《天津日报》2020 年 6 月 15 日。

冉启英、徐丽娜:《环境规制、省际产业转移与污染溢出效应——基于空间杜宾模型和动态门限面板模型》,《华东经济管理》2019 年第 7 期。

任保平、刘丽:《西方经济学的外部性理论及其现实意义》,《陕西师范大学继续教育学报》2004 年第 3 期。

任川:《公众参与在环境影响评价中的影响》,《区域治理》2019 年第 42 期。

任梅、王小敏、刘雷等:《中国沿海城市群环境规制效率时空变化及影响因素分析》,《地理科学》2019 年第 7 期。

任宇飞、方创琳、蔺雪芹等:《中国东部沿海地区四大城市群生态效率评价》,《地理学报》2019 年第 72 期。

桑海鸿、吴仁海、陈国权:《中国环境影响评价公众参与有效性的分析》,《陕西环境》2001 年第 2 期。

沈悦、任一鑫:《环境规制、省际产业转移对污染迁移的空间溢出效应》,《中国人口·资源与环境》2021 年第 2 期。

石敏俊、杨晶、龙文等：《中国制造业分布的地理变迁与驱动因素》，《地理研究》2013年第9期。

石奇：《集成经济原理与产业转移》，《中国工业经济》2004年第10期。

石少坚、陈从喜、刘彩欣等：《2017年河北省矿产资源开发利用形势分析》，《矿产保护与利用》2018年第6期。

宋国君：《排污交易》，化学工业出版社2004年版。

宋涛、董冠鹏、唐志鹏等：《能源—环境—就业三重约束下的京津冀产业结构优化》，《地理研究》2017年第11期。

宋伟、杨卡：《民用航空机场对城市和区域经济发展的影响》，《地理科学》2006年第6期。

孙静波：《北京7年来退出一般制造和污染企业2800余家》，中国新闻网2021年2月25日。

孙久文、闫昊生、李恒森：《京畿协作——京津冀协同发展》，重庆大学出版社2019年版。

孙久文、原倩：《"空间"的崛起及其对新经济地理学发展方向的影响》，《中国人民大学学报》2015年第1期。

孙磊、张晓平：《北京制造业空间布局演化及重心变动分解分析》，《地理科学进展》2012年第4期。

孙淑琴、何青青：《不同制造业的外资进入与环境质量："天堂"还是"光环"？》，《山东大学学报》（哲学社会科学版）2018年第2期。

孙永平、王珂英：《中国碳排放权交易报告（2017）》，社会科学文献出版社2017年版。

孙玉阳、宋有涛：《环境规制对产业区域转移正负交替影响研究——基于污染密集型产业》，《经济问题探索》2018年第9期。

唐德才：《工业化进程、产业结构与环境污染——基于制造业行业和区域的面板数据模型》，《软科学》2009年第10期。

唐任伍、王宏新：《国际产品生命周期与企业跨国经营——兼评弗农国际产品生命周期理论》，《经济管理》2002年第23期。

陶凤、刘瀚琳：《京津冀协同显效 北京累计退出一般制造业企业

3047家》，《北京商报》2019年12月30日。

万年庆、李红忠、史本林：《基于偏离—份额法的我国农民收入结构演进的省际比较》，《地理研究》2012年第4期。

汪克亮、刘悦、杨宝臣：《京津冀城市群大气环境效率的地区差异、动态演进与影响机制》，《地域研究与开发》2019年第3期。

王保民：《建设新型钢铁企业　创造发展新优势——首钢京唐联合钢铁有限责任公司调研报告》，2009年度中国总会计师优秀论文选，2011年版。

王红梅、鲁志辉：《京津冀协同发展战略下河北经济协调发展的政策效应研究——基于京津产业转移的RD分析》，《当代经济管理》2020年第12期。

王洪婷：《环境规制下外商直接投资对环境污染影响研究》，硕士学位论文，哈尔滨工程大学，2019年。

王怀成、张连马、蒋晓威：《泛长三角产业发展与环境污染的空间关联性研究》，《中国人口·资源与环境》2014年第3期。

王缉慈等：《创新的空间：产业集群与区域发展》，科学出版社2019年版。

王金杰、王庆芳、刘建国等：《协同视角下京津冀制造业转移及区域间合作》，《经济地理》2018年第7期。

王腊芳、段文静、赖明勇等：《中国制造业节能潜力的区域及行业差异》，《地理研究》2015年第1期。

王立猛、何康林：《基于STIRPAT模型的环境压力空间差异分析——以能源消费为例》，《环境科学学报》2008年第5期。

王丽萍、夏文静：《中国污染产业强度划分与区际转移路径》，《经济地理》2019年第3期。

王琳：《河北省矿产资源开发管制研究》，硕士学位论文，石家庄经济学院，2012年。

王曼曼：《环境规制对制造企业绿色技术创新的影响研究》，博士学位论文，哈尔滨工程大学，2019年。

王奇、刘巧玲、李鹏：《我国污染密集型产业的显性转移与隐性转移研究》，《北京大学学报》（自然科学版）2017年第1期。

王莎、童磊、贺玉德：《京津冀产业结构与生态环境交互耦合关系的定量测度》，《软科学》2019年第3期。

王帅、周明生、钟顺昌：《资源型地区制造业集聚对产业结构升级的影响研究——以山西省为例》，《经济问题探索》2020年第2期。

王亚平、曹欣欣、程钰等：《山东省污染密集型产业时空演变特征及影响机理》，《经济地理》2019年第1期。

王育宝、陆扬：《财政分权、环境规制与区域环境质量——基于动态面板模型的实证分析》，《经济问题探索》2021年第3期。

王喆、周凌一：《京津冀生态环境协同治理研究——基于体制机制视角探讨》，《经济与管理研究》2015年第7期。

王忠平、王怀宇：《区际产业转移形成的动力研究》，《大连理工大学学报》（社会科学版）2007年第1期。

魏后凯：《产业转移的发展趋势及其对竞争力的影响》，《福建论坛》（经济社会版）2003年第4期。

吴殿廷、吴昊等：《区域发展产业规划》，东南大学出版社2018年版。

吴和成、赵培皓：《邻近性视角下长三角协同创新绩效影响因素实证研究》，《科技管理研究》2020年第7期。

吴建民、丁疆辉、王新宇：《县域产业承接力的综合测评与空间格局分析——基于京津冀产业转移的视角》，《地理与地理信息科学》2017年第2期。

吴巧君：《我市加快构建绿色制造体系 奖励创建工业绿色发展先进单位》，《天津日报》2018年5月1日。

夏茂森：《辽宁高技术产业基地成长中的政府干预研究》，博士学位论文，辽宁大学，2013年。

肖纯：《产业集聚对中国制造业国际竞争力的影响研究——规模效应与拥挤效应》，硕士学位论文，北京交通大学，2019年。

肖鹏：《外商直接投资对中国汽车产业的影响研究》，博士学位论文，武汉理工大学，2007年。

肖周燕：《北京产业疏解带动人口疏解的政策效应》，《地域研究与开发》2018年第6期。

徐成龙、巩灿娟：《基于偏离份额法的中国污染产业转移时空演变及其环境效应》，《软科学》2017年第10期。

徐建华、岳文泽：《近20年来中国人口重心与经济中心的演变及其对比分析》，《地理科学》2001年第5期。

徐康宁、王剑：《自然资源丰裕程度与经济发展水平关系的研究》，《经济研究》2006年第1期。

徐莉、邓怡：《科技投入对我国高新技术企业科技创新的影响研究》，《科技广场》2018年第1期。

许正松、孔凡斌：《经济增长、承接产业转移、结构变化与环境污染——基于中部6省的实证研究》，中国环境出版社2016年版。

闫起磊、王民：《河北省承接京津产业更精准有序》，《国际商报》2019年4月10日。

阳明明：《产业转移路径对枢纽城市物流需求增长的长期影响——基于空间经济学的模拟与检验》，《中国管理科学》2016年第24期。

杨健：《多中心理论视角下的城市水环境治理问题研究——以台州市路桥区为例》，硕士学位论文，浙江工业大学，2019年。

杨蕾、杜鹏、夏斌：《1979—2007年广东经济重心与产业重心迁移对比研究》，《科技管理研究》2009年第7期。

杨文韬、周沂、李振发等：《深圳市污染型企业环境行为研究——基于企业异质性的微观视角》，《内蒙古师范大学学报》（自然科学汉文版）2018年第4期。

杨莹：《新兴产业产能过剩问题研究——以我国多晶硅产业为例》，硕士学位论文，天津商业大学，2011年。

姚永玲、李若愚：《京津冀产业转移的地区经济效应》，《经济与管理》2017年第6期。

叶文虎：《可持续发展实践的再思考》，《中国环境管理》2019年第4期。

于可慧：《京津冀产业转移效应研究》，博士学位论文，北京科技大学，2018 年。

于忠江：《加快转型升级　推进中部地区新型工业化进程》，《宏观经济管理》2012 年第 8 期。

余亮：《中国公众参与对环境治理的影响——基于不同类型环境污染的视角》，《技术经济》2019 年第 3 期。

余明桂、范蕊、钟慧洁：《中国产业政策与企业技术创新》，《中国工业经济》2016 年第 12 期。

郁俊莉、姚清晨：《多中心治理研究进展与理论启示：基于 2002—2018 年国内文献》，《重庆社会科学》2018 年第 11 期。

袁丰、魏也华、陈雯等：《苏州市区信息通讯企业空间集聚与新企业选址》，《地理学报》2010 年第 2 期。

袁嘉琪、卜伟：《环境规制对北京市产业升级的影响》，《城市问题》2017 年第 7 期。

袁丽静、郑晓凡：《环境规制、政府补贴对企业技术创新的耦合影响》，《资源科学》2017 年第 5 期。

袁阡佑：《东北产业集群研究——基于长三角产业集群的经验》，博士学位论文，复旦大学，2006 年。

曾刚：《上海市工业布局调整初探》，《地理研究》2001 年第 3 期。

张贵、王树强、刘沙等：《基于产业对接与转移的京津冀协同发展研究》，《经济与管理》2014 年第 4 期。

张国兴、刘薇、保海旭：《多重环境规制对区域产业结构变动的时滞效应》，《管理科学学报》2020 年第 9 期。

张航、孙奇茹：《"中国城市科技创新发展指数 2019"发布北京位列第一强势领跑》，《北京日报》2020 年 1 月 5 日。

张建伟、胡正玉、刘艺冰等：《河南省承接产业转移与环境污染耦合及脱钩研究》，《西北师范大学学报》（自然科学版）2021 年第 3 期。

张建伟、刘淼淼、郝赫赫等：《豫湘赣皖承接产业转移与水污染的空间不一致性与脱钩分析》，《数学的实践与认识》2020 年第 23 期。

张江雪、蔡宁、杨陈：《环境规制对中国工业绿色增长指数的影响》，《中国人口·资源与环境》2015 年第 1 期。

张杰斐、席强敏、孙铁山等：《京津冀区域制造业分工与转移》，《人文地理》2016年第4期。

张坤民：《可持续发展与中国》，《中国环境管理》1997年第2期。

张琦：《武汉信息产业发展战略及对策研究》，硕士学位论文，武汉理工大学，2003年。

张姗姗、刘存丽、张落成：《苏南太湖流域污染企业空间布局演化及未来产业发展方向研究》，《经济地理》2018年第2期。

张同斌、张琦、范庆泉：《政府环境规制下的企业治理动机与公众参与外部性研究》，《中国人口·资源与环境》2017年第2期。

张伟、王韶华：《整体迁移模式下承接产业与本土产业融合互动的情景分析——以河北承接北京八大产业转移为例》，《中国软科学》2016年12月。

张学刚：《FDI影响环境的机理与效应——基于中国制造行业的数据研究》，《国际贸易问题》2011年6月。

张永凯、徐伟：《演化经济地理学视角下的产业空间演化及其影响因素分析：以中国汽车工业为例》，《世界地理研究》2014年第2期。

张友国：《长江经济带产业转移的环境效应测算》，《环境经济研究》2019年第2期。

张智楠：《环境规制、工业增长与工业发展质量》，《财经理论研究》2017年第6期。

赵海霞、蒋晓威：《长江三角洲经济与工业污染重心演变及脱钩机理》，《中国环境科学》2013年第10期。

赵海霞、蒋晓威、崔建鑫：《泛长三角地区工业污染重心演变路径及其驱动机制研究》，《环境科学》2014年第11期。

赵海霞、曲福田、诸培新：《江苏省工业化进程中的环境效应分析》，《中国人口·资源与环境》2005年第4期。

赵惠、吴金希：《基于环境库兹涅茨曲线的京冀区际环境污染转移的测度研究》，《中国人口·资源与环境》2020年第5期。

赵坤荣、林奎、许振成等：《中国城镇生活源污染与社会经济发展重心演变对比分析》，《中国环境科学》2013年第S1期。

赵莉：《企业疏解提升尚有难题待破解》，《北京日报》2020年3月2日。

赵细康：《环境保护与产业国际竞争力》，中国社会科学出版社2003年版。

赵玉民、朱方明、贺立龙：《环境规制的界定、分类与演进研究》，《中国人口·资源与环境》2009年第6期。

赵哲、罗永明：《"污染避难所"假说在中国的实证检验》，《生态经济》2008年第7期。

支宇鹏、黄立群、陈乔：《自由贸易试验区建设与地区产业结构转型升级——基于中国286个城市面板数据的实证分析》，《南方经济》2021年第4期。

周朝波、覃云：《碳排放交易试点政策促进了中国低碳经济转型吗？——基于双重差分模型的实证研究》，《软科学》2020年第10期。

周诚：《跨国公司主导国际贸易中的技术生命周期》，《经济研究导刊》2008年第14期。

周京奎、王文波、张彦彦：《"产业—交通—环境"耦合协调发展的时空演变——以京津冀城市群为例》，《华东师范大学学报》（哲学社会科学版）2019年第5期。

周侃、李会、申玉铭：《京津冀地区县域环境胁迫时空格局及驱动因素》，《地理学报》2020年第9期。

周明生、王帅：《产业集聚是导致区域环境污染的"凶手"吗？——来自京津冀地区的证据》，《经济体制改革》2018年第5期。

周曙东、欧阳纬清、葛继红：《京津冀PM2.5的主要影响因素及内在关系研究》，《中国人口·资源与环境》2017年第4期。

周沂、贺灿飞、刘颖：《中国污染密集型产业地理分布研究》，《自然资源学报》2015年第7期。

朱富强：《自由交易能否实现资源最优配置：科斯中性定理的逻辑缺陷审视》，《西部论坛》2019年第2期。

朱虹：《天津完成"大气十条"任务目标》，《人民日报》2018年1月10日。

朱向东、贺灿飞、朱晟君：《贸易保护如何改变中国光伏出口目的国格局?》，《地理研究》2019年第11期。

邹迪：《新经济地理学下青海省承接产业转移的动力机制研究》，《青海社会科学》2018年第6期。

邹辉、段学军、赵海霞等：《长三角地区污染密集型产业空间演变及其对污染排放格局的影响》，《中国科学院大学学报》2016年第5期。

## 二　外文文献

Allenby, B. R., "Industrial Ecology: Policy Framework and Implementation", *New Jersey: Prentice Hall*, Vol. 5, No. 1-2, July 1998.

Alpay, E., Buccola, S. and Kerkvliet, J., "Productivity Growth and Environmental Regulation in Mexican and U. S. food Manufacturing", *American Journal of Agricultural Economics*, Vol. 84, No. 4, November 2002.

Arthur, W. B., "Increasing Returns and Path Dependence in the Economy", State of Michigan: University of Michigan Press, 1994.

Asongu, S. A. and Odhiambo, N. M., "Environmental Degradation and Inclusive Human Development in Sub-Saharan Africa", *Sustainable Development*, Vol. 27, No. 1, January 2019.

Bagayev, I. and Lochard, J., "EU Air pollution Regulation: A Breath of Fresh Air for Eastern European Polluting Industries?" *Journal of Environmental Economics and Management*, Vol. 83, May 2017.

Bellandi, M., Santini, E. and Vecciolini, C., "Learning, Unlearning and Forgetting Processes in Industrial Districts", *Cambridge Journal of Economics*, Vol. 42, No. 6, November 2018.

Bertrand, M., Duflo, E. and Mullainathan, S., "How Much should We trust Differences-in-differences Estimates", *Social Science Electronic Publishing*, Vol. 119, No. 1, February 2004.

Birdsall, N. and Wheeler, D., "Trade Policy and Industrial Pollution in Latin America: Where Are the Pollution Havens?" *The Journal of Environment & Development*, Vol. 2, No. 1, January 1993.

Boschma, R., "Proximity and Innovation: A Critical Assessment",

*Regional Studies*, Vol. 39, No. 1, February 2005.

Bridge, G., "Global Production Networks and the Extractive Sector: Governing Resource-based Development", *Journal of Economic Geography*, Vol. 8, No. 3, May 2008.

Brunnermeier, S. B. and Levinson, A., "Examining the Evidence on Environmental Regulations and Industry Location", *The Journal of Environment & Development*, Vol. 13, No. 1, 2004.

Busch, J., Foxon, T. J. and Taylor, P. G., "Designing Industrial Strategy for a Low Carbon Transformation", *Environmental Innovation and Societal Transitions*, Vol. 29, December 2018.

Chen, L., Xu, L. Y. and Yang, Z. F. "Accounting Carbon Emission Changes under Regional Industrial Transfer in an Urban Agglomeration in China's Pearl River Delta", *Journal of Cleaner Production*, Vol. 167, November 2017.

Chen, S., Shi, A. and Wang, X., "Carbon Emission Curbing Effects and Influencing Mechanisms of China's Emission Trading Scheme: The Mediating Roles of Technique Effect, Composition Effect and Allocation Offect-ScienceDirect", *Journal of Cleaner Production*, Vol. 264, August 2020.

Clark, D. P., Marchese, S. and Zarrilli, S., "Do Dirty Industries Conduct Offshore Assembly in Developing Countries?" *International Economic Journal*, Vol. 14, No. 3, August 2000.

Clark, M., "Corporate Environmental Behavior Research: Informing Environmental Policy", *Structural Change and Economic Dynamics*, Vol. 16, No. 3, September 2005.

Cole, M. A., Elliott, R. J. R. and Shanshan, W. U., "Industrial activity and the Environment in China: An Industry-level Analysis", *China Economic Review*, Vol. 19, No. 3, September 2008.

Copeland, B. R. and Taylor, M. S., "North-South Trade and the Environment", *The Quarterly Journal of Economics*, Vol. 109, August 1994.

Copeland, B. R. and Taylor, M. S., "International trade and the environment: A Framework for Analysis", *National Bureau of Economic Research*, October 2001.

Copeland, B. R. and Taylor, M. S., "Trade, Growth and the Environment", *Wisconsin Madison-Social Systems*, July 2003.

Coughlin, C. C. and Segev, E., "Location Determinants of New Foreign-Owned Manufacturing Plants", *Journal of Regional Science*, Vol. 40, No. 2, December 2002.

Dean, J. M, Lovely, M. E. and Wang, H., "Are Foreign Investors attracted to Weak Environmental Regulations? Evaluating the Evidence from China", *Journal of Development Economics*, Vol. 90, No. 1, February 2005.

Gibbs, D., "Ecological Modernization, Regional Economic Development and Regional Development Agencies", *Geoforum*, Vol. 31, No. 1, February 2000.

Grossman, G. and Krueger, A., "Environmental Impacts of a North American Free Trade Agreement", *National Bureau of Economic Research Working Paper Series*, No. 3914, November 1991.

Grossman, G. M. and Krueger, A. B., "Economic Growth and the Environment", *The Quarterly Journal of Economics*, Vol. 110, No. 2, May 1995.

Hayter, R., "Environmental Economic Geography", *Geography Compass*, Vol. 2, No. 3, April 2008.

He, C., Wei, Y. D. and Xie, X., "Globalization, Institutional change, and Industrial Location: Economic Transition and Industrial Concentration in China", *Regional Studies*, Vol. 42, No. 7, August 2008.

He, J., "Pollution Haven Hypothesis and Environmental Impacts of Foreign Direct Investment: The Case of Industrial Emission of Sulfur Dioxide ($SO_2$) in Chinese Provinces", *Ecological Economics*, Vol. 60, No. 1, November 2006.

Jaffe, A. B., Peterson, S. R. and Portney, P. R., et al. "Environmental Regulation and the Competitiveness of US Manufacturing: What does the Evidence Tell Us?" *Journal of Economic literature*, Vol. 33, No. 1, February 1995.

Javorcik, B. S. and Wei, S. J., "Pollution Havens and Foreign Direct Investment: Dirty Secret or Popular Myth?" *Contributions in Economic Analysis & Policy*, Vol. 3, No. 2, September 2001.

Jeppesen, T. and Folmer, H., "The Confusing Relationship between Environmental Policy and Location Behaviour of Firms: A Methodological Review of Selected Case Studies", *The Annals of Regional Science*, Vol. 35, No. 4, December 2001.

Kirkpatrick, C. and Shimamoto, K., "The Effect of Environmental Regulation on the Locational Choice of Japanese Foreign Direct Investment", *Applied Economics*, Vol. 40, No. 11, April 2008.

Klimenko, M. M., "Competition, Matching, and Geographical Clustering at Early Stages of the Industry life Cycle", *Journal of Economics & Business*, Vol. 56, No. 3, May-June 2004.

Krugman, P., "Increasing Returns and Economic Geography", *The Journal of Political Economy*, Vol. 99, No. 3, June 1991.

Kuznets, S., "Economic Growth and Income Inequality", *American Economic Review*, Vol. 45, No. 1, March 1955.

Leiter, A. M., Parolini, A. and Winner, H., "Environmental Regulation and Investment: Evidence from European Industry Data", *Ecological Economics*, Vol. 70, No. 4, February 2011.

Levinson, A., "Environmental Regulations and Manufacturers' Location Choices: Evidence from the Census of Manufactures", *Journal of Public Economics*, Vol. 62, No. 1-2, October 1996.

Levinson, A., "Technology, International Trade, and Pollution from US Manufacturing", *American Economic Review*, Vol. 99, No. 5, December 2009.

Li, H. M., Wu, T. and Zhao, X. F., et al., "Regional Disparities and Carbon 'Outsourcing': The Political Economy of China's Energy Policy", *Energy*, Vol. 66, No. C, March 2014.

Li, R. and Ramanathan, R., "Exploring the Relationships between Different Types of Environmental Regulations and Environmental Performance: Evidence from China", *Journal of Cleaner Production*, Vol. 196, September 2018.

Lian, T. H., Ma, T. Y. and Cao, J., et al. "The Effects of Environmental Regulation on the Industrial Location of China's Manufacturing", *Natural Hazards*, Vol. 80, No. 2, October 2016.

Liu, W., Tong, J. and Yue, X. H., "How Does Environmental Regulation Affect Industrial Transformation? A Study Based on the Methodology of Policy Simulation", *Mathematical Problems in Engineering*, Vol. 2016, March 2016.

Martin, R. and Sunley, P., "Path Dependence and Regional Economic Evolution", *Journal of Economic Geography*, Vol. 6, No. 4, August 2006.

Peter, B. and Gloria, H., *The Economics of the Environment*, Pearson, 2010.

Porter, M. E. and Linde, C., "Toward a New Conception of the Environment-Competitiveness Relationship", *Journal of Economic Perspectives*, Vol. 9, No. 4, Autumn 1995.

Porter, M. E., "The Role of Location in Competition", *International Journal of the Economics of Business*, Vol. 1, No. 1, 1994.

Regibeau, P. M. and Gallegos, A., "Managed Trade, Trade liberalisation and Local Pollution", *Advances in Economic Analysis & Policy*, Vol. 3, No. 2, February 2004.

Shafik, N., "Economic Development and Environmental Quality: An Econometric Analysis", *Oxford Economic Papers*, Vol. 46, Supplement_1, October 1994.

Shen, J. Wei, Y. D. and Yang, Z., "The Impact of Environmental

Regulations on the Location of Pollution–intensive Industries in China", *Journal of Cleaner Production*, Vol. 148, April 2017.

Sigman, H., "Transboundary Spillovers and Decentralization of Environmental Policies", *Journal of Environmental Economics & Management*, Vol. 50, No. 1, July 2005.

Spatareanu, M., "Searching for Pollution Havens: The Impact of Environmental Regulations on Foreign Direct Investment", *The Journal of Environment & Development*, Vol. 16, No. 2, June 2007.

Stigler, G. J., "The Theory of Price", New York (USA) Macmillan, 1966.

Tobey, J., "The Effects of Domestic Environmental Policies on Patterns of World Trade: An Empirical Test", *Kyklos*, Vol. 43, No. 2, May 1990.

Tobler, W., "A Computer Movie Simulating Urban Growth in the Detroit region", *Economic Geography*, Vol. 46, June 1970.

Tole, L. and Koop, G., "Do Environmental Regulations Affect the Location Decisions of Multinational Gold Mining Firms?" *Journal of Economic Geography*, Vol. 11, No. 1, January 2011.

Uchiyama, K., "Environmental Kuznets Curve Hypothesis and Carbon Dioxide Emissions", *Springer Briefs in Economics*, Vol. 5, May 2016.

Vernon, R., "International Investment and International Trade in the Product Cycle", *International Executive*, Vol. 80, No. 2, May 1966.

Virkanen, J., "Effect of Urbanization on Metal Deposition in the Bay of Töölönlahti, Southern Finland", *Marine Pollution Bulletin*, Vol. 36, No. 9, September 1998.

Walter, I. and Ugelow, J. L., "Environmental Policies in Developing Countries", *Ambio*, Vol. 8, No. 2-3, 1979.

Wang, H. and Jin, Y. H., "Industrial Ownership and Environmental Performance: Evidence from China", *Environmental and Resource Economics*, Vol. 36, No. 3, December 2006.

Wang, Y., Liu, H. and Mao, G., et al., "Inter-regional and Sectoral Linkage Analysis of air Pollution in Beijing-Tianjin-Hebei (Jing-Jin-Ji) Urban Agglomeration of China", *Journal of Cleaner Production*, Vol. 165, November 2017.

Wei, D. X., Liu, Y. and Zhang, N., et al. "Does Industry Upgrade Transfer Pollution: Evidence From a Natural Experiment of Guangdong Province in China", *Journal of Cleaner Production*, Vol. 229, August 2019.

Wei, S. J., "Attracting Foreign Direct Investment: Has China Reached Its Potential", *China Review*, Vol. 6, No. 2, Autumn 1995.

Wu, H. Y., Guo, H. X. and Zhang, B., et al., "Westward Movement of New Polluting Firms in China: Pollution Reduction Mandates and Location Choice", *Journal of Comparative Economics*, Vol. 45, No. 1, February 2017.

Wu, J. W., Wei, Y. D. and Chen, W., et al. "Environmental Regulations and Redistribution of Polluting Industries in Transitional China: Understanding Regional and Industrial Differences", *Journal of Cleaner Production*, Vol. 206, January 2019.

Wu, X. D., "Pollution Havens and the Regulation of Multinationals With Asymmetric Information", *Contributions in Economic Analysis & Policy*, Vol. 3, No. 2, December 2003.

Xu, J., Zhang, M. and Zhou, M., et al. "An Empirical Study on the Dynamic Effect of Regional Industrial Carbon Transfer in China", *Ecological Indicators*, Vol. 73, February 2017.

Yang, C. H., Tseng, Y. H. and Chen, C. P., "Environmental Regulations, Induced R&D, and Productivity: Evidence From Taiwan's Manufacturing Industries", *Resource and Energy Economics*, Vol. 34, No. 4, November 2012.

Yang, J. Guo, H. N. and Liu, B. B., et al., "Environmental Regulation and the Pollution Haven Hypothesis: Do Environmental Regulation Measures Matter?", *Journal of Cleaner Production*, Vol. 202, November 2018.

Zhang, B., Bi, J. and Yuan, Z. W., et al. "Why do Firms Engage in Environmental Management? An Empirical Study in China", *Journal of Cleaner Production*, Vol. 16, No. 10, July 2008.

Zhang, Y. and Zhang, J. K., "Estimating the Impacts of Emissions Trading Scheme on Low-carbon Development", *Journal of Cleaner Production*, Vol. 238, November 2019.

Zhao, H. X., Liu, Y. and Lindley, S., et al. "Change, Mechanism, and Response of Pollutant Discharge Pattern Resulting From Manufacturing Industrial Transfer: A Case Study of the Pan-Yangtze River Delta, China", *Journal of Cleaner Production*, Vol. 244, January 2020.

Zhao, X. and Sun, B. W., "The influence of Chinese Environmental Regulation on Corporation Innovation and Competitiveness", *Journal of Cleaner Production*, Vol. 112, No. 2, January 2016.

Zhao, X. L., Zhao, Y. and Zeng, S. X., et al. "Corporate Behavior and Competitiveness: Impact of Environmental Regulation on Chinese Firms", *Journal of Cleaner Production*, Vol. 86, January 2015.

Zheng, D. and Shi, M. J., "Multiple Environmental Policies and Pollution Haven Hypothesis: Evidence From China's Polluting Industries", *Journal of Cleaner Production*, Vol. 141, January 2017.

Zhou, Y., Zhu, S. J. and He, C. F., "How do Environmental Regulations Affect Industrial Dynamics? Evidence From China's Pollution-intensive Industries", *Habitat International*, Vol. 60, February 2017.

Zhu, J. M. and Ruth, M., "Relocation or Reallocation: Impacts of Differentiated Energy Saving Regulation on Manufacturing Industries in China", *Ecological Economics*, Vol. 110, February 2015.

Zhu, S. J., He, C. F. and Liu. Y., "Going Green or Going Away: Environmental Regulation, Economic Geography and Firms' Strategies in China's Pollution-intensive Industries", *Geoforum*, Vol. 35, No. 4, August 2014.